# 도시, 공간, 청년

상품화한 도시 공간 속 창의적 삶의 정경들

류웅재,
김민승,
노영은 지음

# 도시, 공간, 청년

## 상품화한 도시 공간 속 창의적 삶의 정경들

한양대학교 출판부

# 프롤로그



이 책은 인간의 삶의 터전이 기존의 거시적 국가 단위에서 장소성을 체현하는 도시, 그리고 일상의 다채로운 경험과 실천들이 이루어지는 구체적 공간으로 전환되어 가는 과정에서, 도시, 공간, 청년 등의 키워드에 주목하고자 한다. 이러한 변화는 일찍이 아르준 아파두라이(Arjun Appadurai)가 갈파했던 정경(scape) 개념을 떠올리게 한다. 즉 오늘날 부상하는 도시의 위상과 장소의 중요성은 그 어느 때보다 자유로운 이동과 인간 커뮤니케이션이 가능해진 글로벌화(globalization)한 초연결 사회에서 일상화한 해외여행과 이주(diaspora), 인터넷과 SNS 활용의 사례에서 드러나듯, 시공간의 제약을 상당 부분 극복하거나 보완하는 양상과는 일견 상반된 현상처럼 보인다.

그러나 역설적으로 이는 현대인들로 하여금 일상의 삶의 질(質)과 정주 여건을 중시하고, 고향을 떠나 낯선 도시에 정착해 새로운 가능성 속에서 도전과 모험을 실천하는 전향적 삶을 꿈꾸거나, 이와는 정반대로 귀농이나 귀촌, 혹은 낙향(落鄕)해 목가적이며 소박한 자연과 마을 사회에서의 삶을 지향하는 상반된 움직임으로 드러나기도 한다. 이러한 문제의식을 기반으로 이 책은 여섯 개의 장을 통해 관련된 주제를 성찰적으로 다루고자 한다. 다만 이 책은 기존의 경제학이나 건축학적, 공학적 관점에서 부동산이나 도시개발, 인프라(infrastructure) 확충과 관련된 스마트도시(smart city) 담론이나 도시 재생을 다룬 작업들과는 그 결과 접근을 달리할 것이다.

이 책은 인문학적이며 비판적 사회과학의 관점에서 오늘날 한국 사회의 도시와 관련해 청년세대가 일상에서 직면하는 난관과 분투, 사회적 상상과 실험, 생생한 경험과 그 이면을 근접 조우해 담담하게 관찰하고 두텁게 기술하고자 한다. 이를 통해 오늘날 도시와 공간이 미디어를 비롯한 대중문화의 렌즈를 통해 어떤 방식으로 투영 및 재현되고, 또 청년세대는 이를 일상에서 어떤 방식으로 접합, 절충, 혹은 전유하는지에 관해 비판적 문화연구의 관점에서, 무엇보다 청년들의 시각과 목소리를 통해 논의하고자 한다. 이는 그간 미디어와 대중문화의 영역에서 간헐적으로 시도되었으나 깊이 있고 긴 호흡으로 다루어지지 않았던 도시와 공간, 청년들에 대한 본격적인 학술서라는 의미를 지닌다.



오늘날 우리는 마셜 맥루언이나 해롤드 이니스, 마누엘 카스텔, 장 보드리야르 등 일군의 사회이론가들이 진단한 급격한 기술 진보와 디지털 미디어의 확산으로 인한 시간과 공간의 무한 확장, 나아가 변형을 몸소 체험하고 있다. 특히, 가상 현실 혹은 과잉 실재(hyper-reality) 개념 및 관련된 경험과 문화의 확산이 촉발한 장소성의 상실은 현대성의 불가피한 한 단면이라는 우려스러운 진단이 제기되기도 한다. 그러므로 도시에서의 일상과 구체적 실천들을 통해 무미건조하고 다듬어지지 않은 '공간'을 기억과 체험이 녹아든 살아 있는 인간적인 '장소'로 만들기 위한 노력이 필요한 때이다. 이는 경제와 문화, 인프라와 인구를 블랙홀처럼 흡입하는 수도권 쏠림 현상을 완화하고, 지방 소멸 나아가 국가 소멸 담론이 단순한 정치적 수사를 넘어 근거 있는 우려가 된 오늘날, 특히 절실한 부분이다. 무엇보다 이것은 거대한 이념이나 사변적 관념보다 우리의 감각과 신체를 통한 매일 매일의 소소한 경험, 타자(他者)와의 친밀한 조우의 과정에서 공간의 조직화와 체계화를 통한 전유에 의해 비로소 가능해진다.

이러한 문맥에서 우선 1장에서는 오늘날 이른바 '문화도시'로 명명되는 광주가 어떠한 형태로 문화산업을 구축 및 수행해 왔는지 그 역사적 궤적을 추적하고자 한다. 한국에서 시행되는 문화산업은 중앙정부가 지배적인 영향력을 행사하지만, 중앙정부의 담론은 다시금 지역 내에서 생성되는 다양한 담론들과 경합하고 굴절되며 지역 공간에 적용되고 있다. 이 장은 그 사례로 문화도시 광주를 살피고자 하였는데, 이것은 '민주화 운동'이라는 정치적 저항과 실천을 통해 한국 현대사에서 특별한 위상과 의미를 지니게 된 도시가 근간에 문화산업을 어떻게 체화하는지 분석하는 작업이라 할 수 있다. 이는 〈한국언론학보〉 2023년 67권 6호에 실린 "'문화도시'광주가 재현하는 공간의 담론정치"를 재구성한 것이다.

2장에서는 화려하고 웅장한 스펙터클적 요소를 활용한 포스트모던(postmodern)적 도시 공간을 탐색한다. 구체적으로 데이비드 하비(David Harvey)의 공간에 대한 관점과 스펙터클의 개념을 활용해 후기 자본주의의 양식이 발현되는 공간을 분석하고, 이 공간을 향유하는 대중의 행위와 발화를 토대로 그 이면의 사회문화적 함의를 살핀다. 이 과정에서 현대사회의 포스트모더니즘적 특징이 자본주의 하 대중의 욕망과 결합해 소비와 기업의 이윤 극대화를 위한 미디어로 활용되고 있는 측면을 글로벌 대도시 서울의 대형 쇼핑몰에 위치한 코엑스 별마당 도서관의 사례를 들어 논의한다. 이는 〈한국언론정보학보〉 2023년 통권 121호에 실린 "포스트모더니티 공간의 다의성과 사회문화적 함의"를 재구성한 것이다.

3장에서는 최근 제기되고 있는 지역 소멸 문제와 이에 대한 대안으로 추진되고 있는 지역의 문화산업을 다룬다. 이를 위한 사례로 수원과 전주의 문화산업을 살핀다. 한국은 급속한 산업화와 도시화의 과정에서 지역 불균형이라는 사회 문제에 직면하게 되었고, 이를 극복하기 위한 하나의 대안으로 문화산업을 활용해 왔다. 이는 한편으론 한류 현상과 같이 긍정적 측면을 낳기도 했지만, 그 이면에서는 관련 정책이 단기적·경제적 성과에 치중해 지역의 문화와 역사, 일상과 특수성을 충분히 담아내지 못하는 한계를 드러내 왔다. 이 장에서는 독특한 문화원형과 유산을 보유한 수원과 전주의 사례를 들어 지역의 공간과 문화산업이 복잡다기한 영향력 아래에서 어떻게 굴절되거나 변모해 왔는지를 다룬다. 나아가 지역 문화산업의 가능성 및 이것이 지역민의 삶과 선순환할 수 있는 문화정책의 방향성에 대해 제언한다. 이는 〈인문사회과학연구〉 2023년 24권 2호에 게재된 "로컬 문화산업에 투영되는 지역의 정치경제학"이라는 글을 재구성한 것이다.

4장에서는 지상파 방송에서 재현되는 서울이 어떻게 '판타지'적 공간으로 그려지는지 살펴보고, 그곳에서 녹록지 않은 일상을 영위해 나가는 청년들의 현실에 주목한다. 이는 미디어가 도시와 청년들을 '꿈'이라는 키워드를 통해 연계된 이미지로 재현한다는 점에 착안해 '상상된' 도시의 모습, 나아가 그 이면에 존재하는 사회 병리적 문제들을 조밀하게 관찰한 작업이다. 글로벌 대도시 '서울'은 급속한 발전과 도시화의 과정에서 신자유주의적 가치를 깊숙이 체화한 도시로 지역에서 상경한 청년들이 주거를 비롯한 다양한 문제를 일상적으로 체험하는 공간이다. 청년들은 이 과정에서 분노, 불안, 피로, 소진, 회의 등의 감정을 복합적으로 경험하면서도 미래에 대한 희망의 끈을 놓지 않는 모습을 보인다. 이렇듯 서울은 청년들이 무한경쟁에 능동적이며 자발적으로 참여하게 만드는 도시이자, 불안과 희망의 양가감정을 동시에 겪게 하는 공간이다. 이는 〈커뮤니케이션이론〉 2021년 17권 3호에 실린 "지상파 방송프로그램에 재현된 자기통치 공간으로서의 서울"을 재구성한 것이다.

5장에서는 오늘날 미디어를 비롯한 문화 생산물들이 신자유주의 시대 청년들의 삶과 취향, 정체성을 특정한 방식으로 매개하는 양상을 분석한다. 특히, 스튜어트 홀(Stuart Hall)의 부호화-해독 모형을 활용해 정체성 형성과 이의 미디어 재현에 주목하였다. 구체적으로 등장인물들의 대사, 영상, 카메라의 시선이 재현하는 장소들과 청각적 요소들을 바탕으로 희망과 위로, 정서적 유대 등 청년세대의 복합적인 감정과 상호작용들을 살핀다. 또한, 지역 청년들과의 인터뷰를 통해 일상을 영위하고 있는 이들의 삶과 정체성, 그리고 대중문화 콘텐츠가 재현하는 수도권 중심의 패러다임에 대한 이들의 순응, 저항, 혹은 접합의 모습을 탐색한다. 이는 〈언론과 사회〉 2022년 30권 3호에 실린 "대중문화 콘텐츠가 재현하는 지역과 청년들"을 재구성한 것이다.

6장에서는 역동적이며 창의적인 문화적 실험이 시도되는 연남동 공간을 탐색한다. 연남동은 휴식과 놀이의 장(場)이면서, 동시에 문화산업의 권력이 은밀하게 작동하는 상품으로 기능한다. 이를테면 공간의 동질화와 획일화, 그리고 표준화 속에서 대중의 욕망은 일련의 사회적 상상과 욕망, 동화와 자기 통치로 이어질 수 있다. 물론 이 과정에서 예기치 못한 저항과 전복, 전유와 창발이 일어날 수도 있다. 우리는 연남동 지역을 반복적으로 경험한 청년들과의 만남과 대화를 통해 개인 간의 관계, 정체성 형성 및 변화, 새로운 문화적 의미의 발현, 나아가 도시와 청년, 지역과 장소성의 관계를 발견한다. 이는 〈인문논총〉 2024년 64집에 실린 "연남동 가는 청년들"을 재구성한 것이다.

무엇보다 이 책이 독자들과 함께 더 나은 도시와 공간, 공동체와 사회를 꿈꾸고 이야기하는 가운데 바람직한 방향으로 주조해 나갈 수 있는 마중물이 되기를 기대한다. 그리고 이렇게 쏘아 올린 작은 공이 그 어느 때보다 예측 불가능한 양상으로 정주와 관계, 일과 놀이, 기존의 상식과 삶의 가치들이 유동적으로 부유하며 불확실성의 심연에 놓이게 된 시대, 연관된 사회적 상상과 대안적 전망을 촉발하는 작은 밀알이 되기를 소망한다.

2025년 4월

류웅재

## 차례

제1장

# '문화도시' 광주가 재현하는 공간의 담론정치

## 경합하고 굴절되는 도시 담론

류웅재

# 세계 도시의 생산과 도시개발 담론, 광주

20세기 후반, 세계화의 조류와 함께 곳곳에 '세계 도시'들이 부상했다. '세계 도시'의 부상은 자본주의 사회에서 몇 가지 변화를 내포한다. 그것은 사물이나 산업 생산물을 넘어 공간과 공간 안의 삶 또한, 상품의 대상이 된 것을 의미한다. 동시에 국제 사회 안에서 국가 대신 도시가 영향력을 가지게 되었음을 보여준다. 이것은 도시 간, 그리고 국가 간 이동이 용이해지면서 파생된 효과[1]로 볼 수 있다. 그런데 도시의 차별화를 통해 자본과 사람을 유입하기 위해선 일종의 선택이 요구되고 여기에서 활용된 것이 '문화산업'이라 할 수 있다. 문화산업은 영국과 뉴질랜드, 싱가포르, 홍콩 등의 국가에서 정책적으로 채택되어 활용되어왔고, 이후 일본과 한국, 캐나다 등의 국가에서는 확장된 개념의 문화산업 정책이 수행되어 왔다(Flew, 2019, p. 168). 그중에서도 한국은 광주, 전주, 경주 등의 도시를 '국제 문화 도시'로 전환하려는 문화산업 정책을 펼쳐왔다. 이는 국가적 차원에서 도시들을 세계적 관광산업에 부합하는 공간으로 탈바꿈하기 위한 시도라 할 수 있었다. 이 과정에서 지역 문화산업은 산업적 가치를 창출할 수 있는 형태로 상상되었다(Lee, 2007, pp. 335-336). 그러나 광주를 비롯한 여러 도시들은 산업 논리만으로는 설명할 수 없는 각각의 특수성과 지역성을 보유한다.

특히, 광주는 과거 5·18민주화운동을 경험한 도시로 한국 현대사에 있어 특수한 위치를 차지하고 있다. 이 민주화운동의 과정에서 국가라는 무소불위(無所不爲)의 거대권력에 무자비한 탄압을 당한 경험과 그에 격렬하게 저항한 시민들의 집합적 기억은 '광주 정신', 혹은 '지역 정체성'이라는 형태로 현재까지 이어지고 있다. 이 5·18의 기억은 평화, 통일, 인권의 문제까지 포괄하는 개념으로 확장되는 한편, 과거부터 언급되던 '예향'이라는 가치와 접합되어 지역의 특수성으로 자리매김하고 있다(안영진 외, 2014, 229-244쪽). 이처럼 광주가 평화와 인권 등을 상징하는 도시로 여겨지면서, 광주에는 광주비엔날레 및 아시아 문화중심도시 사업이 유치되었다.

다만, 이처럼 민주적 가치를 지향하는 광주 또한, 문화산업의 실행에 있어 자본가들의 욕망과 정치적 이해관계가 개입되어 왔다. 이를테면 내부적으로 도시 성장을 꾀하려는 이들의 경제 전략과 신산한 역사적 기억을 승화시키려는 문화 전략은 종종 미묘한 갈등과 대립의 원인이 되었다. 동시에 광주는 중앙정부가 지향하는 '세계화'란 흐름 안에서 '세계 도시'로 도약하기 위해 노력해 왔다(신혜란, 2022, 29-31쪽). 즉, 광주의 문화산업은 지역 내 이해관계와 중앙정부의 압력이 투영되면서 경합하고 굴절되는 가운데 절충되어왔다.

따라서 이 장에서는 오늘날 광주를 중심으로 한국 내 국가와 지자체의 문화산업이 부상하게 된 역사적이면서도 다층적 맥락을 살펴보고자 한다. 또한, 이 과정에서 세계화란 시대적 조류를 중앙정부가 전유함으로써 관련 의제가 구체적 지역의 공간에 투영 및 이식되는 양상에 관해 논의하고자 한다. 더불어 이 과정에서 국가가 활용한 '문화산업'에 대한 논의가 지역에 전이 및 확산되는 방식을 살펴봄으로써 이와 관련한 다양한 이해당사자, 혹은 주체들이 생성하는 담론들이 접합되거나 탈구하는 현상에 대해 비판적으로 탐문하고자 한다. 이것은 권력의 지형에 따라 급격하게 변화하거나 소거되는 지역의 문화산업과 관련한 담론의 변화를 조밀하게 추적하는 작업이라 할 수 있다.

# 자본주의 사회의 도시공간과 문화산업

## 세계화 속 대안의 공간이 된 '로컬'과 한국의 문화산업



도시 문화산업은 지역경제 활성화를 이루고, 도시의 경쟁력을 제고할 수 있다는 점에서 긍정적 측면을 지닌다. 하지만, 문화산업이 경제적 성과를 추구하는 방향으로 치우치게 된다면, 문화는 제거되고 산업적 논리만 남게 된다. 자본주의 사회에서 공간은 자본주의적 사회관계를 촉진하고 지속하는 수단으로 작동해왔다. 최초로 공간을 구획 및 개발하던 과거에는 이를 통해 유토피아적 계획, 가령, 민주주의와 평등주의를 심화할 수 있는 듯 보였다. 그러나 공간은 자본주의로부터 한 순간도 자유롭지 못했다. 공간의 경계를 정하고 나누는 행위는 자연스럽게 공간을 소유하고 활용할 수 있는 대상과 그렇게 할 수 없는 대상의 구분에 이용되었다. 근간에 우리는 국경을 넘어 도시 간 자유로운 이동이 가능해진 사회에 살고 있다. 많은 사람이 공간의 장벽을 극복할 수 있게 되었고 이것은 일상에 큰 변화를 가져왔다.

세계의 다양한 공간들은 해외여행을 하는 사람들에게 개방되었고 미디어에서 다채로운 방식으로 재현되기 시작했다. 즉, 공간은 한시적으로나마 불특정 다수에게 열린 장소로 기능했고, 새로운 경험과 감상의 기회를 제공했다. 하지만 공간의 물리적 장벽이 해체되며 공간의 문제가 사라지기보다는 내밀하고 미묘해졌다. 사람들은 공간에 '무엇이 담겨 있는가'에 대해 집중하기 시작했다(Harvey, 1990/1994, 356-358쪽). 확장된 공간 안에 자본을 축적하기 위한 새로운 상상과 욕망이 배태되었다. 가령, 그것은 기업가에게는 용이한 노동력 확보와 이윤 추구에 유리한 환경일 수 있고, 자본가들에게는 토지 소유와 확장의 문제일 수 있다. 나아가 정치의 차원에서 도시를 건축하고 공간을 재구성하는 행위를 포함할 수 있다. 이와 관련해 하비(Harvey, 2000/2001, 94쪽)는 자본주의가 특정 시기에 적절한 지리적 경관을 형성하고, 그것을 통해 자본을 축적한다고 진단한다. 과거 지리적 경관이 노동과 기업에 관련된 것이었다면, 현대에는 문화산업이라는 새로운 축적 형태가 등장했다.





또한, 이는 세계가 자본 축적에 있어 '균등한 장소'가 아니라는 사실을 드러내 보여준다. 과거에 비해 경계가 없어진 공간은 자본의 흐름 안에서 상이한 발전 단계에 따라 누군가가 특정 지형을 더 쉽게 점유할 수 있게 되었고 지배는 더 광범위해졌다. 동시에 자본축적의 세계성은 다중적 거점을 지니게 되었는데 이것은 분산된 권력의 형태를 보여준다(Harvey, 1990/1994, 356-358쪽; Harvey, 2000/2001, 60쪽). 바꿔 말해, 이는 자본의 흐름에 따라 권력이 이동할 수 있음을 나타내고 사람들은 공간을 차지하기 위해 공간에 담긴 것, 즉 공간의 특성과 공간이 가진 유무형의 자원, 이를테면 노동력, 자연, 문화 등에 천착하기 시작했음을 보여준다.

이러한 공간 장벽의 소멸은 권력의 확장을 의미하는데, 가령 일국적 차원의 정치, 경제, 사회 문제는 이제 국제적 차원의 문제로 확장되었다. 또한, 선진국의 초국적 기업 등이 주도하는 글로벌라이제이션은 역설적으로 양극화와 빈곤, 무한경쟁, 권력독점, 환경파괴와 지구 온난화 등 위험사회의 현상과 단면을 수반했다. 이에 많은 이들이 민주주의와 인권, 협력과 협동, 정의와 공존 등을 위한 사회 운동을 제안했는데, 흥미로운 점은 이러한 사회

운동이 생성 및 교차하는 지점이 '로컬'로 인식되었다는 것이다. 로컬은 세계화로 인해 파생된 정치적, 경제적, 사회적, 환경적 문제에 대해 대안을 제시할 수 있다고 여겨지면서 주목받기 시작했다(박규택 · 박경환 · 이명수 · 이상봉 · 하용삼, 2017, 70-71쪽). 세계화 시대에 등장한 '이상적 공간'으로서의 '지역'은 추상적이고 광범위한 세계 공간들보다 고정적이며 실제적인 장소로 인식되었고 이러한 상상은 지속되고 있다. 실제로 로컬은 위와 같은 문제에 대한 잠재적인 가능성을 발현할 수도 있다. 지역은 실질적 연대가 가능한 공간으로 혁명의 근원지가 되기도 하고, 이렇게 생성된 지역 사회의 분위기는 글로벌 사회에서 파생되는 문제들에 대안적 전망[2]을 제공하기도 한다.

세계화와 함께 등장한 단어인 글로컬(Glocal)이 암시하듯, 거시적 공간에서 일상의 작은 공간까지 세계와의 교류에서 자유로운 곳은 없다. 그러므로 '글로컬'이라는 단어를 통해 '글로벌'과 '로컬'의 공간 사이에 일어나는 상호침투(interpenetration)적 관계를 이해하는 것이 중요하다. 이와 관련해 로버트슨(Robertson)은 양자의 공존과 상호보완적 관계를 모두 이해해야 한다고 언급한다(김기홍, 2018, 1263-1264쪽). 로버트슨의 주장대로 끊임없이 교류되는 공간을 고정된 정체성으로 읽는 것은 곤란하다. 오히려 세계화의 흐름과 더불어 각 국가의 문화와 지역 사회의 특성, 토착적 문화와 역사성을 중층적으로 읽어내는 작업이 필요하다. 따라서 글로벌의 대척점으로서 지역이라는 범주에 갇혀 로컬을 고정적으로 읽기보다, 창의적이며 새로운 인문사회학적인 관점으로 공간을 이해하려는 노력이 요구된다.

공간을 이해하기 위한 노력으로서 우리는 그것이 재편되어 온 궤적을 살필 수 있다. 도시가 재편되는 과정은 과거부터 현재까지 공간이 이용되는 방향을 보여주는 동시에, 공간 재편을 통해 자본을 축적하려는 힘의 지형들, 그것이 가질 수 있는 함의들을 살펴볼 수 있기 때문이다. 따라서 공간 속 담론이 축조되어 가는 과정, 공간이 개방되고 세계화가 진행되는 과정 및 이러한 변화가 어떻게 합리적인 지식으로 담론화되어 지역에 적용되는지를 살피는 것은 유용한 작업일 것이다. 이 장에서는 지리적 경계가 있던 세계화로 인해 급격하게 개방된 공간에서 국가가 어떻게 지역을 통치하는지, 이 과정에서 '글로벌'과 '로컬'은 어떻게 담론화되어 다루어지고 있으며 지역은 어떤 방식으로 이 담론들을 접합하는지에 관해 살피고자 한다.

전 지구적 문제가 된 양극화와 경쟁 과열, 권력 독점 등의 현상에서 한국도 예외가 아니었다. 특히, 한국은 1997년 외환위기 이후 신자유주의 이데올로기를 경제와 정치, 사회, 문화 부문에 적극적으로 차용했는데, 이것은 심각한 양극화와 경쟁, 소외 등의 문제를 야기했다. 신자유주의 이데올로기 안에서 공간도 예외는 아니었고 지역은 경쟁의 대상이자 경제적 가치를 증명해야 하는 상품이 되었다. 이와 관련한 대표적 예시는 비슷한 시기 문화산업이 정책적으로 도입되며 공간이 다루어진 방식이라 할 수 있다. 한국은 문화산업을 통해 공간을 효율적 방식으로 재편하고자 하였다. 2000년 전후로 '국제도시'가 육성되어야 한다는 담론이 빈번하게 등장해왔던 것은 그 사실을 보여준다. 한국은 국가적으로, 지역 정부 차원에서도 '국제경쟁력을 가진 도시'를 육성하고자 하며 지역 정체성에 대한 분석을 시도해왔다.

이 과정에서 로컬은 도구적, 기능적으로 다루어지고 단편적으로 이해되는 모습을 보인다. 구체적으로 한국은 1990년대 문화산업이 정책적으로 도입되며 한류 콘텐츠의 개발과 지역 문화산업의 활성화가 장려되었다. 주목할 것은 앞서 언급했듯, 문화산업이 국가 및 지역 경제를 살릴 방편으로 대두되면서 성과주의적 관점에서 다루어져 왔다는 점이다. 이것은 문화산업이 가져올 '결과'에 대한 관심으로 이어졌고, 정작 문화산업이 적용될 지역에 대한 이해와 성찰의 과정, 정주민의 일상과 삶의 질이 주류 담론에서 밀려나는 결과를 초래했다. 그 결과, 근래 지역 불균형과 지역 소멸, 주민 소외를 비롯한 다양한 문제들이 생성되며 로컬이라는 공간에 대한 분석과 정책적 고려가 시대적 화두가 되었다.

문화산업은 아도르노(Adorno)와 호르크하이머(Horkheimer)가 저술한 『계몽의 변증법』에 처음 등장한다. 『계몽의 변증법』에서 아도르노(Adorno)와 호르크하이머(Horkheimer)는 자본주의 논리 아래 대중문화가 동일화·동질화되는 현상에 대해 비판하며 문화산업이라는 단어를 사용했다. 이들은 문화산업의 상품을 내용 없는 반복적 생산물이며 이것은 대중의 사유를 마비시키는 도구가 된다고 보았다(Adorno & Horkheimer, 1947/2001, 185-193쪽). 그럼에도 현대사회에서 문화산업의 영향력은 빠른 속도로 확대되었다. 문화산업은 정책 입안자들에 의해 국가정책에 반영되기 시작했고, 몇몇 국가에서 문화산업은 '창조산업'이라는 용어로 변화하여 정책에 활용되었다 (Hesmondhalgh & Pratt, 2005, pp. 4-5). 주목할 것은 문화산업이 정책에 활용되면서 굴절되거나 변화하는 맥락이다.

이와 관련해 간함(Garnham, 2005, p. 15)은 영국의 정책 담론 안에서 '문화산업'이 '창의 산업(creative industries)'으로 변화되는 경로를 추적하였는데, 그는 이러한 변화에는 정치적, 정책적 이해가 포함되어 있다고 주장한다. 그에 따르면 영국 정책에서 문화산업 대신 창조산업이 쓰이게 된 맥락은 정보 사회로의 이행이라는 사회적 변화가 반영된 것이자, '창조적 노동'과 관련된 문제가 정책에 포함될 수 있게 한 정치적 맥락과 연결된다는 것을 알 수 있다(Garnham, 2005, pp. 19-20, p. 27). 여기서 하나의 예로 영국의 사례를 언급하였으나, 이외에도 캐나다, 호주 등의 국가에서도 문화산업이 지닌 경제적 가치를 인정하면서 정책적으로 활용하고자 하는 움직임을 보여왔다. 이것은 지역 공간에 문화산업 정책이 도입되는 결과를 수반했는데 이는 국가 경쟁력을 향상시키는 동시에, 문화에 있어 '미국화'라는 흐름에 대항하는 방안으로 인식되면서 더욱 적극적으로 논의되고 활용되었다(Hesmondhalgh & Pratt, 2005, pp. 4-5).

과거 아도르노와 호르크하이머가 소개한 문화산업이라는 용어는 대중문화와 이데올로기, 자본주의 사이의 문제를 비판하기 위해 사용되었으나, 현대에 와서는 문화정책으로 활용되고 있으며 이는 도시공간과 밀접하게 연결되어 나타나고 있다. 문화산업이 정책에 반영되는 과정은 한국의 사례에서도 찾을 수 있다. 한국은 1994년에 김영삼 대통령(1993-1998)이 아시아태평양경제협력체(APEC) 회의에서 세계화를 선언하면서 세계 속 한국의 경쟁력에 대해 고민하기 시작했다. 이후 한국의 문화산업 정책은 정권의 변화에도 불구하고 늘 화두에 오르는 의제가 되었고 이에 대한 관심은 현재까지도 이어지고 있다. 흥미로운 점은 앞서 언급한 영국의 사례와 같이 한국 또한, 문화산업이 포함하는 영역, 문화산업의 가치 등이 시기 별로 상이하게 인식되고 있다는 것이다.

이는 대통령 집권 시기별로 구분하여 살펴보면 더욱 명료하게 드러난다. 먼저, 노무현 정부(2003-2008)는 시민단체와 정부, 기업 등 여러 주체가 협력하여 문화서비스를 제공하는 것에 집중했고, 임기 후반에는 문화의 산업적 가치에 주목했다. 이후 이명박 정부(2008-2013)는 지역 축제와 같은 콘텐츠를 통해 지역을 문화공간으로 만들어 경제를 발전시키는데 주력했고 효율성과 성과를 중시했다. 박근혜 정부(2013-2017)는 문화와 산업이 융합된 콘텐츠 산업에 초점을 맞추고 글로벌 경쟁력을 강화하기 위해 노력했다(황설화, 2019, 71쪽; 81-83쪽). 위와 같은 상황들은 한국의 문화산업 정책이 약 5년간의 기간을 두고 질적으로 변화를 겪어왔음을 보여준다. 그럼에도 대통령 취임사부터 정책 보고서까지, 공통적으로 등장하는 문화산업에 대한 논의는 한국이 국가적인 차원에서 문화산업에 지속적인 관심을 두고 있음을 방증한다.

특히, 그것은 '국가 경쟁력' 차원에서 자주 논의되는 경향을 보이는데, 정부는 문화산업 분야를 세계무대에서 경쟁력을 갖춘 대표 산업으로 성장시켜야 한다는 언술을 종종 활용한다. 그리고 이는 문화기관과 같은 인프라(infrastructure)를 조성하고 물질적 기반을 마련하는 것으로 이어졌다. 그런데 경제적 축적에 대한 욕구가 인권이나 환경, 규제 등의 문제보다 더 중요시되면 문제가 발생한다(Harvey, 2000/2001, 121쪽). 실제로 한국의 문화산업은 지역에서 여러 방식으로 생성·지원되고 있으나 지역민과 지역성을 고려하지 못하면서 많은 시행착오를 겪어왔다.[3] 따라서 도시공간의 개발에 있어 경제적·물질적 관점을 넘어 사회적·문화적 관점으로 접근할 필요가 제기된다(나윤빈, 2018, 7쪽).

문화산업은 지역의 경제를 활성화하는 동시에, 지역민의 삶의 질을 향상할 수 있는 유용성을 담지한다. 그러나 지역 문화산업에 있어 정주민이나 삶의 질보다 우선시되어온 것은, 국가 경쟁력, 혹은 경제적 이익이다. 때문에, 문화산업을 수행하는 정치가들은 경제적 성과가 두드러지게 나타나는 정책을 선호하는데, 이는 도시를 스펙터클[4]한 환경으로 조성하는 결과를 초래한다. 그런데 스펙터클적 공간은 전술한 바와 같이 지역민들의 소외를 야기할 수 있다. 이러한 측면은 대중문화 대신 문화산업이란 개념을 제시했던 아도르노의 사유를 떠올리게 한다. 도시 안에서 경제적 논리에 따라 수행되는 문화적 실천들은 공간 자체를 물질적으로 바라보고 이를 물신화하기 때문이다. 따라서 문화산업에 관한 비판적 논의들은 우리의 삶과 현대사회 자체를 성찰적으로 바라볼 수 있게 하는 단초를 제공해 준다.

아도르노와 호르크하이머(Adorno & Horkheimer, 1947/2001, 62쪽)는 『계몽의 변증법』에서 '합리적'으로 논의되는 일련의 사회적 현상들에 관해 논리적 법칙이 배타성을 띤다고 진단한다. 이는 사회에서 온당하다고 주장되는 논리, 즉 이성이 필요에 따라 도구적으로 활용되는 한편, 일련의 목적을 달성하기 위해 목적 이외의 가치들을 도외시하는 것을 의미한다. 그러나 이러한 담론은 '합리적'으로 여겨지기 때문에, 새로운 사유를 시도하려는 움직임을 '비정상'으로 만들거나 배제한다는 점에서 문제적이다. 이것은 문화산업 정책에 있어 기능적·도구적으로 지역을 활용하고 접근하는 근시안적 움직임을 떠오르게 한다. 즉, 지역경제 활성화 및 도시 인프라 형성에만 초점을 맞출 경우, '성공사례'로 불리는 도시 공간의 전경들이 도처에 획일적으로 형성되고 편재하게 되는 현상, 이 과정에서 다양한 주체와 집단의 목소리와 참여가 제한되는 것 등이 포함된다.

물론 도시의 인프라를 구축하는 것과 관련한 긍정적 사례도 존재한다. 한 예로, 스페인의 빌바오는 산업화 이후 버려진 공장과 환경파괴가 일어나고 있는 도시를 재생하기 위해 구겐하임 미술관을 건립하였다. 구겐하임 미술관의 설립과 도시 재건축, 문화 프로그램 시행은 빌바오를 관광도시로 탈바꿈시켰고, 이는 도시의 부흥을 견인했다. 이것은 문화산업이 근대 산업을 대체하는 것을 보여주는 한편, 쇠퇴한 도시가 문화산업을 통해 재건될 수 있음을 나타낸다(양윤서, 2017, 45쪽). 이와 같은 사례는 과거부터 '문화도시'를 표방했던 광주가 참고할 수 있는 하나의 사례라 할 수 있다. 광주는 한국의 근현대사에서 정치적 격변과 저항, 민주화운동 등의 집체적 경험이 용해된 인문적 가치와 서사를 보유하고 있다. 이는 예술과 문화의 질료(質料)이자 콘텐츠로 승화될 수 있고 실제로 광주는 이를 활용하고 있다. 다만, 국가의 영향력, 지역 자본과 엘리트의 권력 및 개입으로, 광주의 인문적 가치들, 예컨대 인권, 민주주의, 평화 등은 만개(滿開)하지 못하거나 도구적으로 활용되는 일면을 지닌다.

이러한 괴리는 문화산업을 통해 지역민이 공간을 능동적으로 활용 및 전유한다고 여기게 할 수 있지만, 이는 진정한 의미의 참여와 전유라기보다 일시적인 느낌이나 감상에 머물거나 더 심각하게는 주민 소외나 배제 등의 문제로 이어지게 된다. 전통적인 의미에서 공간 외부에 그어진 경계는 사라졌지만, 이에 접근하고 향유할 수 있는 대상은 자본과 권력을 소유한 일부로 제한되곤 한다. 물론 최근 한국의 문화산업은 다양한 구성원들의 공존을 위한 노력을 경주하는 면을 보임에도, 여전히 몇 가지 중요한 문제들이 해결되지 못한 채 남아 있다. 따라서 한국의 문화산업을 실패의 사례로 규정하고 회고적으로 반추하기보다, 이에 대한 합리적이며 적확한 비판을 통해 전향적으로 쇄신해 가려는 노력이 필요한 때이다. 이러한 문제의식에 기반해 이 장은 현재 한국에서 이루어지고 있는 문화산업을 복기하고 이를 특히, 광주의 사례를 통해 구체적으로 논의해 보고자 한다.

# 지역 공간을 관리하는 권력의 담론 : 광주의 과거와 현재

광주는 한국의 현대사에 있어 '민주주의의 도시'로 각인되어 왔다. 이것은 지난 1980년 5월 18일에 일어난 민주화운동으로 인한 것이다. 민주화운동 이후 민주주의를 수호하는 도시로 자리매김한 광주는 민주화운동의 경험을 이른바 '광주 정신'으로 명명하고, 세계 도시들과 연대하는 모습을 보이고 있다. 일례로 지난 2021년 미얀마에서 민주화 투쟁이 일어났을 때, 광주와 5·18 기념재단은 미얀마 시민들을 지지하며 그들에게 의료용품과 생필품을 제공할 것이라고 밝혔다(Choi, 2021.3.9). 이렇게 5·18 민주화 운동의 경험은 광주와 깊은 연관성을 보이고 있으며, 그로부터 파생된 민주, 인권, 평화의 가치를 세계 도시들과의 연대를 통해 구현해 왔다. 주목할 것은 광주가 연대하는 방식에 대한 것이다. 1960년대부터 '예향'의 도시를 표방했던 광주[5]는, 민주화운동 이후 민주적 가치를 '문화'로 승화시키는 방법을 선택했다. 따라서 광주시와 광주의 지역민들은 1990년대부터 문화인프라를 조성하여 도시를 변화시키고자 하였고, 이는 광주비엔날레의 출범과 국립아시아문화전당의 설립으로 이어졌다.

이를 구체적으로 살펴보면, 광주는 1990년대 이후 광주비엔날레(1995)와 김대중컨벤션센터(2005)를 설립했고, 이후에는 국립아시아문화전당

(2015)을 유치했으며, 최근에는 복합쇼핑몰 건설과 관련한 논의가 이루어지고 있다. 이러한 일련의 과정들은 광주가 추구하고자 했던 도시 이미지에 부합한다는 점에서 성공적 사례로 비춰질 수 있다. 그러나 이와 함께 고려되어야 할 것은 도시의 문화인프라가 어떠한 과정을 통해, 누구에 의해 유치되었는가와 이를 통해 초기에 화두로 제시했던 공존과 상생의 문제, 가령 지역민들을 비롯한 소수자, 사회 속 타자(他者)와 충분히 연대하고 교류하고 있는가에 대한 문제이다. 이는 문화산업 정책에 있어 지배와 종속, 공존과 상생, 구성원의 삶의 문제에 대한 논의와 직결되는 중요한 지점이다. 특히, '누구에 의해', '어떠한 과정으로' 광주가 '문화도시'가 될 수 있었는지에 대한 평가에서 중앙정부와 도시 간 관계성은 떼어놓고 보기 어렵다. 물론 이것은 단지 광주만의 이야기는 아니라고 할 수 있는데, 이는 한국의 도시들이 재정자립도가 낮아 중앙정부의 지원 없이 지역 스스로 문화산업을 원조하기는 어려운 실정이라는 점에 기반한다. 따라서 중앙정부의 정책 담론은 지역 문화산업 실행에 있어 중요한 기제[6]가 된다.

중앙정부의 주도 아래, 혹은 지역 내에서 생성되는 담론은 도시민들의 행위와 경험을 합리적인 형태로 교정한다고 볼 수 있다. 즉, 공간을 정리하고 관리하는 행위는 지역민들이 그 공간 안에서 사회가 규정한 '합리적 행위'만을 할 수 있게 만든다(Harvey, 1990/1994, 309쪽). 이것은 푸코(Foucault)의 '지식-권력' 개념과 연결될 수 있다. 푸코는『감시와 처벌』,『광기의 역사』등의 저술을 통해 사회 내 존재하는 억압의 공간이 어떤 담론을 생성 및 체현한 것인지에 대해 관심을 기울였다. 이는 권력에 의해 생성된 담론이 공간에 투영되는 과정을 보여주는 작업이었다. 이러한 푸코의 관점은 도시 공간을 단순한 역사 결정론과 결별시키고 수사적·예술적 전략들을 포함하는 자율적인 공식체계로 이해하는 데 도움을 주었다(Harvey, 1990/1994, 264쪽; 371쪽). 특히, 푸코가 제안한 지식-권력, 에피스테메 등의 개념은 도시 공간이 내장하는 담론과 복잡다기한 권력의 지형과 동학을 살피는데 유용하다.

푸코에 따르면 지식은 한 사회 안에서 진리처럼 다루어지는 담론을 말하는데, 이는 우연적이거나 가변적 행위를 논리적으로 보이게 한다는 점에서 자신과 타인을 지배하는 도구가 된다. 한편, 역사적 시대마다 다양한 담론들을 일정한 방향으로 '틀 짓게' 하는 무의식적 인식의 조건이 있는데, 푸코는 이를 '에피스테메'(episteme)라 지칭한다. 시대별 에피스테메는 사회의 인식을 틀지어주는 구조가 되는데, 이는 역사의 연속성이나 진보를 인정하지 않음으로써, 사건과 이것이 일어나는 과정에 대해 비판적으로 인식할 수 있게 한다(전문영, 2021, 125-126쪽).

푸코가 제안한 지식-권력, 그리고 에피스테메라는 개념의 활용은 연구 대상을 분석하는 데 있어 유용한 틀을 제공해줄 수 있다. 그가 주장한 지식-권력의 개념은 도시를 분석하는 과정에서 담론이 어떻게 실질적으로 공간을 재편하고 있는지, 그러한 담론의 배경이 된 언술과 당시 통용되던 일련의 지식체계는 무엇이었는지를 볼 수 있게 하는 비판적 관점을 제공하기 때문이다. 동시에 에피스테메라는 개념과 함께 보여주었던 그의 주장은 담론을 통해 형성된 도시 공간이 진보의 과정을 통해 '발전'했다기보다, 교체되고 수정되며, 조율되는 과정으로 볼 수 있게 한다. 이는 푸코가 제안한 위와 같은 개념들이 담론 배후에 있는 권력을 동적(動的)인 존재로 읽을 수 있게 해주고, 이것은 권력의 미시정치학의 문제까지 도달할 수 있게 함을 보여준다. 물론, 푸코의 개념들은 권력에 대한 저항, 주체의 위상에 대한 설명에 있어 분명한 결론을 제시하지 못하는 아쉬움이 있다. 그러나 그의 논의는 정상과 비정상의 구분에 대한 문제 제기를 가능하게 하고 한 사회가 추구해야 할 패러다임을 국가 담론이 사회에 어떻게 통용시키는지, 구성원들이 어떻게 행위나 지식, 정서의 구조에 영향을 받는지를 밝혀내는 데 유용한 틀이 된다(마동훈, 1997, 242쪽).

이러한 푸코의 관점은 익숙해진 현대사회의 일상성을 권력의 산물로 인식하게 해준다. 우리는 이를 통해 일상성에 대한 반성을 시도할 수 있게 되고 그 이질성 혹은 부자연스러움에 대해 생각해 볼 기회를 얻게 된다. 이 글은 푸코가 제기했던 문제의식을 바탕으로 그의 몇 가지 개념들, 가령 권력, 지식, 에피스테메 등을 활용해 담론분석을 진행하고자 한다.[7] 이는 구체적으로 특정 공간에 문화산업이 투입되면서도 그것이 정책 담론에 의해 연속적이거나 단절적인 모습을 보이는 것에 대해 에피스테메[8]란 개념을 활용해, 그리고 그것을 가능하게 하는 담론 형성의 과정을 지식-권력[9]의 개념을 통해 논의하고자 한다.

광주의 문화산업은 그 기원과 형성 과정에서 복수의 주체들이 참여해 온 만큼 다양한 담론이 생성되어 왔다. 그리고 이러한 담론들은 상호 충돌과 경쟁, 접합과 조율의 과정을 거쳐 지배 담론에 흡수되거나 편승하는 모습을 보이기도 했다.[10] 담론 간 갈등과 논쟁은 대개 문화산업을 경제적 성과에서 바라보면서 지역 관광산업을 활성화하려는 논지와 지역민들의 문화, 삶을 고려해야 한다는 관점, 그리고 민주화운동을 기억하는 방식에 대한 지역민들의 입장 차이에서 비롯된다. 이러한 지점은 담론이 특정한 이데올로기나 이해관계를 내포하고 있다는 것을 상기시키는 지점이자(이기형, 2006, 120쪽), 담론 뒤에 있는 권력의 동학을 읽을 수 있어야 한다는 주장으로 이어질 수 있다.

이러한 문맥에서 이 글은 지역 문화산업에 있어 공간의 특성이 정책적·사회적 담론을 통해 어떤 방식으로 재편되었는지, 그 이면에 의식적으로, 혹은 무의식적으로 주류가 된 담론과 소외되고 배제되는 담론은 무엇이었는지에 대해 살피고자 한다. 이를 위해 당시 집권하던 대통령의 공식적 언술들과 정당의 정책, 이에 조응해 생산된 정책 보고서와 연구 보고서 등을 총체적이며 연계적으로 활용해 분석하고자 하였다. 우선, 대통령의 언술은 대통령 취임사와 예산안 시정연설을 중심으로 분석하였다. 동시에 정책 보고서, 연구 보고서 등은 광주 및 전라도에 소재한 연구소의 발간물, 수도권에 소재한 연구소의 출판물을 대상으로 분석하였다. 여기에 광주의 대표적 문화산업 기관인 광주비엔날레와 국립아시아문화전당, 그리고 광주광역시에서 제작한 백서 또한 함께 활용하였다.

이들은 당대를 대변하는 합리성과 이른바 시대정신이 발현된 '공적 영역'의 텍스트들인 동시에, 이것이 언어의 형태로 '논리적으로' 재구성되어 이른바 여론으로 형성되기 위한 질료로서의 담론이라 볼 수 있기에 분석 대상으로 효과적이라 판단하였다. 분석을 위한 보고서의 선정에 있어 수도권과 지역의 연구소에서 출간된 것들을 함께 보고자 한 이유는 이들이 중앙과 지역이라는 이항대립(二項對立)적 공간의 상징성, 혹은 상충하는 이해관계를 적절하게 반영하는 텍스트로 읽힐 수 있다고 판단하였기 때문이다. 반면, 이와는 상반되는 시각에서 대중과 예술가, 지식인들의 담화 또한 분석하고자 하였다. 이들의 언술은 처음부터 힘을 가진 담론으로 작동하지 않을 수 있으나 여러 주체의 동의를 얻는 행위와 실천을 통해 일련의 정상성(正常性)을 획득해 언제든 주류 담론으로 부상할 수 있는 가능성을 내포하기 때문이다.

# 예향에서 민주주의의 도시까지
# : 도시 담론의 형성과 권력



모든 시대에는 학문적 담론과 언술이 통용되게 하는 '지식의 그물망'이 있다. 구체적으로 한 사회 안에는 그 사회의 조건을 만들기 위해 작동하는 모순된 담론들이 존재하는데, 이 담론들은 사회 안에서 압력을 행사한다. 그리고 사회적 조건을 만드는 담론은 단절과 불연속의 과정을 거친다(Mills, 2003/2008, 126-127쪽). 이것은 한 도시가 담론화되어가는 과정을 통해 선명하게 드러난다. 특히, 광주는 도시계획을 포함한 근대화 과정에서 크고 작은 변화를 경험하며 이를 담론화해 왔기에 좋은 사례로 볼 수 있다. 근대 시기, 광주는 물산이 풍부한 곡창지대로 수탈의 대상이 되어왔고, 이로 인해 동학운동, 독립운동 등의 사회 운동이 활발하게 일어난 도시였다. 여기서 주의 깊게 볼 것은 이러한 사회 운동이 일어날 수 있었던 광주의 지리적 특성이다. 호남은 지리적으로 서울과 멀리 떨어져 있었고, 이러한 조건은 상대적으로 중앙정부의 권력으로부터 자유로운 분위기를 형성해 다양한 사회 운동이 일어날 수 있는 배경이 되었다(안영진 외, 2014, 244-245쪽). 달리 말해, 광주를 비롯한 호남은 그동안의 도시와 지역 발전 과정에서 배제되어 왔음을 의미한다.

실제로 1960년대부터 1970년대까지 박정희 정권 아래 이루어진 지역 정책은 서울 행정구역 확장, 부산과 서울을 중심으로 한 도로망 확충, 경부고속도로와 영동고속도로의 건설 등이 주를 이루었다(송은영, 2014, 53쪽). 수도권을 중심으로 중앙정부의 정책과 투자가 집중되는 현상은 현대화를 위한 중앙정부의 정책적 경로를 나타내는 동시에, 한국 사회가 산업사회에서 현대화, 세계화의 조류로 편승하는 과정을 드러낸다. 주목할 점은 광주가 과거부터 추구하고 노정해왔던 도시의 기호, 혹은 상징적 가치이다. 과거부터 광주는 '예향'을 지역 정체성으로 규정하고 이를 오랜 시간 일관되게 담론화해 왔다. 그러나 이러한 기호는 도시개발이나 문화산업과 관련한 정책에서 효과적으로 활용되지 못했고, 광주는 국가의 개발 대상이 되어야 할 주요 공간 목록에서 배제되어 왔다. 이것은 광주가 중앙정부의 공적 담론에서 소외된 지역임을 알게 해주는 동시에, 중앙정부가 승인하지 않는 미시적 담론들은 공명이 없는 공허한 담론으로 귀결될 수 있음을 보여주는 사례라 할 수 있다. 이는 중앙정부가 행하는 권력의 단면과 이것이 활용하는 공적 담론의 힘을 보여주는 측면이다. 광주와 중앙정부와의 관계에 변화가 시작된 계기는 1980년대 이후 광주민주화운동을 기점으로 볼 수 있다.

1980년 군사쿠데타와 함께 신군부가 군부를 장악하고 비상계엄령이 내려지는 등의 상황에서 광주는 국가의 차별과 억압을 경험했고, 시민들은 이에 저항하는 사회 운동, 즉 '5·18민주화운동'[11]을 전개하였다. 시위 과정에서 광주는 계엄군에 의해 폭력적으로 진압되었는데, 이러한 비극적 경험은 시민들로부터 강한 유대감을 형성하게 만든 동인(動因)이 되었다. 동시에 이 사건을 기점으로 광주는 중앙정부와 결부되는 계기를 맞이한다. 일례로 행정적인 부분에서 광주는 1986년 직할시로 승격되었고 1995년에는 광역시로 개편[12]되었다. 이와 함께 문화산업적 측면에서는 1995년에 '광주비엔날레' 출범이라는 변화를 겪었다. 1995년 창설된 광주비엔날레는 다른 지역과 차별화되는 '예향'의 도시이자 5·18광주민주화운동을 통해 고양된 민주, 인권, 평화를 상징하는 '광주 정신'을 모태로 하여 출범했다. '광주정신'은 인류의 미래지향 가치로 승화시켜야 한다는 명목 아래 비엔날레 개최 대상지가 아니었음에도 광주에 비엔날레를 유치시킬 수 있게 한 정치적 명분이 된다(박양우, 2015, 12쪽). 이것은 '광주 정신'이 지역 정체성으로 담론화되며 정치적 성격을 갖게 되는 현상이라 할 수 있다.

여기서 주목할 지점은 대규모 국제행사를 치를만한 도시 인프라가 빈약한 상태에서, 비엔날레가 광주에 설립되었다는 점이다. 이것은 민주화운동으로 인한 도시의 상처를 문화로 치유하고, 지역에 뚜렷한 산업기반시설이 없던 광주에 문화산업을 도입·적용함으로써 지역 경제 활성화를 기대하는 정치적 고려로 볼 수 있다. 보다 거시적 차원에서 비엔날레는 중앙정부의 영향력이 깊이 행사된 사례이자, 국가적 욕망이 투영된 문화산업의 산물이기도 했다. 여기에 당시 문민정부였던 중앙정부가 '세계화·지방화' 정책을 중점적으로 추진함에 따라 비엔날레 출범은 빠르게 실현되었다. 이러한 배경 아래 비엔날레 창설 취지문에는 "광주의 민주적 시민 정신과 예술적 전통을 바탕으로 건강한 민족정신을 존중하며 지구촌 시대 세계화의 일원으로 문화 생산의 중심축"으로서 역할을 모색한다고 서술한다(박양우, 2015, 12쪽).

국가는 국가 경쟁력을 높이기 위해 지역이 세계 예술 행사를 개최할 수 있도록 지역의 과제와 역할을 부여하는 주체이다. 따라서 광주비엔날레의 창설은 '시공간 압축'을 통해 가속화된 세계화의 조류와 담론의 영향, 그것에 편승하고자 한 국가적 욕망이 투영된 산물로 볼 수 있다. 다시 말해, 비엔날레의 시작은 단순히 지역을 재편하는 과정을 넘어 세계화의 흐름과 세계 경제 속 국가 경쟁력 향상이라는 국가 사회적 욕망이 중첩되어 나타난 문화적 산물로 볼 수 있는 것이다. 그런데 공간에 대한 투자는 자본의 순환을 위해 지역을 효과적으로 관리하려는 시도로 이어지곤 한다. 나아가 효과적으로 관리된 공간은 생산과 분배, 소비, 계급투쟁, 문화와 생활양식 등이 '구조화된 일관성'을 가지게 된다(Harvey, 2005/2008, 165쪽).

1995년에 광주비엔날레가 설립되었다면, 1996년 부산에서는 부산국제영화제가, 2000년 전주에서는 전주국제영화제가 출범하였다. 이들은 모두 '국제행사'로서 기능하는 문화기획이라는 측면에서 일관성을 지닌다. 물론, 문화산업을 통해 지역을 구조화하는 것은 지역경제 활성화와 지역 문화 향유 기회 확대 등의 여러 긍정적 효과를 가져오기도 하지만, 이것은 다른 한편으로 정치적 이데올로기가 투영됨으로써 도시를 (재)구조화할 수 있음이 드러나는 지점이다. 즉, 이는 사회 내 힘을 가진 주체가 생산한 담론이 지역 공간에 실현되는 과정을 보여주는 것이라 할 수 있다. 나아가 이러한 담론이 형성되는 과정은 개별 국가와 정부의 영향력에 더해, 세계화라는 맥락에서 서구의 지배적 담론이 지역에 수용되는 과정도 보여준다.

가령, 비엔날레 창설문에 세계화와 함께 로컬리티(locality)가 서술된 측면은 비엔날레의 창설이 국가가 추구하는 이데올로기, 즉 세계화와 지역화가 조화롭게 투영되어 출범할 수 있었음을 보여준다. 동시에 비엔날레 창설 취지문에 나타난 '세계화'와 '민족정신'은 일견 상이해 보일 수 있지만, "가장 한국적인 것이 가장 세계적이다"는 정치적 구호가 유행했던 1990년대 한국 사회의 문맥에서 지역(성)을 국가 경쟁력을 향상시킬 수 있는 대상으로 물화(物化)하는 시도이다. 특히, 이 부분은 광주가 '문화도시'로 자리매김해가는 과정이 위로부터 '선별되고 이식된' 것이자, 이것이 국가적·사회적으로 전면화된 것이었기에 문제적이라 볼 수 있다. 이는 담론의 생산이 통제되고, 선별되고, 조직되는 일련의 정치적인 절차가 사실이나 시대정신으로 간주되며 개별 담론이 한국 사회 내에서 일련의 정상성을 획득하는 과정이었기 때문이다.

이러한 현상은 2002년 광주가 '아시아문화중심도시'로 선정되면서 더욱 선명하게 드러난다. 2002년 아시아문화중심도시 조성사업은 대통령의 선거공약으로 시작된다. 광주가 '문화수도'라는 수식어를 통해 명명되기 시작한 것도, 이 시기를 기점으로 볼 수 있다. 그런데 '아시아문화중심도시 조성'과 '광주 문화수도론'은 지방자치단체가 자발적으로 주창한 것이 아니라, 외부 주창자, 다시 말해, 대통령 후보를 통해 대선 공약으로 정책 의제(policy agenda)가 되었다는 점에서 정치적 담론이라 할 수 있다. 특히, 문화수도라는 용어는 일종의 정치적 은유로 볼 수 있다. 이를테면 행정수도 용례에서 정치 행정 국가기구가 행정수도 이전 후보지로 이전하듯, 문화 관련 국가정책 결정 기구들도 문화수도로 이전해야 한다는 의미를 내포하기 때문이다(서순복, 2004, 10쪽). 실제로 세종시로 다수의 국가 행정기관이 이전했듯, 2005년부터 2019년까지 한국콘텐츠진흥원, 한국인터넷진흥원 등을 포함한 16개의 기관이 광주와 전남으로 이전되었다(박철홍, 2019.1.10).

그런데 세계적 규모의 복합 문화센터가 건립된 대표적 도시들은 그것이 건립되기 전부터 이미 문화의 향유와 생산이 가능한 도시 인프라가 형성되어 있었다는 사실(정미라, 2006, 150쪽)을 상기해 본다면, 광주가 인위적으로 재조직되고 있음을 알 수 있다. 동시에 아시아 문화중심도시 조성사업을 유치하는 과정에서 지역과의 연계와 관련해 '민주화운동'이 언급된다. 이는 1980년에 광주가 겪었던 '역사적 상흔'이 '지역 정체성'이라는 이름으로 유연하게 탈바꿈해 일정한 정치적 목적에 복무하는 담론으로 활용되고 있음을 보여준다. 바꿔 말해, 광주 민주화운동은 10년 내에 두 차례의 큰 문화산업을 도시에 유치하는 정치적 행위가 합리적으로 수용될 수 있는 담론구성체로 기능한 측면이 있고, 이는 타 지역 혹은 지자체 간 경쟁에서 우위를 점할 수 있는 독특한 '지역성' 혹은 '역사성'이란 언표로 활용되었다. 이제 광주는 민주화운동 이전, 오랜 시간 공적 담론에서 소외되어왔던 역사에서 당대의 지식 권력과 정상성을 직조하는 담론구성체를 전유해 '세계화 속 광주의 가능성'을 주창하고 있다.

> "지금 우리는 다시 **세계사적 전환점**에 직면했습니다. 도약이냐 후퇴냐, … 우리는 외환 위기를 세계에서 가장 빨리 벗어났습니다. 지난해에는 월드컵 4강 신화를 창조했습니다.
> … 한반도는 중국과일본, 대륙과 해양을 연결하는 다리입니다. 이런 지정학적 위치가 지난날에는 우리에게 고통을 주었습니다. 그러나 오늘날에는 오히려 기회를 주고 있습니다. 21세기 **동북아 시대의 중심적 역할**을

우리에게 요구하고 있는 것입니다. …"[13]

〈노무현 대통령 취임사; 강조는 인용자〉

"지난 2002년은 위대한 국민 승리의 한해였습니다. 월드컵에서는 4강 신화를 이루어냈습니다. 부산 아시안게임도 성공적으로 마쳤습니다. 이 모두가 우리 **국민 여러분의 저력**을 **세계만방에 보여준 쾌거**였습니다. … 한반도에 평화가 정착되도록 하겠습니다. 그리고 우리나라가 **동북아 시대의 중심국가**로 도약할 수 있는 토대를 마련하겠습니다."[14]

〈2003년 노무현 대통령 당선자 신년사; 강조는 인용자〉

2000년대 초반 한국은 동아시아 지역에서 '한류' 현상으로 국가적 위상이 급부상했고, 국가 경제력은 성장 가도를 달리고 있었으며, 월드컵 축구경기에서는 4강까지 진출하는 이례적인 경험을 하였다. 이는 과거 한국이 경제적, 사회 문화적인 측면에서 강대국에 종속되어 왔었기에 더욱 특별한 경험으로 다가왔다. 이와 같은 세계화의 문맥에서 '동북아시아'를 강조하며 이제 그 거점이 되겠다는 대통령의 언술은 한국이 아시아 지역을 주도하는 중심 국가로 거듭나고자 하는 국가적 욕망을 내장하고 있음을 알 수 있다. 그리고 그 실현 방안 중 하나는 '아시아 문화중심도시 광주'와 같은 공간과 인프라를 창출하는 것이 된다. 여기서 지역은 시대적 가치이자, 국가적 열망을 반영하고 이를 위한 정책을 구현할 대상으로 작동한다.

이런 문맥에서 국가적 차원의 개발주의 정책이 시도되는데, 이는 지역의 발전과 경제적 기반 마련으로 이어지게 된다. 그 사례로 광주는 참여정부 시기에만 세 곳의 대형 문화 기관—김대중컨벤션센터[15]와 광주디자인진흥원, 광주디자인비엔날레[16]—을 유치 및 설립하게 된 것을 들 수 있다. 오늘날 광주 문화산업의 중심축 중 하나인 국립아시아문화전당 또한, 해당 시기에 기획되었다는 점은 이를 방증한다. 물론, 위 시기에 건축된 문화시설들은 로컬 문화를 고양시키는데 도움이 되는 인프라[17]라 할 수 있다. 실제로 김대중컨벤션센터와 광주디자인비엔날레, 광주비엔날레 및 국립아시아문화전당은 설립 이후, 상호 유기적으로 연결되어 지역 문화산업을 활성화하는 데 일조한 면이 있었다. 이는 도시에 문화와 관련된 인프라가 집중적으로 확충되면서 문화산업의 저변이 확장되어 가는 과정으로 볼 수 있다.

이와 같은 일련의 절차들은 과거부터 예향을 지역성으로 언급해온 광주가 문화시설을 갖추지 못했으나, 중앙정부가 개입하면서 물질적 기반을 갖추게 되는 단계들을 보여준다. 그리고 그 단계는 급진적이면서도 집권 정당이 변화될 때마다 분절적으로 나타나고 있음이 관찰된다. 이러한 방식의 도시 형성은 다음 정부의 정책 기조에서 더욱 두드러지게 나타난다. 이명박 정부 시기 지역발전정책의 비전은 지방정부 권한 확대와 지방경제 활성화, 지방 재원 확충과 광역경제권 구축, 문화와 체육 생활의 향유권 확대 등으로 서술된다(정동일, 2018, 20쪽). 눈에 띄는 것은 실용과 효율성, 경쟁이라는 단어의 등장인데, 이는 이명박 대통령의 취임사에서도 반복적으로 나타나는 단어였다.

> "우리는 '이념의 시대'를 넘어 **'실용의 시대'**로 나가야 합니다. 실용정신은 동서양의 역사를 관통하는 합리적 원리이자 **세계화** 물결을 헤쳐나가는 데 유효한 실천적 지혜입니다. … '작은 정부, 큰 시장'으로 **효율성**을 높이겠습니다. … 꼭 정부가 해야 할 일이 아닌 것은 민간에 이양하겠습니다. **공공부문에도 경쟁**을 도입하겠습니다.
> … 우리나라는 오랜 역사를 가진 문화국가입니다. 최근 세계무대에서 주목받는 **한류**는 그런 전통과 맥이 닿아 있습니다. … 이제는 문화도 산업입니다. 콘텐츠 산업의 경쟁력을 높여 문화강국의 기반을 다져야 합니다. 문화 수준이 높아지면 삶의 격조가 올라갑니다. 문화로 즐기고 문화로 화합하며 문화로 발전해야 합니다."[18]

〈이명박 대통령 취임사; 강조는 인용자〉

"… **지역발전과 사회간접자본 확충**을 위하여 올해보다 7.9% 늘어난 21조 1천억 원을 배정하였습니다. 특히, 광역경제권 활성화를 위한 30대 선도 프로젝트에는 내년부터 모두 50조 원을 투입할 계획입니다."[19]

〈이명박 대통령 예산안 시정연설; 강조는 인용자〉

취임사에서 드러나듯 이 시기는 실용과 효율이 중시되고 공공부문에서도 신자유주의적 무한경쟁이 도입되었음을 알 수 있다. 이는 '국가균형발전'을 중시했던 이전 정부와 달리, 이명박 정부에서는 도시 공간 또한, '경쟁'이 중요하고 경쟁의 결과에 따른 선별적인 지원이 필요함을 보여준다. 동시에 정책 노선이나 실제 정책에서도 이전 정부와 차이를 보였는데, 이명박 정부는 노무현 정부에서 추진한 국가균형발전위원회와 세종시 및 혁신도시 정책을 폐기하고자 하였다. 세종시 및 혁신도시 폐기 시도는 국민적 저항에 실패로 끝났으나, 여타 균형발전을 위한 정책들은 거의 폐기되었다. 당시에는 문화산업 저변에 대한 지원도 급격히 약화되었는데, 대표적 국책사업 중 하나였던 광주의 아시아문화중심도시 조성사업 또한, 특별법으로 보호를 받았음에도 불구하고 상당한 예산이 삭감됨으로써 사업 진행에 차질을 빚었다(성경륭, 2013, 33쪽).

박근혜 정부 집권 기간에 광주의 국립아시아문화전당 사업은 더욱 위축된다. 아시아문화전당의 고유 사업과 비슷한 문화창조융합벨트 사업이 추진되면서 2016년 789억 원이었던 아시아문화전당의 예산을 403억 원으로 감소시키고, 2016년 904억 원이었던 문화창조융합벨트 예산은 1,278억 원으로 증가시킬 것이라는 박근혜 정부의 문화정책 계획은 이를 방증한다. 아시아문화전당과 함께 광주 문화산업의 또 다른 축을 담당하는 광주비엔날레의 예산 또한, 국비가 축소되어 제11회 전시 대비 제12회 전시의 예산이 60%대로 감소하는 변화를 겪게 된다. 이것은 광주뿐 아니라 부산국제영화제와 부산비엔날레도 포함된 것이었는데, 일각에서는 광주는 '세월 오월'이라는 작품으로 대통령을 풍자하고, 부산국제영화제는 '다이빙

벨'이라는 작품을 상영하면서 현 정부의 심기를 거스른 탓이라 주장했다(김성수, 2016.11.4). 이것은 이후 광주시장이 문화체육관광부의 2차관으로부터 전화를 받았다고 밝힘으로써 힘이 실리는 주장으로 남게 되었다(송형일, 2016.11.14).

광주는 인권적 가치를 표방하며 문화수도를 꾀하였지만, 재정자립도가 낮은 편에 속한다. 송진희(2020, v쪽)는 광주가 광역시 중에서도 문화기반을 지원하는 경제 부문이 중하위권 수준이라는 점이 문화예술 환경에 영향을 준다고 언급한다. 이것은 광주가 문화산업을 지속시키기 위해서는 중앙정부의 경제적 지원이 필수적으로 수반되어야 함을 의미한다. 이는 광주시가 중앙정부가 생산하는 정치적 이데올로기에서 자유롭지 못할 뿐 아니라, 그들의 영향력에 취약할 수밖에 없는 조건을 가지고 있음을 보여주는 것이다. 이는 전술하였듯, 광주의 문화산업 정책이 정권 교체 시기마다 상이한 모습을 띠는 것으로 드러난다. 이렇게 중앙정부 교체 시기마다 문화정책이 변화와 부침을 겪는 것은 거시적으로는 국가정책, 미시적으로는 지역정책 안에 내장되어 있던 언술의 단절과 부조화가 드러나는 부분이다. 이는 푸코가 언급한 에피스테메 개념이 함의하듯, 관련 담론의 단절과 불연속성은 한국의 문화산업 정책이 집권 정당에 따라 수시로 교체, 단절, 굴절되어 온 특성을 보여준다.

여기서 문제가 되는 것은, 정부의 담론이 그 시대의 진리처럼 통용되는 것에 대한 맥락을 넘어, 정책 담론이 공간을 전유하고 물화하려는 움직임이다. 전술한 바와 같이 세계화의 조류에 맞추어 정부는 지역을 국가 경쟁력을 높여줄 도구나 수단으로 인식하고 접근해왔다. 이는 도시와 공간을 '무엇을 위해 존재하는' 물적 대상이나 경제적 상품으로 인식하게 하기에, 특히 문제적이다. 동시에 공간이 관광 등 문화상품의 형태로만 개발되는 것은 도시를 자본주의의 통치성에 더욱 취약하게 만든다. 지역 자본가들은 자신들의 자본을 축적해줄 공간을 차별화하고 지리적 불균등을 통해 공간의 가치를 향상시키고자 하기에 공간에 일정한 영향력을 행사하려 한다. 따라서 공간이 물질적으로 다루어지는 현상, 이를 통해 자본을 축적하려는 욕망과 동학에 대한 경계와 사회적 숙의가 필요한 지점이라 할 수 있다.

# '문화도시 광주'의 형성과정에서 경합하는 담론과 주체들



계획되고 축조된 도시 담론은 일방적으로 공간에 적용되지 않는다. 즉, 도시와 지역에 필요하고 최적의 합리적 의사결정 과정을 통한 정책적·외재적 변화가 발생할지라도, 정부나 지자체가 생산한 주류 담론에 저항하거나 이와 경합하는 움직임과 담론 또한, 활발하게 생성되어왔다. 특히, 이는 도시 내 굵직한 문화산업이 실행될 때마다 가시화되어 드러난다. 전술한 사례인 광주비엔날레 역시 이러한 과정을 겪어왔다. 광주비엔날레는 창설과 시행에 있어 중앙정부 및 지자체가 주도한 반면, 시민 사회와 지역민들의 목소리와 참여는 상대적으로 배제된 채 진행되었다. 이는 국가기구와 지자체가 지역의 고유하고 차별화된 정체성을 특정한 방식으로 전유하고 그것을 상품화하여 도시를 재구성하는 데에만 관심을 둘 뿐, 이를 체화하거나 지속하기 위한 노력은 하지 않고 있음을 보여준다.

한 예로 지역 예술가 단체가 광주비엔날레에 대항하여 '통일미술제'를 개최했다는 사실(박양우, 2015, 32쪽)은 대규모 문화산업에 대한 진지한 성찰과 관련해 시사점을 준다. 광주비엔날레에 대립 구도를 보였던 '통일미술제'는 광주민주화운동에 대한 진상규명과 처벌이 이루어지지 않은 상황에서 비엔날레의 출범에 대해 비판을 제기했다. 이들은 행사를 유치하고 중앙정부의 지원을 받는 것이 광주 민주화운동의 처벌과 진상규명이라는 목적을 희석하는 것은 아닌가 하는 문제를 제기했다. 특히, 오월 관련 시민단체와 진보적 참여 미술 집단에서 비판이 제기되었고, 이러한 의견을 토대로 광주 미술인공동체는 광주 '통일미술제' 추진위원회를 구성하여 〈안티비엔날레〉(1995.9.20~10.15)를 별도로 개최하였다. 그러나 비판적 담론을 생산하던 '통일미술제'는 1997년 2회 광주비엔날레에 특별기념전으로 편입되어 행사를 개최하였고 이후에는 추진되지 않았다(박양우, 2015, 32쪽).

주지할 것은 2회부터 광주비엔날레가 '통일미술제'를 흡수한 과정이다. 제1회 광주비엔날레 이후, 광주시는 미술관 조직에 광주비엔날레의 직원을 통합하여 새로운 조직을 창설하고자 하였고, '광주비엔날레 민영화'와 함께 인사에도 변화를 주고자 하였다. 당시 정부 산하 기관들과 공기업의 민영화가 전국적으로 실행되는 상황이었기에 광주시는 '광주비엔날레 민영화'가 대외적인 이미지 개선에 긍정적 영향을 줄 것이라 판단하였다. 이러한 조류는 광주비엔날레의 핵심 실무자 사무차장 자리에 민간인 광주시립미술관장이 임명되는 결과를 가져왔다(김옥조, 2001, 225-226쪽). 시기적으로 많은 기업의 민영화가 빠른 속도로 이루어지고 있는 상황에서 비엔날레 또한, 이를 통해 조직을 개편하고 이미지를 개선하려는 것은, '민영화'가 기업이나 공공기관의 주체적이고 독립적인 모습을 보여줄 뿐 아니라, 조직과 경영의 효율을 담보해 낼 수 있으리라는 당시의 시대상과 담론구성체, 혹은 에피스테메를 적극적으로 수용한 결과였다.

나아가 광주비엔날레와 상반된 견해를 가지고 개최되던 '통일미술제'를 비엔날레의 특별전으로 전치시킨 것은 권력을 과점하고 비교적 자유로이 행사할 수 있는 집단이 어떤 이유에서이건 경합하는 담론을 일부 수용하게 만든 담론의 유동적·역동적·비고정적 속성을 드러내는 것이었다. 예컨대, 광주비엔날레와 '통일미술제'가 보여준 일련의 행위들은 국가기구가 공간을 억압적으로 통치하는 대신, '문화'라는 유연하고 부드러운 방식을 통해 통치함으로써 도시를 점유하려는 시도와 그에 대한 저항으로 읽힐 수 있다. 그러므로 정치적 목적에 문화가 동원되는 것은 물론 새로운 현상은 아니지만, 오늘날 거대 문화산업을 주관하는 통치기구의 공간과 공간의 지배를 둘러싼 권력 행사 방식을 돌아보게 한다.

또한, 초기에 생성된 시민 사회와 지역 예술가들의 저항 행위는 주류 담론과 경합하는 특성을 보여주지만, 이것이 지속되지 못하고 일회성으로 끝났다는 점에서 소수(자) 담론이 주류 담론에 통합되는 과정을 재현한다고 할 수 있다. 우리는 시·공간 압축을 통해 지리적으로 가까워졌을 뿐 아니라, 정보를 공유할 수 있는 네트워크망을 갖게 되기도 했다. 따라서 시공간 압축은 소수 집단과 공동체의 이야기를 세계에 전달할 수 있는, 즉, 지구적 연대가 가능한 사회적 여건이 마련되었음을 의미하기도 한다. 또, 비록 연대하지 못하더라도, 적어도 자본축적과 계급사회의 동학을 구성하는 권력의 공간에 대해 이해하고 비판적으로 바라봄으로써 해방의 가능성에 한 발 다가갈 수 있게 되었다(Harvey, 2000/2001, 92쪽).

동시에 하비(Harvey, 2000/2001, 92쪽)가 언급하듯, 그것은 계급투쟁이 발생할 때마다 자본주의가 이를 빈번하고 성공적으로 제어하는 과정과 통치성을 보여주기도 한다. 비엔날레가 지속되는 과정에서, 전시 주제와 목적에서 일정 부분 중앙정부의 정책 담론에 편승하거나 수렴되는 면모를 보이기에, 민중 예술가들의 비판은 여전히 유효해 보인다. 일례로 광주비엔날레는 참여정부 집권 기간이었던 5회(2004년), 6회(2006년) 주제전에서는 아시아의 과거와 현재, 정체성과 세계화와 지역성 간의 충돌 등에 대한 현상들을 예술로 승화하려 하였다. 그러나 이명박 정부가 출범한 2008년 7회 전시부터 광주비엔날레 주제전에서 '아시아'를 활용하는 단어가 사라졌다. 이는 '글로벌 코리아'의 이미지를 담론화하고 이전 정부보다 가시적으로 국제경쟁력을 구축하려 했던 당시 정부의 정책 및 담론과 중첩되는 지점이다.

국가가 지역을 통치할 때 정주민은 지역성을 자각하고 애향심을 가질 수 있다. 그러나 동시에 집단이 토지에 투자되는 기반시설을 주도적으로 구축하고 제도적 지원을 시도하는 것은, 통치기구의 존재를 공고히 한다

(Harvey, 2005/2008, 165쪽). '아시아 문화중심도시 조성사업'에서도 문화산업의 실행 주체에 대한 비판은 이어진다. 아시아 문화중심도시 조성사업의 최상층부에서 이를 총괄하고 있는 것은 대통령이었고, 대통령이 위촉한 위원장을 중심으로 구성된 문화중심도시 조성위원회와 문화관광부가 그 아래 배치되었다. 이의 하위 집단으로 문화관광부 장관이 위임한 특별 업무를 수행하는 추진기획단이 있고, 그 아래 광주광역시의 문화정책실이 배정되었다.

> "대체로 문화관광부 추진기획단이 지방공무원들에게 … 다소 일방적 태도를 가지고 참여하며, 지방공무원들은 … 대체로 자신들의 계획은 이러하니 … 해결해달라는 민원을 호소하는 식의 태도로 참여하는 것이 현실이며, 여기에는 그 어디에도 합의적 의사결정기구를 만들어 내오자는 식의 프로세스관련이나 지배구조에 관련한 이야기는 진행되고 있지 않은 현실에 대한 개선이 필요하다"(서태성 외, 2006, 85쪽)
>
> 〈지방분산 · 분권과 국토균형발전의 대응과제(II): 국가균형발전 정책의 지방화를 위한 대응과제〉

위에서 보듯, 문화관광부 기획단과 광주시 문화정책실의 수직적 관계는 지자체 기능을 활성화하고 권력을 안배하겠다는 당시 정부의 언술과 달리, 지역 정부가 자율성을 지닌 힘 있는 주체로 호명되지 못했음을 드러낸다. 동시에 지역 정부 또한, 문화산업의 실행 과정에서 수동적 스탠스를 취함으로써 행위 주체에서 밀려나는 모습을 보여준다. 이처럼 집행 기구의 수직적 배열과 역할 분담은 문화중심도시 형성 과정을 협력적이거나 합의적으로 만들지 못했다. 한 보고서에 따르면 문화관광부 기획단과 광주시의 문화정책실은 실무적인 회의와 워크숍을 진행하기도 하였으나, 문화관광부 추진기획단이 지방공무원들에게 지역 계획의 핵심을 전달하고 따라주기를 요구했고 지방공무원은 그 요구에 동의하는 형식을 취했다고 서술한다(서태성 외, 2006, 81-88쪽). 중요한 점은, 이러한 정적이고 굳어진 관계들은 인간과 공동체, 사회를 판에 박히게 만들고 새로운 것을 시도할 수 없게 한다는 것이다(이영주, 2011, 258쪽).

물론 문화도시 조성사업이 일방적으로만 이루어진 것은 아니다. 이 사업의 중심이 되는 국립아시아문화전당 건립과 관련해 일련의 갈등이 존재했다. 첫 번째 갈등은 부지 선정과 관련된 것이었고, 두 번째는 국제건축 설계 공모 당선작에 대한 것이었으며, 세 번째는 구 전남도청 별관의 보존을 둘러싼 논쟁이었다. 그중 설계안과 관련된 두 번째 논쟁은 지자체, 중앙정부와 시민단체 간 첨예한 갈등을 빚었고, 아시아문화전당의 완공 시기에까지 영향을 미쳤다는 점에서 구체적으로 살펴볼 필요가 있다. 이와 관련된 갈등은 설계안 '빛의 숲'으로부터 시작된다. '빛의 숲'은 구 전남도청과 경찰청을 중심으로 전당의 건축물을 지하에 배치하고 지상에는 민주 광장과 전남도청 등의 부지를 친환경적 공원으로 조성해 지역민의 일상과 호흡함으로써 민주적 정신을 실현하기 위한 계획안이었다. 이 도안은 환경성과 공용성을 만족시킬 수 있는 것으로, 건축 전문가와 환경단체, 중앙정부[20]와 5·18 관련 단체들은 찬성하였으나 국제적 랜드마크를 원했던 광주시와 광주의 구의회, 광주시 주민자치위원회 등 일부 시민단체가 반대 의견을 내놓았다(이순자·장은교, 2012, 53-54쪽).

이러한 갈등은 당선 설계안을 토대로 한 종합 계획안이 확정되면서 일단락되었는데(이순자·장은교, 2012, 54쪽), 이는 문화산업 추진에 있어 집단 간 충돌은 다층적인 이해관계에 의해 언제든 생성될 수 있음을 보여준다. 또한, 랜드마크를 원했던 광주 지역 단체들은 문화산업의 경제적 효과를 강조하고 세계 도시의 자취를 추적해 경제적 부흥을 이루겠다는 한국의 문화산업 담론, 즉 당대의 에피스테메를 체화하고 있음을 알 수 있다. 그런데 '민주', '인권' 등 인문학적 가치를 지향하는 광주시와 광주의 일부 시민 단체가 '가치 합리성'이 아닌, '경제 부흥'과 같은 '목적 합리성'을 위해 중앙정부 및 환경단체 등과 대립하고 있다는 것은 주목할 만한 지점이다. 광주의 역사성을 도시의 기호로 표방하고 있지만, 이해관계가 상충함에 따라 광주가 지향하는 저항적 의제나 기호들이 도구적으로 전락할 수 있음을 보여주고 있기 때문이다.

동시에 문화산업이 경제 부흥을 위한 도구로 활용되는 것은 '목적 합리성'에 부합하는 것으로 경제적 이윤을 창출하는 것 외에 다른 중요한 요인들을 고려할 수 없게 만든다. 그러므로 도시 계획에는 '가치 합리성'이 함께 고려되어야 하는데 중앙정부와 환경단체 등이 제안한 설계안은 그러한 측면이 고려된 결과라 할 수 있었다. 결과적으로 중앙정부가 지지한 설계안을 중심으로 아시아문화전당 건립이 추진된 것은 지배적으로 수용되어 왔던 '경제효과' 중심의 문화산업적 에피스테메가 균열을 드러내고 '지역민을 위한' 문화산업의 방향성 및 계획과 접합하고 있음을 보여준다.

현재 설계안을 반영하여 건설된 국립아시아문화전당은 지하에 문화시설이 존재하는 한편, 지상층에는 하늘마당과 같은 쉼터를 조성하였고 이는 많은 지역민이 교류하는 공간으로 기능하고 있다. 주말에는 하늘마당에서 담소를 나누기 위해 사람들이 모여들고 이채로운 버스킹 공연 등 문화예술 활동이 자유롭게 이루어지면서 사람들을 유입하고 있다. 광주시와 일부 시민단체가 제시한 랜드마크에 초점을 맞추어 건물을 설계하였다면, 이러한 현재의 도시 전경은 상상하기 어려웠을 것이다. 랜드마크는 전시 위주의 스펙터클적 속성으로 인해 도시 경관과 자연스럽게 조화를 이루기 어려우며 사람들을 편안하게 끌어들이는 접근성 또한 떨어진다. 특히, 이는 민주, 인권, 평화 등 상생과 연대의 가치를 지향하는 '광주 정신'과는 이질적인 형태의 건조물이라 할 수 있다.

위에서 살펴본 바와 같이, 지방자치단체와 지역민들의 문제 제기가 늘 공공성과 삶, 문화를 담보하기 위한 저항이나 움직임은 아닐 수 있다. 오히려 이는 지역 내의 다양한 이해관계를 반영하는 움직임을 보여준다. 이는 기업주의 도시[21]의 문맥에서 도시 재개발이 사회적 약자나 소수자를 공간으로부터 배제하고 주체화된 집단이 도시의 공공 공간을 사적으로 점유하게 한다는 점에서 문제적이다. 이와 같은 기업주의 도시에서는 도시재생과 경제적 변화에 따라 손해를 보는 집단들이 다양한 형태로 생겨난다(장세룡·류지석, 2010, 884쪽; 911쪽). 이처럼 공간이 사유화되어 소수에게만 열리는 것은 지역 내에서 배제와 소외, 나아가 불균등한 사회의 조건이 되어 사회 발전을 저해할 수 있는 요소가 된다. 그럼에도 여전히 로컬이 관리 및 통제되는 가운데 파생된 일련의 문제들이 존재한다.

하나의 예로 국립아시아문화전당 주변 지역의 정주민이 밀려나고 있는 사례를 들 수 있다. 문홍주(2022)에 따르면 국립아시아문화전당 근방의 동명동은 사업체와 사업체 종사자 수가 늘어나면서 도시경제가 활성화되었다. 중요한 점은 상업화로 인해 도시경제는 활력을 띠게 되었지만, 자본이 유입되고 임대료가 높아짐으로써 기존 상인들이 외곽으로 밀려나고 있다는 점이다. 이렇게 젠트리피케이션(gentrification)이 일어나고 있는 이유 중 하나는 국립아시아문화전당이 주변 지역의 문화적 활성화에는 영향을 미치지 못했기 때문이라 할 수 있다. 동명동의 문화적 요소가 부족한 것은, 대규모 공공문화시설의 문화 프로그램에 정책적 투자가 많이 이루어졌음에도 주변 지역에는 실제로 녹아들지 못하고 있음을 나타낸다(문홍주, 2022, 99쪽). 그런데 이는 위 시기에 집권했던 박근혜 정부의 정책 기조와는 이질적인 현상이라 할 수 있다.





> "새 정부는 '경제부흥'과 '국민행복', 그리고 '문화융성'을 통해 새로운 희망의 시대를 열어갈 것입니다. … 경제 주체들이 하나가 되고 다 함께 힘을 모을 때 국민이 행복해지고, 국가 경쟁력이 높아질 수 있습니다. 저는 그 토대 위에 **경제부흥**을 이루고, **국민이 행복**한 **제2의 한강의 기적**을 이루겠습니다.
>
> … **한류 문화**가 … 국민에게 큰 자긍심이 되고 있습니다. … 창작활동을 지원하고, 문화와 첨단 기술이 융합된 콘텐츠 산업 육성을 통해 **창조경제**를 견인하고, 새 일자리를 만들어나갈 것입니다. … 우리 국민 모두가

또 한 번 새로운 한강의 기적을 일으키는 기적의 주인공이 될 수 있도록 함께 힘을 합쳐 **국민행복**, **희망**의 새 시대를 만들어갑시다."[22]

〈박근혜 대통령 취임사; 강조는 인용자〉

"영국과 프랑스 등 **EU 국가**들이 창조경제를 실현해서 엄청난 부가가치와 일자리를 만들어내는 것을 보고 지금 우리 경제가 가고자 하는 **창조경제**의 방향에 확신을 가졌습니다. … 좋은 아이디어가 있음에도 불구하고 사업화에 어려움을 느끼는 분들이 꿈을 실현할 수 있고, 그 꿈의 실현이 **국가경제**에도 도움이 될 수 있도록 창조경제타운 사이트도 개설하였습니다. … 창조경제타운에서 우리 국민들이 보여주고 계신 상상력과 창의력이 새로운 대한민국과 **제2의 한강의 기적**을 일으키는 원동력이 될 것이라 확신합니다.

… **문화는 산업측면에서 창조경제를 가장 잘 구현할 수 있는 분야**입니다. … 문화콘텐츠 산업을 적극 지원해서 **국가발전**의 새로운 동력을 만들어 갈 것입니다."

〈박근혜 대통령 예산안 시정연설; 강조는 인용자〉[23]

박근혜 대통령은 취임사에서 새 정부가 '경제부흥'과 '국민 행복', '문화융성'을 통해 희망의 시대를 열어갈 것이라 언급한다. 그중 주목할 것은 국민의 행복에 대한 부분이다. 취임사에서 대통령이 제시한 국민의 행복은 과거 가파른 경제성장을 이루었던 한강의 기적과 등치되며 이의 결과인 국력이 국민 개개인의 행복을 달성해줄 수 있을 것으로 제시된다. 이는 '제2의 한강의 기적'이라는 언표와 연결되는데, 과거 '한강의 기적'이 급격한 산업화와 도시화로 이룩한 국가 경제성장을 의미하는 것이라면, 여기서 등장하는 '제2의 한강의 기적'은 경제적인 측면으로 국민의 행복을 환원하는 것임을 알 수 있다. 그러나 이른바 '발전'으로 명명되는 경제적 변화로 이득을 얻고 행복을 얻는 것은 대체로 경제력이 있는 사람에 한정되며 이른바 '낙수 효과'는 구현되지 못할 개연성이 크다.

이와 같은 정책 기조는 예외 없이 지역 공간에 투입된다. 특히, 박근혜 정부에서 지역발전 정책 비전으로 제시한 것은 지역 행복 생활권 전략, 맞춤형·패키지 지원전략, 지역 주도 및 협력 강화 전략 등이다. 그중 맞춤형·패키지 전략은 "지역 현장에서 여러 사업의 연계 추진이 효과적인 경우"에 패키지 형태로 지원하는 내용을 포함한다(정동일, 2018, 29-30쪽). 광주의 경우, 국립아시아문화전당과 대인예술시장-사직국제문화교류타운-전일빌딩 일대를 묶어 개발하는 것과 함께 '문화전당 마실길 한바퀴' 사업을 진행해 아시아문화전당 주변의 근대문화거리, 카페거리 등을 연계한다고 언급된다. 이는 지역 차원에서 중앙정부의 정책목표가 실현됨을 보여주는데, 관심 있게 볼 것은 이 사업의 구체적 실행 방안이다. 일례로 '문화전당 마실길 한바퀴' 사업은 케이팝 스타 골목 조성과 케이팝 체험 관광 프로그램의 조성을 통해 이루어질 것이며, 이것은 관광을 활성화할 수 있는 것으로 설명된다(문화체육관광부 아시아문화중심도시 추진단, 2021, 100-103쪽; 209쪽).

> "2015년부터 국립아시아문화전당 주변 관광 활성화를 목적으로 운영 중인 '광주 도심관광트레일' 5개 코스를 활용하여 관광콘텐츠와 관광인프라를 구축하고…
> 문화전당 마실길 한바퀴 사업은 안내시스템 구축, (가칭)케이팝 스타골목 조성으로 나눠 진행될 예정이며, 케이팝 스타를 활용해 케이팝 체험관광 프로그램도 병행 추진한다." (문화체육관광부 아시아문화중심도시 추진단, 2021, 100-103쪽; 209쪽)
>
> 〈2020 아시아문화중심도시 백서〉

아시아문화전당은 설립부터 현재까지 광주 정신과 민주, 인권 평화 등을 주창해왔으나, 갑자기 한류 콘텐츠를 문화산업에 활용하는 것은 초기의 목표에서 벗어난 자의적인 측면을 드러낸다. 이것이 한류를 거쳐 케이컬처

(K-Culture)가 부상하고 있는 오늘날, 정부와 복수의 지자체에서 유사한 방식으로 활용하는 예술과 문화, 관광 전략일 순 있지만, 도시의 지역성과 역사성을 반영한 고유한 가치를 이해하고 활용하는 애초의 계획과는 괴리를 보여준다. 오히려 이는 신자유주의적 도시화의 특성이라 할 수 있는데, 신자유주의는 성장을 중시하는 도시개발을 추구하고 시장논리의 합리화에 의존해 도시 개발정책을 정당화하기 때문이다. 나아가, 지방적 특성보다 도시 엘리트가 추구하는 도시정책을 입안한다(최병두, 2011, 267쪽).

이처럼 광주가 지역 활성화 방안으로 한류나 케이컬처를 활용하는 것은 중앙정부가 문화를 바라보는 경제주의적 관점을 창의적·성찰적 변용이나 혼종화 없이 답습하는 것으로, 전술한 신자유주의적 도시화의 특성과 궤를 같이하는 것으로 볼 수 있다. 또한, 이는 그간 광주가 일관되게 강조하고 제안해 온 민주, 평화, 인권 등 이른바 '광주 정신'을 이러한 정책 변화란 문맥에서 어떻게 구현하고 접합할지 충분히 고려하지 않거나, 양립하기 어려운 가치와 형식을 유행과 트렌드를 좇아 조급하고 인위적으로 활용하려는 도시 및 지역 정책이기에 비판을 야기하는 부분이라 볼 수 있다. 이것은 중앙정부가 제시하고 선호하는 정책, 이를테면 케이컬처를 활용하는 형태의 문화산업을 추진하는 것은 권력을 소유한 집단이 생산한 담론을 일련의 성찰이나 비판적 전유의 과정 없이 하나의 지식이나 시대정신으로 여기고 기존의 정책 및 사회적 담론을 교체하거나 수정하는 과정을 드러내 보여준다.

광주의 경우, 지자체의 노력과 지역민의 관심이라는 차원에서 문화산업이 활성화된 세계적 도시들과 유사성을 지니는 반면, 창의적이며 독창적 문화원형과 콘텐츠의 부재, 중앙정부로부터의 독립성과 재정자립도, 예산의 지역 내 재분배에 대한 부분 등이 상대적으로 취약함을 알 수 있다. 가령, 광주의 지역성과는 어울리지 않는 케이컬처와 같은 담론을, 이것이 그저 트렌드이거나 중앙정부의 담론이라는 점에서 재창조나 가공의 과정을 거치지 않고 체화(體化)하려는 제스처는 도시의 자치권을 약화시킬 뿐 아니라 그

나마 소중하게 가지고 있던 지역성마저 희석시키는 것은 아닌지 의문을 갖게 한다.

이와 관련해 박근혜 대통령의 탄핵 이후, 집권했던 문재인 정부의 행보는 눈여겨볼 필요가 있다.

> "대통령의 제왕적 권력을 최대한 나누겠습니다. **권력기관**은 정치로부터 완전히 독립시키겠습니다. … **지역과 계층과 세대 간 갈등을 해소**하고 비정규직 문제도 해결의 길을 모색하겠습니다. 차별 없는 세상을 만들겠습니다. … 문재인과 더불어민주당 정부에서 기회는 평등할 것입니다. 과정은 공정할 것입니다. 결과는 정의로울 것입니다."[24]
>
> 〈문재인 대통령 취임사; 강조는 인용자〉



> "모든 국책사업 중 수도권을 제외한 지방 각각의 **사업 권한**을 그 사업에 해당하는 **지자체로 이양**하여 추진" (정동일, 2018, 135쪽)
>
> "– 중앙정부 관련부처와 해당 지자체 담당자, 민간전문가로 구성된 중부권, 서남권, 동북권, 동남권 광역발전위원회 설립
>
> – 주요 기능 : 산업, 혁신, 교육 부문 지역발전정책의 기획, 관련 사업및 예산 조정, 지역발전사업의 평가와 효율화, 광역시·도 간 갈등관리 및 조정 등" (정동일, 2018, 142쪽)
>
> 〈골고루 잘사는 지역을 위한 광역발전권 전략 연구〉

문재인 대통령은 취임사에서 권력의 분배를 직접적으로 언급하는 한편, 관련 정책 보고서에서는 정주민에 대한 보호와 지역 공동체의 역할, 시민교육 등을 정책에서 자주 활용했다. 이러한 분위기 속에서 광주비엔날레는 2017년 8월, 지역 작가 연구프로그램인 '작가 스튜디오 탐방'을 기획하였고 9월에는 'GB 토크'를 기획하여 시민들이 지역 예술가들과 연결될 수 있도록 하였다.[25] 일방적으로 메시지를 전달받는 시민들이 예술가와 교류할 수 있

는 자리를 만듦으로써 커뮤니케이션의 권력 구조를 재편하려 했다. 이는 대통령이 제시한 '권력의 이양'이나 '분배'가 실천되는 맥락이자, 다양한 사회적 갈등을 해소하고 소외된 자아를 주체화해 의미 있는 실천을 가능하게 하는, 일종의 자기 배려가 정책과 접합하는 사회적 가능성을 보여주는 부분이라 할 수 있다.

이러한 문맥에서 광주가 도시 공동체를 활성화하고 이를 중심으로 문화의 민주화를 정책적으로 추구 및 실천하는 것은, 다양한 주체들이 문화를 향유하고, 자신의 이야기를 할 수 있게 된다는 실천적 가능성을 내포한다. 다만, 여전히 소외와 배제의 정치학은 광주 안에서 발견된다. 국립아시아문화전당 일대의 지역들이지만 전당 건립 전까지 주목을 받지 못한, 동명동-양림동 일대는 하나의 예시이다. 특히, 동명동의 경우는 문화전당이 설립된 이후 문화전당과 연계되어 상업화가 활성화되었으나, 젠트리피케이션과 같은 문제가 불거져서 지역민들이 이주하는 결과를 맞게 되었다.

최근 광주가 문화와 관련된 담론을 생산할 때, 예외 없이 광주비엔날레와 국립아시아문화전당이 반복적으로 활용되는 경향이 발견된다. 이 두 사업이 국가적 사업인 동시에 광주의 대표적 문화산업인 것은 부정할 수 없는 사실이다. 그러나 광주의 다른 문화기관들이 관련된 학술 및 정책 담론에서 이들의 보조적 기능을 수행하거나 미미한 주목만을 받고 있다는 사실은, 광주가 '문화수도'로서 추구하는 미래의 방향성에 대한 문제로 이어진다. 이는 두 사업 이외의 사업이나 장소들은 그저 '활용되는' 수준으로 기능함을 보여주는 한편, 다양한 문화에 대한 사회적 관심과 지원이 원활하게 이루어지지 못하고 있음을 방증한다. 또한, 이것은 광주가 과거 개발독재 국가가 제시했던 발전주의 모델을 하나의 진리나 지식으로 체화해 도시 공간을 구조화함을 보여주는 사례이다. 이에 민인철(2019, 70쪽; 78쪽; 88-91쪽)은 재생사업에서 지역의 삶 자체가 되는 문화들이 활용 가능하다는 주장과 함께, 이벤트성 사업 대신 5·18 사적지를 활용하거나 지역사회 곳곳에서 일어나는 문화적 움직임들을 지원해야 한다는 주장을 제시한다.

'국제도시'로 부상하려는 광주가, 지역 내에서 단순히 장소를 도구적으로 활용하는 문화산업을 꾀하고 있는 것은 삶과 문화, 그리고 발전에 대한 진지한 숙고가 필요한 때라 할 수 있다. 특히, 지역을 전시하기 이전에 우리가 삶을 살아가는 지역에 대한 이해가 선행되어야 하고, 그 이해의 폭 안에는 타자화(他者化)된 주체와 삶의 문화들이 반드시 포용되어야 한다. 이러한 기반 위에 전향적인 방식으로 문화산업이 계획 및 시행된다면, 보다 성공적이고 안정적이며 지역민과 지역정부가 상생할 수 있는 긍정적 가능성이 제고될 것이다. 따라서 그간 무수한 시행착오를 거치며 문화수도로 자리 잡아가는 광주는 이제 랜드마크나 인프라에 대한 관심과 함께, 이를 채워갈 콘텐츠와 스토리, 삶과 문화의 질적인 부분에 대한 숙고와 실험이 절실하게 필요한 시점이라 할 수 있다.

# 맺는말

근간에 '문화도시'로 자리매김해온 광주는 과거부터 다양한 담론들이 경합해온 공간이었다. 1980년에는 '민주화 운동'이라는 실천을 통해 정치적 저항의 담론이 생성된 도시였고, 1990년대부터는 중앙정부의 정책 담론이 투입되기 시작한 공간이기도 했다. 중앙정부가 광주라는 공간에 적극적으로 개입하기 시작한 것은, 1995년 광주비엔날레의 출범과 연결되는데, '광주비엔날레'의 출범은 중앙정부와 지역 예술가 간의 담론이 충돌하는 모습을 보여준 사례라 할 수 있었다. 특히, 통일미술제를 개최하며 중앙정부의 담론에 대항하던 지역 예술가들의 행위는 유의미한 대안적 담론의 특성을 보여주었으나, 이것이 일회성으로 그침으로 휘발되거나 주류 담론에 통합되는 모습을 보이기도 했다. 이후 비엔날레는 행사 준비 과정에서 중앙정부와의 관계성을 보이거나 정치적 압력에 대한 이슈가 생기는 등의 진통을 겪기도 하였다.

'아시아 문화중심도시 조성사업'은 광주비엔날레 이후 기획된 하향식(Top-Down) 문화산업이었다. 이 또한, 대통령의 공약에서 시작되어 문화관광부-광주광역시 문화정책실이 수직적인 방식으로 개입해 조직적으로 시행된 것으로, 구조적으로 집권 정당의 영향력 하에서 이루어진 것으로 드러났다. 그럼에도 불구하고, 문화도시 조성사업은 일방적으로 이루어지지 않았는데, 대표적인 것은 설계안을 두고 생긴 갈등이었다. 이는 '빛의 숲'이라는 설계안을 두고 빚어진 것으로, 환경단체, 중앙정부 및 시민단체들은 이에 찬성한 반면, 국제적인 랜드마크를 원했던 광주시와 광주시의 주민자치위원회 등 일부 단체들이 반대 의견을 내놓은 것이었다. 이 갈등은 결과적으로 중앙정부와 환경단체, 시민단체들이 찬성한 '빛의 숲'으로 결정되었다.

이 사례는 특정 공간이 개발과 정책의 대상이 될 때 나타나는 주체 간 갈등, 공간의 사사화(私事化) 현상의 일면을 보여준다. 과거 공적 공간의 변화 및 이의 전유의 과정에서 개별 주체들의 경험은 오늘날 경제 논리를 추구하는 과정에서 타자화한 집단과의 과도한 경쟁과 대립으로 변화되었다. 이는 공간이 자본주의의 팽창과 재생산에서 '적극적인 계기'를 통해 상품화되어 구(판)매하는, 또 투기(쟁)하는 대상이라는 하비(Harvey)의 주장과 맞닿는 지점이다(Crang & Thrift, 2000/2013, 297쪽). 결론적으로 광주의 문화산업은 광주비엔날레와 국립아시아문화전당을 중심으로 논의되어 온 한계를 노정하고, 광주와 관련된 학술 및 정책 담론 역시 두 곳의 문화산업을 중점적으로 다루는 경향을 보이고 있었다. 이는 광주에서 다양한 문화에 대한 주목과 투자가 활발하게 이루어지기보다 국가기관이 주도하는 문화산업을 중심으로 논의가 고정되는 담론의 권력화 문제를 드러낸다. 다시 말해, 국가에서 의제화한 문화산업은 '주류' 문화산업으로 다루어지는 반면, 지역민들의 삶과 문화는 소수 담론으로 환원되는 담론 간 불균형의 문제를 보여주고 있다. 이는 광주에서 다양한 문화에 대한 주목과 투자가 활발하게 이루어지지 않고 있음을 시사한다.

이제 중요한 사회적 의제로 다루어져야 할 것은, 도시의 문화산업과 삶, 인간과 공간의 화학적 결합이다. 그간 광주는 중앙정부로부터 많은 투자와 지원을 통해 문화인프라를 조성해왔고, 그 결과 현재 광주는 한국을 대표하는 '문화도시'로 기능할 수 있는 물적 자원들이 일정 수준 충족된 상태라 할 수 있다. 그러나 단순히 거대 문화시설과 등치된 문화를 일부 시민과 방문객이 제한적으로 향유하고 그것을 '문화도시'라 주장하기에는 어려움이 따른다. 즉, 시설 확충에 주안점을 두었던 과거와 달리 이제 진지하게 논의되어야 할 부분은 도시 공간의 활용 방식과 그 내용이다. 가령, 도시를 대표하는 문화산업인 광주비엔날레와 국립아시아문화전당은 도시의 작은 장소들 및 지역성, 그곳에서 일어나는 다채로운 이야기들과의 연대와 관계 맺기를 통해 그 존재가치와 쓰임새, 저변을 확장할 필요가 제기된다. 문화시설이 지역과 유기적인 관계를 맺는 것은 문화공간의 확장을 의미하는 것이자, 그곳을 살아가는 사람과 도시 공간의 조화와 화합을 통해 주체의 소외를 극복하는 실제적이며 상상적 대안의 계기가 될 수 있다.

## 주

1 이와 관련하여 하비(Harvey)는 '시 · 공간 압축(time-space compression)'이란 개념으로 이러한 현상을 설명한다. 시 · 공간 압축은 자본주의 아래 생활의 속도가 빨라지고, 공간의 장벽을 극복하는 능력이 향상되면서 세계가 개인에게 더 가깝게 접근되고 있음을 의미한다.

2 하나의 예로 지난 2020년 광주비엔날레는 광주의 평화. 인권, 민주주의 등의 가치를 표방하며 대만, 한국, 독일, 아르헨티나의 도시에서 예술 전시를 선보였다. 프로젝트 이름은 "MaytoDay"로, 각 국가의 도시에서 민주주의의 감각을 공유하기 위해 관련 장소에서 전시를 진행하는 것으로 기획되었다(Park, 2020.4.7). 이는 과거에 행해졌던 국가 간 커뮤니케이션이 도시 간 교류라는 새로운 형태로 이루어지고 있음을 보여준다. 동시에 이러한 행위는 전 지구적으로 문제가 되는 이슈들에 대해 대안을 제시하고 있다는 점에서 미시적인 장소가 가지는 가치에 대해 숙고하게 한다. 이것은 이른바 '시공간 압축'이 가져온 새로운 가능성이자, 로컬에 대한 기대의 연장선상에서 볼 수 있는 사례이다.

3 한국의 문화관광 도시는 지역경제에 일시적 활력을 주기도 하였다. 그러나 대부분 영세한 음식점이나 숙박업을 중심으로 한 소량의 일자리 창출 효과만 얻을 수 있었고, 도시의 체계적인 변화는 어려움을 겪었다(나윤빈, 2018, 7쪽).

4 스펙터클은 시선과 의식을 집중시키는, 가시적이며 일종의 허위의식이 발현되는 장소를 의미한다(Debord, 1992/2014, 3쪽).

5 그런데 광주가 내걸었던 '예향'이라는 기호는 도시화, 산업화 과정 중 한국의 수도권으로 문화예술이 집중되면서 내용 없는 지역 담론으로 인식되기도 했다. 그러나 차후 광주비엔날레 설립에 있어 '예향'이라는 지역성은 문화예술시설 유치에 합리적인 조건으로 작동한다(안영진 외, 2014, 244-245쪽).

6 같은 맥락에서 한국의 지역 문화산업을 분석한 일련의 연구들은 각 정부의 문화산업 정책 변화를 언급하는 경향이 있다. 예컨대 문화정책 연구와 관련한 논문 등의 문헌들은 분석에 해당하는 시기의 집권 여당 정책 방향이나 중앙정부의 정책 기조를 서술하는 양상을 띤다(황설화, 2019, 73쪽).

7 사회 내 권력관계와 지배, 종속 등의 구조를 분석하기 위해 담론 이론을 발전시키고 이를 활용한 분석을 시도한 학자로 푸코 이외에도 페어클러프(Fairclough), 반 다이크(van Dijk) 등이 있다. 푸코는 언어학의 담론 개념을 수정, 보완하여 사회과학 분야로 이를 끌어들였고, 언어 이면의 권력관계에 대해 분석함으로써 이데올로기 비판을 가능하게 했다. 페어클러프는 비판적 언어학과 체계기능언어학을 계승하고 푸코의 계보학적 연구로부터 비판적 관점을 이어받아 사회문화적 접근을 시도했다. 반다이크는 사회인지적 접근을 중요시하며 담론을 연구했다(전문영, 2021, 30-31쪽, 149-150쪽, 163쪽).이 장에서는 특히, 푸코의 관점을 차용하고자 했는데, 이는 사회 내에서 주류 담론으로 여겨졌던 언어들을 계보학적으로 살펴보고 그것이 하나의 지식이 되어 공간에 적용되는 현상을 살피기 위함이었다. 연관된 사회문화적 배경과 함께 푸코의 일련의 개념, 예컨대 에피스테메(episteme)와 같은 개념은 한국 문화산업의 변화 과정을 추적하여 분화되었던 담론들이 '논리적인 것', 혹은 '지식'처럼 자연화해 통용되는 사회문화적 배경을 볼 수 있게 하는데 유용하다고 볼 수 있다.

8 이는 어떤 시대의 한 담론에서 그 담론에 속하는 개별 주장의 진위 여부를 판단할 수 있도록 해주는 일정한 평가의 틀 내지는 준거라 할 수 있다. 혹은 어떤 지식을 가능하게 하고 그 지식의 범위를 규정하고 제한하는 구조이다. 일례로 일련의 행위나 사건, 사회 현상들이 유기적이거나 중층적 관계 속에서 하나의 유의미한 지식이 된다면, 이는 정신의학이나 병리학 등 구체적 지식의 체계와 언술 속에 일정한 관계들의 집합이 도입되었기 때문이다. 에피스테메(episteme)는 이처럼 특정한 지식이나 정상성을 구성하는 조건이나 관계들의 집합, 혹은 담론의 변환을 가능하게 하는 조건들의 집합(Foucault, 1970/2014, 28쪽, 167쪽)이라 이해할 수 있을 것이다. 푸코가 관심을 가진 것은 사회적 진공 속에서의 개인적인 성취나 발견들이라기보다 오히려 그것들을 가능하게 해준, 또, 개인이 특정한 구조나 장(場) 내에서만 자신의 위치를 잡고, 사유하고, 행위할 수 있는 관계들의 총화와 그것의 작동 방식이다.

9 지식-권력의 관계에 대해 푸코는 양자가 가진 관계를 내재적(internal)인 것으로 보았다. 여기서 내재

적이란 의미는 과학적 지식이 가지고 있는 사회정치적 맥락은 과학적 지식 자체의 내용을 틀 짓는다는 것이다. 그러므로 지식의 요소들은 주어진 시기에 주어진 과학적 담론의 유형을 특징짓게 하는 규율이나 제약의 틀과 일치해야 한다(Oksala, 2007/2008, 90-91쪽).

10 하나의 예로 광주비엔날레 설립 과정에서 중앙정부, 지역 정부와 지역 예술가는 상반된 견해를 내놓았는데, 이는 권력의 담론과 민중이 생산해 낸 담론이 대립하는 경우라 할 수 있다. 그러나 저항 담론을 생산한 지역 예술가가 광주비엔날레 재단의 주요 행위자로 편입하여 담론을 생산하는 것은 갈등 관계에 있던 두 시각이 접합되어 하나의 주류 담론으로 부상하는 과정을 보여준다. 동시에 갈등의 원인이 되었던 문제가 해소되지 않았음에도 통일미술제가 사라지는 과정에 대해 의문을 가진 다른 예술가들과 대중의 담론은 자연스럽게 축소되거나 배제되는 과정을 나타낸다. 이렇게 문화산업이 실행될 때 예기치 못한 문제가 제기되기도 하는데 이때 문화산업은 변화와 절충의 과정을 겪게 된다.

11 그러나 이러한 민주화운동의 맥락을 시민들의 '저항 정신'이라는 단편적이고 추상적인 기호로 설명하기는 어렵다. 광주민주화운동에 시민들이 자발적으로 참여한 이유에 대해 사회과학 분야의 연구자들은 일반적으로 민주화에 대한 열망, 호남차별에 대한 불만, 저항 운동에 대한 역사와 전통, 경제적 구조와 공동체 문화 등을 제시한다. 여기에 시위 당시 행해졌던 공수부대의 시위대 '과잉진압'은 시민들을 결집하게 하는 촉매제로 작용했다(최정운, 1995, 122쪽).

12 출처: 두산백과. from https://www.doopedia.co.kr/doopedia/master/master.do?_method=view&MAS_IDX=101013000745822

13 출처: 행정안전부 대통령기록관 (2003). 노무현 대통령 취임사. 〈행정안전부 대통령 기록관〉. Retrieved 4/21/23 from https://www.pa.go.kr/online_contents/inauguration/president16.jsp

14 출처: 노무현 사료관 (2003). 2003년 노무현 대통령 당선자 신년사. 〈노무현 사료관〉. Retrieved 4/21/23 from https://archives.knowhow.or.kr/record/all/view/2046905

15 김대중컨벤션센터는 2005년 9월에 개관했다. (출처: 김대중컨벤센터 홈페이지. from https://www.kdjcenter.or.kr/kor/menu?menuId=64_70_73)

16 2006년 개원한 광주디자인진흥원은 제5회부터 현재까지 광주디자인비엔날레 개최를 주관하고 있다. 개최는 2년 주기로 홀수년에 전시를 진행한다. (출처: 광주디자인 비엔날레 홈페이지. from https://www.gdb.or.kr/content/gdb, 광주디자인진흥원 홈페이지. from https://www.gdc.or.kr/history)

17 컨벤션센터는 로컬 차원에서는 도시 이미지를 홍보하고 관광 자원이 되어 관광객을 유치시킴으로써 지역사회와의 상승작용을 기대할 수 있다. 국제적으로 전시컨벤션 산업은 정보 및 문화교류가 활발하게 이루어진다는 점에서 타국 문화를 이해하고 국제친선을 도모하여 지역의 국제화를 꾀할 수 있다. 뿐만아니라 국제행사를 개최함으로써 지역 주민의 의식 수준이 향상되고, 자부심을 고취시킬 수 있다(강준수, 2015, 74쪽; 이영빈, 2014, 62쪽). 디자인비엔날레 또한, 디자인 산업의 융성과 도시 브랜드 강화를 가능케 하는 문화 행사이자 고부가가치를 지닌 사업이다. 광주디자인비엔날레는 산업, 미래, 기술, 인간, 철학 등의 핵심단어를 중심으로 전시를 진행해오고 있었는데, 산업에는 국가 경쟁력, 국가, 지자체, 경제성, 미래는 창의력, 지속가능성 등이 포함된다(고산, 2022, 3쪽). 그러므로 두 기관은 도시 인프라이자 문화산업을 활성화할 수 있는 자원이라 할 수 있다.

18 출처: 행정안전부 대통령기록관 (2008). 이명박 대통령 취임사. 〈행정안전부 대통령 기록관〉. Retrieved 4/21/23 from https://www.pa.go.kr/online_contents/inauguration/president17.jsp

19 출처: 김선주 (2008.10.27). 〈전문〉李대통령 예산안 시정연설. 〈뉴시스〉. Retrieved 5/13/23 from https://n.news.naver.com/mnews/article/003/0002347792?sid=100

20 이때 중앙정부는 표면적으로는 민주화 운동의 역사성을 강조하고 기존 설계안을 지지하는 듯 보이지만, 이는 설계안의 변화로 사업의 진행과정이 부진해지거나 불필요한 재정 지출이 발생하는 것을 예방하기 위한 차원이라 할 수 있었다(윤연주 · 류웅재, 2014, 179쪽).

21 여기서 기업수의 도시는 특성 도시가 탈규제와 자유무역을 강조하며 국가 역할을 축소시키고 고용

성장을 장려하는 도시 협치 양식을 의미한다(장세룡 · 류지석, 2010, 884쪽).

22 출처: 행정안전부 대통령기록관 (2013). 박근혜 대통령 취임사. 〈행정안전부 대통령 기록관〉. Retrieved 4/21/23 from https://www.pa.go.kr/online_contents/inauguration/president18.jsp

23 출처: 경향신문 (2013.11.18). 박근혜 대통령 국회 시정연설문. 〈경향신문〉. Retrieved 4/23/23 from https://www.khan.co.kr/politics/politics-general/article/201311181109412

24 출처: 성연철 (2022.5.10). [전문] 문재인 대통령 취임사. 〈한겨레〉. Retrieved 4/23/23 from https://www.hani.co.kr/arti/politics/bluehouse/1042216.html

25 출처: 광주비엔날레 홈페이지 (https://www.gwangjubiennale.org/gb/education/gbtalks.do)

## 참고 문헌

강준수 (2015). 문화정체성을 통한 전시컨벤션센터의 발전방안 고찰 - 문화교류를 중심으로. 〈무역전시연구〉, 10권 3호, 71-91.

고산 (2022). 〈광주 디자인비엔날레 담론연구〉. 국민대학교 테크노디자인 전문대학원 석사학위 논문.

김기홍 (2018). 글로컬 문화이론에 대한 소고. 〈인문사회 21〉, 9권 5호, 1257-1268.

김성수 (2016.11.4). 비엔날레 예산 옥죄기… 도 넘은 광주문화사업 홀대. 〈전남일보〉. URL: http://www.jnilbo.com/50984940387

김옥조 (2001). 〈비엔날레 리포트〉. 서울: 다지리.

나윤빈 (2018). 〈인문도시 지향 정책추진이 지역사회, 도시브랜드, 주민 행복에 미치는 영향 연구〉. 중앙대학교 대학원, 박사학위 논문.

마동훈 (1997, 11월). 〈문화연구에서의 '권력'〉. 한국방송학회 학술대회 제7세션: 〈문화연구〉, 233-244.

문홍주 (2022). 〈광주광역시 동명동의 상업 젠트리피케이션에 관한 연구〉. 서울시립대학교 일반대학원 석사학위 논문.

문화체육관광부 아시아문화중심도시추진단 (2021). 〈2020 아시아문화중심도시 백서〉. 세종시: 문화체육관광부 아시아문화중심도시추진단.

민인철 (2019). 〈광주지역 문화재생사업 현황 분석 및 미래 정책방향〉. 나주: 광주전남연구원.

박규택 · 박경환 · 이명수 · 이상봉 · 하용삼 (2017). 〈로컬리티와 포스트모던 공간성〉. 서울: 소명출판.

박양우 (2015). 〈광주비엔날레 1995-2014〉, 광주: (재) 광주비엔날레.

박철홍 (2019.1.10). 농기평도 옮겨 왔다…광주전남혁신도시 공공기관 이전 '마침표'. 〈연합뉴스〉. URL: https://www.yna.co.kr/view/AKR20190110149200054?input=1195m

서순복 (2004). 문화수도론의 쟁점과 정치적 성격에 관한 연구. 〈한국행정논집〉, 16 (2), 313-332.

서태성 · 이원섭 · 정옥주 · 강호제 · 임상연 · 박정은 외 (2006). 〈지방분산 · 분권과 국토균형발전의 대응과제(II): 국가균형발전 정책의 지방화를 위한 대응과제〉. 경기도: 국토연구원.

성경륭 (2013). 지역불평등의 정치동학과 지역정책 분석-노무현 정부와 이명박 정부의 비교. 〈지역사회학(Korean Regional Sociology)〉, 14권 2호, 5-45.

송은영 (2014). 박정희 체제의 통치성, 인구, 도시. 〈현대문학의 연구〉, 52호, 35-65.

송진희 (2020). 〈제2차 광주광역시 문화예술 중장기종합계획: 모두를 위한 예술 · 선도적 문화창조로 품격있는 문화예술도시 광주〉. 광주: 광주광역시.

송형일 (2016.11.14.). 윤장현 "세월오월 전시 불가 배경에 김종 차관 전화". 〈한국경제〉, URL: https://www.hankyung.com/life/article/2016111452308

신혜란 (2022). 〈누가 도시를 통치하는가: 어느 문화 도시가 들려준 도시 정치 이야기〉. 서울: 이매진.

안영진 · 노경수 · 이왕무 · 이무용 · 나주몽 · 이태수 · 김화환 · 장문현 · 조정규 (2014). 〈한국지리지 광주광역시〉. 광주: 광주광역시.

양윤서 (2017). 도시재생 측면에서 본 구겐하임 효과의 한계성에 관한 연구. 〈문화산업연구〉, 17권 4호, 43-52.

윤연주 · 류웅재 (2014). 지역 문화콘텐츠산업의 정치경제학: 광주 아시아문화중심도시 조성사업을 중심으로. 〈우리춤과 과학기술〉, 27집, 157-198.

이기형 (2006). 담론분석과 담론의 정치학. 〈언론과 사회〉, 14권 3호, 106-145.

이순자 · 장은교 (2012). 〈지역거점 문화도시 조성사업의 추진실태 및 향후과제〉. 경기도: 국토연구원.

이영빈 (2014). 컨벤션센터의 서비스스케이프와 도시이미지가 행동의도에 미치는 영향. 〈관광연구저널〉, 28권 12호, 61-73.

이영주 (2011). 거대 문화산업시대의 작은 문화콘텐츠 만들기를 위한 문화정책. in 류웅재, 강승묵, 이영주. 〈작은 문화콘텐츠 만들기〉. 파주: 도서출판 한울.

장세룡 · 류지석 (2010). 기업주의 도시 로컬리티의 타자성. 〈인문연구〉, 58호, 883-928.

전문영 (2021). 〈담론분석과 담론연구〉. 파주: 푸른사상.

정동일 (2018). 〈골고루 잘사는 지역을 위한 광역발전전략에 관한 연구〉. 서울: 한국미래발전연구원.

정미라 (2006). 광주의 문화담론과 5 · 18. 〈민주주의와 인권〉, 6권 1호, 147-170.

최병두 (2011). 신자유주의적 도시화와 기업주의 도시 프로젝트. 〈한국경제지리학회지〉, 14권 3호, 263-285.

최정운 (1995). 〈오월의 사회과학〉. 서울: 풀빛.

황설화 (2019). 김영삼 정부 이후 한국의 문화정책이념에 관한 연구. 〈한국정책연구〉, 19권 1호, 69-98.

Choi, S. (2021.3.9). S. Korean civic groups join forces to back fight against Myanmar coup. *The Korea Herald*. from https://www.koreaherald.com/view.php?ud=20210309000842&ACE_SEARCH=1

Crang, M & Thrift, N. (2000). *ThinkingSpace*. 최병두 (역) (2013). 〈공간적 사유〉. 서울: 에코리브르.

Debord, G. (1992). *LASOCIETEDUSPECTACLE*. 유재홍 (역) (2014). 〈스펙타클의 사회〉. 서울: 울력.

Flew, T. (2019). From policy to curriculum: drivers of the growth in creative industries courses in the UK and Australia. *CreativeIndustriesJournal*, 12(2), 167–184.

Foucault, M.(1970). *L'ordredudiscours*. 이정우 (역) (2014). 〈담론의 질서〉. 서울: 중원문화.

Harvey, D. (1990). *Theconditionofpostmodernity*. 구동회 · 박영민 (역) (1994). 〈포스트모더니티의 조건〉. 서울: 도서출판 한울.

Harvey, D. (2000). *Spaceofhope*. 최병두 외 (역) (2001). 〈희망의 공간: 세계화, 신체, 유토피아〉. 서울: 도서출판 한울.

Harvey, D. (2005). *Spaceofneoliberalization:Towardsatheoryofunevengeographicaldebelopment*. 임동근 외 (역) (2008). 〈신자유주의 세계화의 공간들: 지리적 불균등발전론〉. 서울: 문화과학사.

Hesmondhalgh, D. & Pratt, A. C. (2005) Cultural industries and cultural policy. *Internationaljournalofculturalpolicy*, 11 (1). 1-14.

Horkhemer, M. & Adorno, T. (1994). *DialektikderAufklärung*. 김유동 (역) (2001). 〈계몽의 변증법〉. 서울: 문학과 지성사.

Lee, K. (2007). Questioning a neoliberal urban regeneration policy: The rhetoric of "cities of culture" and the city of Gwangju, Korea. *InternationalJournalofCulturalPolicy*, 13(4), 335-347.

Mills, S. (2003). *MichelFoucault*. 임경규 (역) (2008). 〈현재의 역사가 미셸 푸코〉. 서울: LP

Oksala, J. (2007). *HowtoreadFoucault*. 홍은영 (역) (2008). 〈How to Read 푸코〉. 서울: 웅진씽크빅.

Park, Y. (2020.4.7). Global project 'MaytoDay' to remembering Gwangju Democratic Uprising to launch in May. *TheKoreaHerald*. from https://www.koreaherald.com/view.php?ud=20200406000826&ACE_SEARCH=1

제2장

# 포스트모더니티 공간의 다의성과 사회문화적 함의

## 스타필드 코엑스(COEX) 별마당 도서관을 중심으로

김민승

# 들어가며

철학자 르네 데카르트(René Descartes)의 '나는 생각한다, 고로 존재한다(Cogito, ergo sum)'의 경구를 비틀어 '나는 소비한다, 고로 존재한다(I consume, therefore I am)'(Baudrillard, 1979/1992)라는 장 보드리야르의 명제는 오늘날의 소비사회를 함축적으로 설명한다. 이처럼 현대 소비문화는 단순한 물질적 소비를 심리적, 관계적 영역까지 확장했고 사회를 움직이는 동인 중 하나로 자리매김하고 있다. 이와 관련하여 과거 신용카드사가 기획했던 '열심히 일한 당신, 떠나라', 혹은 '아버지는 말하셨지 인생을 즐겨라' 등의 문구는 소비가 삶의 면면에 침투하기 시작했음을 단적으로 보여준다(김범석, 2005.10.1).

인생을 즐기라는 메시지는 성실하게 일하고, 부지런히 저축하며, 검소하게 생활해야 했던 과거 개발도상국 시대의 관습과 상상, 멘털리티(mentality)로부터 해방의 기제로 기능하였다. 즉, 이러한 메시지는 변화하는 한국 사회의 구성원으로서 갖추어야 할 새로운 생활양식, 그리고 노동과 소비에 대한 인식의 변화와 상호작용하며 재생산되었다. 특히, 이는 일상의 여유와 즐거움, 여가 활용, 노동의 효율성을 극대화하는 기폭제로서 영향력을 발휘하였다. 일례로, 주5일제 근무 체제의 정립, 자동차 보급의 증대, 해외여행의 자유화, 주말 나들이 혹은 근교 여행 등의 활성화는 현대사회의 트렌드와 연계되어 새로운 삶의 기준으로 자리잡게 되었다.

이와 같은 흐름은 최근 과거와 유사한 맥락에서 확대되고 있다. 가령, 전술한 한 카드사의 문구를 변형시켜 한 연예인의 콘텐츠 제목으로 활용된 '열심히 일한 자, 힐링 받을 자격이 있다', '오늘을 즐겨라'라는 의미의 카르페 디엠(carpe diem) 등은 하나의 유행처럼 번지기도 했다. 이외에도, 몇 년 전 인기를 끌었던 욜로(You Only Live Once), '한 번뿐인 인생, 현재를 즐겨라'(Kwak, 2022.2.24), '소소하지만 일상에서 느낄 수 있는 확실한 행복'의 줄임말인 소확행[1](헤럴드경제, 2018.3.28) 등은 대중문화 텍스트 및 사회적 담론과 결합하여 유무형의 상품들을 (재)생산하였다. 이는 지난 시절, 미래를 중시하는 사회적 상상에서 벗어나 '현재', 혹은 '바로 지금, 이 순간'을 추구하는 가치관으로의 변화를 촉발하였다. 이러한 변화는 안온한 휴식을 통해 각 개인이 직면한 고된 일상의 노동과 걱정거리들로부터 잠시나마 벗어나 즐거움과 삶의 활력을 회복해 일상과 업무의 능률을 고양하는 계기로 이어졌다.

결과적으로, 텍스트와 담론적 변화를 기반으로 한 상품은 갈수록 극심해지는 경쟁의 과열화, 개인의 파편화, 능력주의의 강조, 나아가 이를 내면화하기 위한 자기관리와 자기계발 등 일상의 만성화한 공허와 피로, 소진사회로 특징지어지는 신자유주의의 시대정신과 삶을 거부하거나 혹은 이 사회가 권고하는 이상적 주체에 대한 저항으로서 수용되고 있다. 관련된 사례로, '시골의'라는 의미와 '생활'을 결합한 러스틱 라이프,[2] 과거의 추억을 회상할 수 있는 '레트로 여행', 현대문명의 도구를 사용하지 않고 자급자족하는 '오프 그리드 라이프' 등이 현 사회의 주류 소비문화로 대두되고 있다.

이처럼 고되고 반복되는 일상으로부터의 탈출은 관련 문화 및 산업과 조응하면서 우리 주위에 편재한 제반 요소들과 결합하였다. 그리고 소비문화는 현대사회가 직면하고 있는 결핍된 요소를 보완하여 모든 사회 구성원의 행복, 공동체 회복, 협력, 연대, 소통, 삶의 질 향상, 개인의 정체성 구성 등

보다 나은 사회를 위한 가치로 각종 정책 및 제도 변화와 연계되었다. 이러한 변화는 재미와 놀이로 인지되는 문화와 결부되어 산업으로 확장되었으며, 오늘날 문화산업은 거시적으로는 국가이미지 제고와 경제 규모 증가, 전통문화를 계승하고 조명하는 계기가 되었다. 나아가 문화산업의 영향력은 국가는 물론, 지역 경제 활성화를 위한 도구로 활용되어 보다 경쟁력을 지닌 산업으로 육성하려는 시도가 지속적으로 이루어졌다.

이를테면, 정부는 '생활 SOC(Social Overhead Capital)사업'[3]을 통해 도시 쇠퇴를 극복하고, 지역민의 생활 여건 개선을 목표로 도시재생과 연계(국토교통부, 2018, 2-4쪽)하는 정책을 마련하였다. 이 범주에는 지하철역, 은행, 보건소, 노인복지관, 지역 문화회관, 전시 시설, 스케이트장, 공원, 전통시장 등 문화시설을 비롯해 교육, 의료, 생활체육 등이 포함된다. 이때, 구성원의 교육을 위한 공공도서관 설립 또한 적극적으로 추진되었는데, 3개년 계획에 포함된 SOC 복합화 사업의 대상 10개 유형 중 2개가 도서관으로 확인되었다. 구체적으로, 〈2021년도 생활SOC 복합화사업 선정 및 사업추진 개선방안 연구〉에 따르면, 작은 도서관이 87개, 공공도서관이 73개, 총 160개가 대상 시설로 선정된 것으로 나타났다. 이는 146개의 생활 문화센터보다 14개가 더 많은 것(국토교통부, 2020, 20쪽)으로, 도서관은 지자체의 모든 시설 분야 중 압도적인 수를 차지하는 것으로 집계되었다.

미시적·일상적 차원에서 도서관은 사회 구성원에게 지역과 공동체에 대한 자긍심 고취, 수준 높은 문화적 경험을 제공하는 기제로 작용한다. 또한, 도서관은 관련 정책을 통해 일상의 즐거움과 새로운 지식에 대한 배움을 함양한다. 이를 통해, 개인이나 집단이 직면하고 있는 취업, 인간관계, 효과적인 소통 방법, 재테크, 자기계발 등과 관련된 실용적 지식과 정보 및 이에 대해 능동적이고 효율적으로 대처할 수 있는 방법을 제공한다. 이러한 시대적 변화의 흐름에서 최근 민간에서도 지식과 문화적 경험을 기반으로 하는 도서관 운영 사례가 급증하고 있다. 특히, '민간 참여'는 기존 공공도서관의 기능에 더해 기업 등 운영 주체의 특성과 전략을 결합한 이색적인 도서관을 시민에게 제공하고 있다. 현대카드에서 운영하는 '현대카드 라이브러리 DIVE', 네이버에서 운영하는 'NAVER LIBRARY'의 설립은 그 대표적 예시라 할 수 있다. 이외에도 '워커힐 라이브러리', '더 글라스 라이브러리', '전주산책', '경주산책', '소전서림' 등 민간 도서관의 설립이 지속적으로 이루어졌으며, '도서관'을 통해 진행된 문화산업은 '북캉스'라는 조어에서 드러나듯 새로운 문화를 형성하였다.

새롭게 부상하고 있는 도서관 문화와 트렌드는 신세계에서 운영하는 '별마당 도서관'에서도 잘 드러난다. 이 도서관은 전술한 여타의 민간 도서관과 달리, 코엑스몰이라는 대형 쇼핑몰(mall)에 위치한 대형 도서관이라는 점에서 차별성을 둔다. '별마당 도서관'이 생성된 이후, 이 공간은 코엑스몰을 이용하는 시민들의 만남의 장소로 이용되거나, 거대하고 복잡한 구조로 구성된 내부의 특성상 일종의 나침반이나 랜드마크 역할로 기능하고 있다. 즉, 여느 지자체에서 운영하는 공공적 성격의 도서관과 유사하게 유용한 지식을 창출하고 정보를 제공하는 공간이자, 문화적 경험을 향유하는 공간이라는 공통점이 존재한다. 그러나 이에서 더 나아가 '별마당 도서관'은 지식과 정보의 매개자라는 전통적 도서관의 기능에 더해 현대사회의 소비를 창출하고 활성화하는 특색 있는 공간으로 기능한다. 이에 이 글은 '별마당 도서관'의 공간적 함의를 후기 자본주의의 사회문화적 맥락에서 성찰적으로 탐구하고자 한다.

# 이론적 배경



## 포스트모더니즘과 현대사회의 공간

포스트모더니즘(postmodernism) 이론은 예술, 문학, 건축, 역사, 의학, 종교, 환경, 천문학 등 분야와 장르를 망라해 활용되어왔다. 그리고 해당 이론을 응용 및 변용한 다양한 분석들은 오늘날까지 이어지고 있다(김우창 1993; 강내희 1993, 1995; 김종엽 1993; 최종렬 2003; 임형백 2009; 조원옥 2011; 류웅재 2017; 김정효 2020). 특히, 사회과학 분야에서는 기 드보르(Guy Debord)의 『스펙터클의 사회』, 장 보드리야르(Jean Baudrillard)의 『소비의 사회』, 『사물의 체계』, 데이비드 하비(David Harvey)의 『포스트모더니티의 조건』, 『희망의 공간』, 『자본의 도시』, 그리고 앙리 르페브르(Henri Lefèbvre)의 『공간의 생산』, 『현대세계의 일상성』 등에서 자주 활용되고 있다. 즉, 포스트모더니즘 이론은 현대사회의 일상과 공간, 소비 등과 관련한 폭넓은 탐구와 사회적 논의들에서 유용하게 사용되고 있다.

포스트모더니즘은 20세기 전반까지 예술과 인문 사회과학의 주류적 위치를 점유하고 있던 모더니즘(modernism)의 전제와 패러다임, 미적 정신의 종료를 의미한다. 이와 관련하여 오늘날 현대사회의 급속한 변화의 속도와 범위가 한 개인의 역량을 넘어서는 것을 통탄했던 프레드릭 제임슨(Fredric Jameson)은 포스트모더니즘을 가리켜 후기 자본주의의 문화적인 용어라 언급한다. 가령, 포스트모더니즘은 현대 건축의 일정한 양식을 지칭하거나 묘사하고, 일련의 영상과 이미지, 유력한 유행과 스타일을 포함한 각종 문화적 산물을 설명하는데 사용되고 있다(조원옥, 2011, 240-241쪽).

전통적으로 모더니즘은 사회와 세상이 일정한 양식으로 정립한 표현과 관습을 거부하고, 개인의 생각을 당당히 이야기하며, 다른 형식과 표현에 관대한 사회를 구현하고자 하는 문맥에서 출현하였다. 그러나 이 과정에서의 행위자 혹은 사회적 주체들, 이를테면 예술가, 정치가, 건축가, 작가 등이 주류가 되어 제시한 일련의 표현이 기존의 관습을 답습하는 결과로 이어졌다. 따라서 본래의 의미와 가치가 망실된 모더니즘 체계에 대항하기 위해 등장한 포스트모더니즘은 기존의 질서와 형식을 해체하고, 이율배반적이거나 자기 모순적인 독특한 형식을 창조하였다. 즉, 포스트모더니즘은 기존의 규율, 관습, 제도, 체제 등을 거부하고, 새롭고 창의적인 표현과 상징, 개별성과 자율성, 무엇보다 다양성을 강조하였다.

포스트모더니즘적 관점과 경향은 오늘날 다방면에서 유용하게 활용되고 있다. 특히, 건축적 측면에서 스페인 빌바오의 구겐하임 미술관, 남아프리카 공화국 케이프타운의 자이츠 현대미술관, 카타르 도하의 카타르 국립 박물관, 미국 LA의 월트 디즈니 콘서트홀, 체코 프라하의 댄싱 하우스 등은 모두 포스트모더니즘적 경향이 나타난 사례들이라 할 수 있다. 흥미로운 점은 구겐하임 미술관과 자이츠 현대미술관의 경우, 지역의 랜드마크로 부상하면서 폐허가 되었던 도시를 문화적 도시로 변화시키는 데 공헌한 사례라는 점이다. 이와 같은 포스트모더니즘적 건축의 특징은 한국에서도 찾아볼 수 있다. 바로 지하철 1호선, 2호선, 4호선, 5호선이 교차하는 지점인 동대문역사공원역에 위치한 동대문 디자인 플라자가 포스트모더니즘적 양식이 활용된 대표적인 사례라 할 수 있다. 이뿐만 아니라, 예술의 전당, 리움 미술관, 롯데월드타워, 영화의 전당, 국립아시아문화전당, 광안대교 등이 포스트모더니즘적 건축물이라 할 수 있다.

이러한 포스트모더니즘 관련 논의는 소비, 패션, 도시재개발, 기업 브랜드, 영상미디어 등에 의해 더욱 견고해졌으며 그 범위는 확장되고 있다(한희정, 2022.3.18). 일례로, '꿈이 이루어지는' 혹은 '환상의 공간'으로 제공되고 있는 디즈니랜드, 유니버셜 스튜디오, 그리고 한국의 에버랜드, 롯데월드와 같은 테마파크가 이러한 변화와 조응한다. 나아가 게임, 공항, 스포츠센터, 복합문화관, 백화점과 대형 쇼핑몰 등 우리의 일상에 편재한 모든 것이 포스트모더니즘적 양식이나 스타일로 설명될 수 있다. 부연하자면, 포스트모더니즘의 특징은 건물의 외양을 강조하는 것을 넘어 건물의 내부로까지 스며들었으며, 이 특징은 생활양식, 태도, 사유, 정서 등 우리 일상의 모든 것이 포스트모던(postmodern)화 되었음을 의미한다.

한편, 산업화가 불어온 자본주의의 심화는 인간의 생활양식을 비롯해 우리 주위의 모든 것들, 이를테면 실용품은 물론 노동, 건물, 감정, 여가, 인간, 정보, 가족, 자연, 도시 등 공간에 존재하는 유·무형의 것들이 상품으로 전환되는 상황을 야기하였다. 즉 포스트모더니즘은 보편적이고 절대적 가치에 대항하여 개인의 주관을 존중하고 다양성과 특수성, 그리고 상호작용을 기반으로 사회문화의 전체적인 변화를 이루고자 하였다. 그러나 포스트모더니즘은 자본주의가 심화하는 과정에서 이와 공모하면서 경제적인 측면을 강조하는 관점으로 변환되었다. 바꿔 말해, 자본의 창출과 지속을 위한 도구로 기호와 코드가 부여되어 상품으로 전환되었고, 공간은 의도적으로 기획되고 조직된 하나의 인공적 생산물이 되었다. 이것이 바로 오늘날 우리가 경험하는 현대사회의 공간이다.

하비에 의하면, 도시는 잉여생산물이 사회적·지리적으로 집적되는 과정에서 발생하며 잉여생산물의 사용 권한은 권력을 소유한 소수에게 집중된다. 때문에, 도시는 계급 현상이 만연한 공간이자, 화폐, 시간, 공간에 관한 지배가 사회적 권력관계로 형성되는 공간으로 작동한다(Harvey, 1989/2008, 265쪽). 이는 공간이 사회적 생산물로서, 생산양식의 모순을 통해 생산된다는 관점으로 도시공간을 바라본(Elden, 2004/2018, 305쪽) 르페브르의 논의와 스펙터클에 대해 고도로 축적되어 이미지가 된 자본(Debord, 1967/2014, 34쪽)이라 제시한 드보르의 진단과 연결된다.

한편, 일련의 기호가 생산되고 분배가 집약적으로 나타나는 부문 중 가장 대표적인 산업이 바로 '문화산업'이다. 문화산업은 물화의 과정이 시장을 넘어 인간관계로까지 확장되어 자본주의의 금융자본이 점차 산업자본을 대체하는 변화와 유기적이며 적극적으로 상호작용하였다. 그 결과, 기존 문화들 간의 간격이 모호해지고, 진리, 절대성, 실체 등 거대 담론에 대한 불신, 나아가 시·공간과 인간의 삶이 급격하게 파편화되고 분열(김현식, 2008, 122쪽)되는 현상을 낳았다. 이러한 맥락에서 포스트모더니즘이란 특징이 가시적이며 극적으로 드러나고 있는 시대가 바로 우리가 살아가고 있는 '지금, 현재'라 말할 수 있을 것이다.





앞서 포스트모더니즘이 문화적 산물과 논리를 설명하는 데 사용되는 개념이라 주장한 제임슨은 포스트모더니즘이 자본주의와 깊은 연관을 맺고 있다고 주장한다. 오늘날 자본주의의 형태는 탈식민화와 신식민지주의, 그리고 제3세계까지 확장하는 거대 다국적 기업 등의 조건을 특징으로 하는데, 위와 같은 자본주의 양식이 포스트모더니즘과 밀접하게 연결되어 있다는 것이다. 이러한 자본주의를 특징짓는 언표가 바로 소비사회, 대중매체사회, 정보사회, 전자사회, 다국적 사회, 후기산업사회, 스펙터클 사회이다(조원옥, 2011, 241-242쪽). 전술한 언표들은 공통적으로 생산력과 생산관계가 사회적 공간을 생산하는 특성을 갖는다. 즉, 사회적 공간의 생산이란 교육, 행정, 군사, 정치 등 다양한 활동을 포함한 보편적인 사회적 실천의 강조를 함축한다(Lefèbvre, 2000/2011, 314-315쪽). 따라서 사회적 실천에는 오늘날 도시계획, 도시경관 정비, 도시구획 및 재편뿐 아니라 랜드마크라 불리는 상징적인 건물들의 설립도 포함된다.

무엇보다 최근에는 문화적 요소와의 결합을 통해 도시공간과 그 안에서의 사회적 관계가 생성 및 유지되고 있다. 이는 공간 전체가 근대화된 자본주의적 생산양식으로 편입되는 것을 함축하며, 특히, 공간과 사회의 존속을 위해 이루어지는 반복적인 생산과 소비의 과정에서 자본주의의 모순이 발생한다(홍준기, 2011, 168쪽). 이 양식은 현대 자본주의 체계 내에서 정교하고 세련된 것으로 나타나며, 외형적인 형태는 유순하고 온화하게 표현된다. 그러므로 자본주의는 실재하는 모든 것을 경제 혹은 상품과 관련된 기표로 정의할 뿐 아니라 자연, 심지어 인간까지 상품의 범주로 포함한다. 또한, 이 같은 경향은 최근 인간의 무의식으로 확장되어 나타나고 있다. 이와 관련하여 정동에 대해 논의하는 학자들은 인간의 정서나 감정까지 일련의 기호로 전환되어 스펙의 일환, 또는 교환이나 거래가 가능한 상품으로 대상화되고 있다고 주장한다. 그들의 언급들은 예술과 문화 영역의 상품화를 통해 과거 인간의 고유한 정신적 노동이나 무의식으로 여겨지던 영역조차 경제적인 것으로 빠르게 전환되고 있음을 의미한다(조원옥, 2011, 243-244쪽).

또한, 경제적 이윤을 추구하기 위해 상품이 된 문화, 곧 문화산업의 상품들은 자본주의 사회의 공간을 단순한 이미지들로 치환한다. 그리고 단순하게 바뀐 이미지들은 인간이 자신의 사유를 통해 스스로 깨달음을 얻을 수 없는 무비판적이고, 무자각적인 주체의 윤리와 동인으로 작용한다(윤명희, 2009, 111쪽). 이 변화의 과정에서 생성된 가치는 생산 과정에서 나타나는 획일성과 폭력성을 은폐하고, 이와 관련된 새로운 형식은 상품을 통해 표현된다(Jameson, 1992/2022, 439-441쪽). 따라서 현대의 사회문화적 맥락에서의 포스트모더니즘은 단지 이미지에 지나지 않으며, 상업적 문화로서 소비자본주의를 복제하고 강화한다. 그러므로 상품의 소비는 우리의 일상에서 물질적인 것들을 물신화한다. 무엇보다 이미지가 사회와 긴밀하게 연관되면서 포스트모더니즘에서의 문화[4]는 그 자체로 하나의 상품이 된다. 이러한 포스트모더니즘의 특징은 문화와 경제의 경계를 허물뿐 아니라 현실의 문제에 대한 비판을 차단한다. 이와 같은 현대 소비문화에 대해 프랑크푸르트학파는 '물신화의 과정'이라 일갈한다(최효찬, 2007, 95쪽).

이처럼 포스트모더니즘과 자본주의가 투영된 도시 공간에서 시각적인 즐거움과 만족, 그리고 열광을 유발하는 스펙터클과 결합한 문화산업은 아도르노의 주장처럼 상품 논리의 교묘한 책략이자 기만이라 할 수 있다. 바꿔 말해, 소비에 의해 행복하게 통합된 사회라는 순응적 이미지와 삶의 허위성을 일상화한다. 특히, 문화산업의 상품들은 다양한 미디어를 통해 특정 상품을 향한 열광과 만족의 대체물을 끊임없이 생산하며, 삶의 허위성은 환상적인 공동체로 나타난다(Debord, 1967/2014). 따라서 문화산업은 사회 구성원들의 일상과 현실로부터의 도피를 주조하고, 일시적임에도 불구하고 마치 무한한 행복을 약속할 것처럼 친밀하게 우리에게 접근한다. 그러므로 포스트모더니즘 사회의 문화산업은 실재와 환상의 구별을 모호하게 함으로써 소비를 조장한다(Adorno & Horkheimer, 1944/2005, 240쪽). 또한, 결핍이 존재하는 현실에서 소비 재화의 증대는 풍요로운 삶과 사회적 균형을 실현할 것이라는 행복한 의식을 갖게 한다. 이 의식이 바로 소비사회에서 소비 재화가 주는 풍요와 평등의 허위의식이다(방민화, 2012, 161쪽).

종합적으로 포스트모더니즘은 기존에 정립되어 있었던 규율과 관습, 그리고 지식에 대해 저항함으로써 주체가 사유할 수 있는 능력을 고양한 측면에서 의미 있는 시도였다고 평가할 수 있다. 그러나 이것이 자본주의와 빠르게 결속하면서 일상의 모든 것이 경제적 이윤을 창출할 수 있는 기호로서, 혹은 도구로 예속되어 문화 소비를 통해 주체의 사유와 표현 능력을 위협한다는 비판[5]도 존재한다. 이러한 논의를 기반으로 이 글은 전술한 포스트모더니즘적 관점이 중층적으로 함축되어 있고, 그러한 공간에서 문화와 소비가 동시다발적으로 형성되고 있는 코엑스 별마당 도서관을 분석하고자 한다. 즉, 기호, 소비, 스펙터클이 집약된 후기 자본주의적 공간을 통해 이 공간이 수행하는 역할과 기능을 탐문하고 또, 이곳에서 어떠한 사회적 이데올로기가 (재)생산되는지 탐구하고자 한다.

## 지식 창출과 문화 향유의 공간, 공공 도서관

현대의 도시 공간은 넘쳐나는 다채로운 이미지들은 물론이거니와 눈이 휘둥그레질 정도의 화려하고 볼거리가 공간을 가득 메우는, 스펙터클로 가득한 전경을 구현하고 있다. 특히, 분산되어 있으면서도 도처에 편재하는 스펙터클은 상품과 이미지의 과잉 공급을 통해 중단 없이 발전하는 현대 자본주의를 추동한다(Debord, 1967/2014, 62쪽). 스펙터클은 도서관이 설립되는 과정에서도 영향력을 발휘한다. 한 예로, 과거 동네마다 작은 책방이나 서점이 주를 이루었던 풍경이 오늘날 화려하게 변모해 가는 것은 현대 도시가 스펙터클적 전경으로 탈바꿈하고 있음을 드러낸다. 또, 각 지자체가 공공도서관을 설립 및 운영하는 과정에서 도서관의 규모는 경쟁적으로 거대해지고 있다. 물론, 이 같은 흐름은 정주민을 위한 여가와 교양 기능을 핵심으로 하지만, 단순히 책을 읽고 대여하는 것을 넘어 각종 이벤트나 강연, 다양한 형태의 공연 등 전통적 도서관에서 보기 어려운 기능의 다변화를 보여준다.

학식과 견문을 넓히는 장으로 활용된 도서관은 최근 사회통합 및 교육과 문화 증진, 정보 불평등을 해소할 수 있는 공간으로서 사회의 인식변화, 교육과 문화 환경의 변화, 그리고 기술 환경의 변화를 통해 그 기능과 외연을 확장하고 있다. 이 과정에서 국가와 지자체는 지역민의 삶과 지역 기반을 공고히 하기 위해 민간의 참여를 유도하고 독려하였다. 궁극적으로 두 집단은 이를 통해 모든 사회 구성원의 문화 향유와 도서관 인프라 지원을 통한 국가이미지 제고, 나아가 동맹국 간의 관계를 강화하고자 하였다. 이러한 사례는 다른 국가들에서도 발견할 수 있다.

가령 미국의 보스턴 공공도서관은 '대중을 위한 도서관'이라는 기조 아래 설립된 미국 최초의 공공도서관이다. 보스턴 공공도서관의 사명은 독서와 문해력, 공간과 프로그램, 참고 자료와 교육, 그리고 특별 소장품과 문화유산 등 총 네 가지를 주안점으로 두고 있다(Boston Public Library,

2022.9.22). 위의 도서관은 노래 부르기, 기술 수업, 예술 및 공예, 여름 독서 행사 등 모든 연령대가 문화를 향유할 수 있는 곳이자, 시대의 흐름과 발맞춰 지속적인 변화를 주도하고 있다. 비슷한 사례로 스웨덴의 스톡홀름 공공도서관은 시내를 대표하는 도서관으로, 다양한 도서와 영화를 제공하고, 신문 및 저널의 기사 자료 제공은 물론, 성인과 어린이를 위한 공간이 구분되어 있어 노래, 연극, 영화 및 다양한 활동(Stockholms stadsbibliotek, 2022.9.22)을 제공한다. 이 외에도 미국 로스앤젤레스 공공도서관은 지역의 다양한 커뮤니티에서 개인의 풍요로운 삶을 지향하고, 정주민들에게 다양한 혜택을 제공하고 있다. 그것은 이를테면 언어 학습, 효과적인 말하기 방법과 이해력 증진, 나아가 시 낭송회와 강연, 연극, 콘서트 등의 것들이라 할 수 있다. 즉, 도서관은 이를 통해 교육, 정보, 아이디어, 도서, 기술(Los Angeles Library, 2022.9.22) 등을 지원하고 있다.




한국과 가까운 아시아 국가에서도 이와 같은 사례를 찾아볼 수 있다. 홍콩 중앙도서관은 홍콩 최대의 공공도서관으로, 유네스코 공공도서관 선언문의 사명처럼 교육, 문화, 정보, 나아가 평화와 복지 증진을 목표로 한다. 따라서 대중이 시사, 취미 및 여가 활동에 배울 수 있는 일상생활의 풍요로움을 위해 레저 및 문화서비스, 지식과 정보를 위한 평생 학습 및 지속적인 교육, 그리고 지역 문학예술 진흥을 위한 프로그램을 제공한다(Hong Kong Public Library, 2022.9.29). 일본 다키오 공공도서관은 도시재생 사업의 일환으로 재구성되어 2017년 새로운 모습으로 개방되었다. 이곳의 큰 의의는 플랫폼의 도래로 도태된 대인 커뮤니케이션을 향상하기 위해 구성원이 편하게 만날 수 있는 공간을 조성했다는 점이다(Takeo City Library, 2022.9.29). 또한, 이곳은 세계적인 프렌차이즈 스타벅스와 규슈 팬케이크 카페, 그리고 푸드코트와 음악 및 영상 소프트웨어 대여점, 나아가 잡지나 서적을 판매하는 공간을 도입했다. 이러한 공공도서관의 혁신은 일본 내의 최대 서점 기업 츠타야(Tsutaya)[6]와의 협업을 통해 가능했으며, 민간 기업과 협력한 일본의 대표 공공도서관 사례이다.

주목할 것은 다키오 도서관의 사례와 같이 최근 도서관의 공간적 함의가 지식의 저장소, 다양한 문화를 체험할 수 있는 경험의 장, 나아가 재미와 놀이라는 요소를 담아 기존의 도서관과 차별화된 새로운 매력을 가미한 공간으로 변모하고 있다는 점이다. 즉 도서관 자체가 유쾌하고 즐거운 곳으로, 이용자들이 휴식을 취하거나 놀러 가고 싶은 공간으로 바뀌고 있음을 의미한다. 예컨대, 오늘날의 도서관은 시중에서 쉽게 찾을 수 없거나 가격이 부담스러운 서적, 잡지, 심지어 음반까지 감상할 수 있는 기회와 공간 그 자체로서 시각적인 웅장함과 화려함을 선사한다. 아울러, 마치 갤러리에 온 듯한 전시 공간은 교양을 증진하고, 각종 식물과 그 속에 배치된 분수는 자연과 어우러져 여유와 편안함을 제공한다. 이 외에도 대규모의 공연장 배치와 카페, 서점, 음식점 등 도서관과 함께 즐길 수 있는 소비 공간은 선택의 즐거움과 흥미, 나아가 자유를 고취하는 공간으로 기능한다.

한국 역시 유사한 형태의 공공도서관이 존재한다. 하나의 예로, 옛 경기고등학교 자리에 개관한 정독도서관은 다양한 문화 프로그램을 제공하고 있다. 또한 이 도서관은 국가 간의 문화 자료 교류를 통해 도서관 자료 확보 및 서비스의 질적 향상, 나아가 인적 교류를 통한 국제적 안목 제고를 목표로 한다. 이뿐 아니라 최근 몇 년 사이 SNS에서 정독도서관의 전체적인 공간이 '사진 찍기 좋은 곳'으로 알려지면서 2030 세대의 이목을 끌었던 대표적인 공공도서관 중 하나로 인식되었다. 또 다른 사례로 의정부 도서관은 각 분야의 도서관을 설립해 지역민에게 풍부한 경험과 지식을 제공한다. 의정부 도서관에는 과학 도서관, 정보 도서관, 영어 도서관, 미술 도서관, 가재울 도서관, 음악 도서관 여섯 가지로 분류되며, 각각의 도서관은 분야에 적합한 테마로 도서와 프로그램을 지원하고 있다.

이렇듯 지역적, 문화적 차이에도 불구하고, 각각의 공공도서관은 사회 구성원의 삶을 풍부하게 하고, 지식뿐 아니라 프로그램을 통한 다양한 문화적 경험의 기회를 제공하고 있다. 과거 도서관은 학생, 국가고시나 자격증을 준비하는 수험생들이 공부하는 곳이라는 이미지가 지배적이었다. 그러나 최근 공공도서관의 증가와 사회 구성원의 라이프 스타일 및 문화적 인식 변화에 따라 도서관의 기능 또한 변화되었다. 예컨대, 도시 공간의 변화란 문맥에서 거주시설 주변에 공공도서관, 작은 도서관 등이 설립됨에 따라 도서관은 세대와 젠더를 아우르는 공간이 되었고, 학습 중심의 공간에서 문화와 체험 중심의 공간으로 변모하였다.

### 문화산업으로 기능하는 공간, 민간 도서관

한편, 위와 같은 현상은 민간 도서관 설립 급증이라는 새로운 조류를 형성하였다. 특히, 민간에서 운영하는 도서관은 기존 공공도서관의 기능에 더해 각 기업의 목표와 전략을 결합한 이색적인 도서관을 시민들에게 제공하고 있다. 일례로, 현대카드에서 운영하는 도서관의 경우, 각각 상이한 주제로 도서관 공간이 활용되고 있는데, 그것은 네 가지의 테마(디자인, 음악, 요리, 미술)로 분류되어 있다. 위의 테마들은 '시대를 초월한 디자인과의 조우', '바이닐로 듣는 아날로그 음악의 울림', '눈으로 즐기고 입으로 느끼는 쿠킹의 모든 것', '일상의 공간에서 만나는 우연한 영감'이라는 주제로 구체화되어 시민에게 공급되고 있다. 또한, 이 도서관은 해당 카드사의 고객에 한해 도서관 출입을 원칙으로 하고 있다. 즉, 그 도서관만의 특별한 전시, 혹은 평소에 보기 어려운 희귀 도서의 배치, 각종 클래스 및 공연, 그리고 영상을 활용한 에세이와 퍼포먼스 등을 경험할 수 있는 각종 행사들이 개최되고 있다(현대카드 라이브러리 DIVE, 2022.10.12).

이 외에도, 네이버에서 운영하는 네이버 도서관의 경우, 각 공간마다 '매거진, 디자인, 사전, 정보기술' 네 가지의 테마로 운영되고 있다. 특히, 이 도서관은 사회 취약계층과 함께 도서관을 운영하는 것을 특징으로 한다. 그러나 두 도서관 모두 소장 자료의 특성상 대출이 불가능한 한계를 가지고 있다는 점은 공공도서관 및 작은 도서관과 대비되는 지점이다. 이처럼 도서관은 사회 공헌이나 환원을 표방한 기업 마케팅의 일환으로 등장하고 있지만, 민간 도서관은 공공도서관과는 상이한 지점이 존재한다. 예를 들어, 민간 도서관은 고가의 희귀 서적과 음악, 그림, 사진 등을 다양하게 접하고, 이색적인 분야의 정보와 분야를 직접 체험할 수 있는 기회를 제공한다는 점에서 지식과 교양의 함양 촉진, 자기계발의 경험과 문화 확산을 가능케 한다. 그러나 이들은 고객이나 회원에게 폐쇄적이고 배타적인 방식으로 운영하고 경제적인 가치를 창출하는 도구로 활용한다는 점에서 외국 공공도서관의 사례와는 큰 차이가 존재한다.

무엇보다 이 도서관들은 최고의 교육과 일상, 수준 높은 문화가 제공되거나 형성되는 장소라는 인식, 그리고 다수의 사회 구성원들이 갈망하는 도심의 핵심 지역에 위치해 있다는 공간적 특징을 지닌다. 또한, 이용자나 주요 대상이 지역민이 아닌 외부의 소비자라는 점이 가장 대별되는 지점이라 할 수 있다. 따라서 지식의 질이나 내용보다 주변 환경과 시각적인 스펙터클을 우선시하는 흐름은 소비자들의 니즈, 혹은 당대의 유행이나 소비와 관련한 대중의 욕망을 극대화하는 방향으로 자유롭게 공간의 형식과 내용물의 변경이 가능하다. 때문에, 그 흐름은 도서관에 대한 새로움과 즐거움을 강화하는 방향으로 기능한다.

# 연구 대상 및 방법



이러한 문맥에서 기업에서 운영하는 도서관 중 신세계에서 관리하는 '별마당 도서관'을 분석하고자 한다. 전술한 기업의 민영 도서관과 달리, '별마당 도서관'은 스타필드 코엑스 '몰'에 위치한 도서관이라는 점에서 차별성을 지닌다. 이 공간이 생성된 이후, 이곳은 코엑스몰을 이용하는 시민들의 만남의 장소로 이용되거나, 거대하고 복잡한 구조로 되어 있는 내부의 특성상 나침반의 역할로 기능하고 있다. 특히, 이 도서관은 지하의 '넓은 공간'을 활용함으로써 많은 시민이 독서를 즐길 수 있는 장(場)을 형성했으며, '어두운 공간'이라는 특징과 조명을 이용해 이곳을 방문하는 사람들의 대표적인 촬영 명소로 이용되고 있다. 흥미로운 점은, '별마당 도서관'에는 도서뿐 아니라 카페는 물론 스포츠, 화장품, 옷 등을 파는 다양한 상점들이 공존한다는 점이다. 다시 말해, 이 공간은 지식을 습득하고 문화적 경험과 소양을 쌓을 수 있는 공간임과 더불어 소비를 지향하고 촉진하는 일종의 공간미디어로 기능하고 있다.

이러한 공간미디어는 일상생활의 권력관계와 사회적 의미를 재현하는 기호로 작용한다. 그러므로 소비와 물질문화를 매개하는 공간 읽기와 공간미디어를 통한 사회 읽기는 흥미로운 분석의 주제로 상정될 수 있다. 따라서 미디어적으로 기능하는 별마당 도서관 공간을 텍스트로 삼아 이에 대한 풍부하고 다층적인 해석을 통해, 공간의 스펙터클을 구성하고 있는 도시 경관을 비롯해 건축물, 축제 및 페스티벌, 거리와 사람 등과 관련한 탐구가 가능하다. 이와 관련해, 드보르는 스펙터클은 '이미지에 의해 중재된 사회적 관계'로 그 시대의 지배적인 생산양식과 사회관계를 반영한다고 지적한다. 한국 사회의 경우, 1960-70년대에는 근대화 스펙터클이 지배적이었다면, 포스트모던 상업 스펙터클과 동시에 전자 스펙터클이 현시대의 주류 공간미디어라고 할 수 있다(이무용, 2005, 267쪽).

이와 같은 흐름에서 이 글은 현재 공공 도서관 및 작은 도서관, 그리고 다른 기업에서 운영하는 민간 도서관들과도 구별되는 점이 존재하는 '별마당 도서관'을 대상으로 데이비드 하비(David Harvey)의 공간 이론과 기 드보르(Guy Debord)의 스펙터클 이론을 기반으로 논의하고자 하였다. 이를 통해, 시각적 쾌락을 극대화한 공간 조성이 지식과 다양한 문화를 제공하는 기능을 수행하면서, 동시에 '재미'와 '즐거움'을 매개로 거대 기업의 욕망을 실현하는 공간으로 작용하는 이중성에 대해 성찰적으로 탐문하고자 한다. 나아가 이 공간에 대한 경제적 함의와 이것이 사회문화적 요소들과 접합하며, 어떻게 대중의 삶과 일상에 연결되는지 살펴보고자 한다.

이를 위해 장기간의 참여관찰 등 현장지향적 분석의 장점을 지닌 에스노그라피(ethnography)를 활용하고자 하였다. 에스노그라피는 한 시기의 특정 집단의 환경, 사회 등을 깊이 있게 관찰하고 경험하며 이해함으로써 해당 집단과의 공감을 통해 그 이상의 정보와 지식을 획득하는 것을 의미한다(Clifford & Marcus, 1986/2000, 41쪽). 초기의 에스노그라피는 낯선 인종이나 민족을 탐문하는 것을 목적으로 한 인류학의 연구 방법으로부터 시작되었다. 그러나 이 방법은 오늘날 인류학의 분야를 넘어 사회과학, 행정학, 관광학, 도시공학, 경제학, 지역학 등 다양한 분야에서 활용되고 있다. 이를 통해 보전과 개발, 재난 등 특정한 장소에서 펼쳐지는 실천과 저항, 회복에 대한 맥락화된 이해를 제공한다(김지혜 · 김우창, 2022, 226쪽).

여기서 주목할 만한 점은, 인류학적 민속지학의 특징은 무엇보다 문화와 긴밀하게 연계된다는 점이다. 달리 말해, 민속지학 연구는 넓은 의미에서 종교, 예술, 그리고 일상생활 속에서의 문화적 형식과 관계되며, 사회적 구성의 복합성, 일상생활의 강조, 소집단 내부의 의미 형성, 나아가 사회계층 간 이동, 이웃 관계, 지역사회 조직 등과 관련해 다른 문화를 상세히 기술하고 설명하는 현장 연구 방법이다(노명우, 2008, 65쪽). 이를테면, 문화적 현상이자 사회적 관계 속에 위치한 청바지 소비 행위에 대한 총체적인 관찰과 사회문화적 함의(이응철, 2012, 43쪽), 청년세대 여성들의 삶과 노동의 취약성을 디지털 미디어가 어떻게 매개하는지 탐색하며 수행했던 민속지학에 대한 논의(채석진, 2016, 48쪽), 홍대라는 독특한 문화생산 및 수용이 이루어지는 공간을 탐방하면서 인디음악 문화의 특질과 형성과정을 위해 자기기술지와 참여관찰을 병행한 분석(이기형, 2007, 42-44쪽) 등이 존재한다.[7]

이러한 맥락에서 특수한 공간에 대한 관찰과 참여는 단편적으로 보이는 사건, 행위, 태도 등을 넘어 다양한 모순과 균열, 협력과 공모 속에 존재하는 긴장과 갈등을 포착해 그간 공론화되지 못한 문제와 관점을 제시할 수 있다. 예컨대, 대중에게 다양한 문화와 이의 향유로 인한 만족감을 제공하고 있는 코엑스가 다양한 매체를 통해 긍정적으로 묘사되고 있다. 그러나 동시에 코엑스의 공간이 대중의 의식과 일상을 특정한 방향으로 통제하거나 기업의 이윤 추구와 관련된 욕망을 은폐하는 수단으로 활용되고 있는 문제를 조명할 수 있다. 가령, 독점자본과 정치세력이 협력해 구축한 시설물들이 취향이나 문화, 혹은 자유의 개념을 통해 기업의 이미지 쇄신을 위한 마케팅 전략으로 활용되어 특정 공간을 향유하는 대중의 행위와 사유를 은밀하게 통제하는, 신자유주의적 문화 논리가 스며든 스펙터클과 관련한 문제에 대한 논의도 가능하다.

이를 위해 2022년 9월부터 2023년 2월까지 별마당 도서관을 비롯해 코엑스 지하공간의 전반적인 변화와 이에 참여하거나 매개하는 대중들의 활동과 실천을 중점적으로 관찰하였다. 특히, 내부 공간구조의 배치에 대한 구체적 서술을 통해 해당 공간과 사람들의 상호작용들, 이를테면 방문객들이 별마당 도서관에서 어떠한 행동을 하고, 무엇을 경험하는지 등을 면밀하게 관찰하고 각각의 개별적 행위들을 세밀하게 기록한 자료를 토대로 서술하고자 하였다. 이와 더불어 방문객들을 관찰하는 중에 들려왔던 말이나 대화의 일부 또한 분석의 대상으로 삼았다. 다만, 우발적·임시적이거나 사적인 대화는 최대한 배제하고 전술한 글의 목적과 관련된 공통적·반복적으로 나타난 단어나 감탄사 일부 등을 활용해 현장의 생동감을 담아내고자 하였다. 무엇보다 6개월이란 기간 동안 현장을 방문해 수행한 참여관찰에, 포스트모던적 공간과 소비에 관한 풍부한 문헌과 자료를 유연하고 상보적으로 결합해 분석을 실시하였다.

**표 1 별마당 도서관 방문 일자, 관찰 장소 및 주요 행위**

| 방문 일자 | 방문 시간 | 주요 관찰 장소 | 주요 행위 |
|---|---|---|---|
| 2022.9.18 | 14:20–17:00 | 2층 출입문 | 골든트리를 배경으로 사진을 촬영하는 사람들, 카페 테이블에 앉아 수다를 나누는 청년들 |
| 2022.10.16 | 14:10–19:20 | 1층 에스컬레이터 | 창작 뮤지컬을 관람하는 방문객들, 외국인 관광객들 |
| 2022.11.26 | 14:35–18:30 | 1층 서가 | 빈 좌석을 찾는 어린이들과 학부모들, 3층으로 구성된 계단에 앉아 휴식을 취하는 방문객들 |
| 2022.12.24 | 14:00–18:40 | 2층 서가 | 책을 고르는 학부모들, 탁상에 착석해 책을 읽는 장년층과 과제를 수행하는 학생들, 빈 좌석을 찾는 학부모들 |
| 2023.1.14 | 15:45–18:00 | 1층 골드트리 | 사진을 찍는 청년들과 트리를 구경하는 외국인 관광객들 |
| 2023.2.5 | 15:20–19:00 | 1층 안네데스크 | 쇼파에 앉아 책을 읽는 어린이들, 일행을 기다리는 행인들 |

# 소비로 향하는 코드화된 공간, '별마당 길'

총 4층으로 이루어진 코엑스는 그동안 각종 미디어에서는 소비의 공간이라기보다 국제적인 콘퍼런스나 대규모의 전시 및 회의를 위한 공간이라는 이미지를 갖고 있다. 지상에서 보이는 코엑스의 모습은 여느 백화점, 쇼핑몰, 상점처럼 갖가지 상품이 전시되어 있지 않고 거대한 문만 존재한다. 이러한 점에서 코엑스는 강남에 위치한 건물들, 이를테면 20층 이상의 고층 건물로 빌딩 숲을 이루는 구조물과는 차별점을 지닌다. 또한, 코엑스 앞에 설치된 분수와 소형의 잔디마당은 시민 누구나 언제든지 이곳을 방문할 수 있으며, 도심 속에서 휴식과 여유를 만끽할 수 있는 공간으로 제공된다. 때문에, 건물 내부로 진입하기 어려운 위압감과 거북함보다 언제나 부담 없이 이 공간에 출입할 수 있는 느낌을 준다.

그렇게 출입한 공간에서 긴 에스컬레이터를 통해 내려간 거대한 지하 공간은 영화나 애니메이션의 한 장면에서 기차나 문을 통해 다른 공간으로 이동하는 것처럼 새로운 공간으로 안내한다. 즉, 코엑스 지하는 마치 하나의 마을이 조성된 것 같은 분위기를 자아낸다. 이러한 인상은 지하철 지하상가와 다른 형태로 존재하는 각양각색의 상점들과 천장까지 이어진 높은 책장을 가득 채운 책들, 그리고 책장에 꽂혀 있는 책보다 더 많은 인파 때문이라 할 수 있다. 이는 이 거대 공간 내에 무수한 상점들이 입점하고 있기에 가능한 많은 사람을 이곳으로 불러들여야 하며, 그 목적이 실현될 수 있도록 방문객이 이 공간을 편리하고 자유롭게 출입할 수 있도록 설계되어야 함을 의미한다. 실제로, 이 공간에 이르기 위해 지상에서는 2개의 문을 통해 2개의 긴 에스컬레이터를 타고 입장할 수 있으며, 지하에서는 2호선 삼성역, 9호선 봉은사역 통로를 통해 지상에 나가지 않고 한 번에 이곳으로 들어올 수 있다.

이처럼 코엑스는 다른 건물에 비해 진입 장벽이 낮고 누구나 출입할 수 있는 공간으로 대중에게 다가가는 것이 목적이기에, 지하공간 역시 물리적인 '문'을 통한 출입의 형태로 존재하지 않는다. 이곳은 특별한 곳을 출입하는 것이 아니라는 인상을 주기 위해 별도의 문이 존재하지 않으며, 경계가 없는 형태의 입구가 사방에 배치되어 있다. 이렇듯 어딘가를 '자유롭게', 혹은 '제약 없이' 자연스럽게 출입할 수 있는 곳은 오늘날 현대 자본주의 사회의 논리를 반영하는 것으로, 최대의 인파가 해당 공간에 집중되어야만 설치와 존재 근거를 달성하기 때문이다(강내희, 1993, 61쪽). 이는 별마당 도서관이 오로지 정보와 지식, 그리고 문화만 향유할 수 있는 경험의 장으로서만 기능하는 것이 아님을 의미한다.

이러한 흐름에서, 별마당 길들은 마치 이 공간을 거니는 대중이 다른 곳으로 시선을 두지 않게 하기 위해 모든 방향이 일제히 별마당 도서관을 향하는 구조로 설계되어 있다. 예를 들어, 별마당 도서관으로 진입하는 한 쪽의 길은 끝이 보이지 않는 광활하고 긴 통로를 구현함으로써 통로의 끝에는 본래의 목적지에 도달할 수 있는 이미지를 제공한다. 그러나 실제로 이 길은 마치 미로에 들어선 것처럼 복잡한 구조로 기획되어 있으며, 미리 설치된 무수한 스크린들은 별마당 도서관으로 향하는 길목에 배치되어 있다.

한 가지 흥미로운 사실은, 목적지로 향하는 과정에서 길을 잃어도 방황하거나 당황할 이유가 없다는 점이다. 오히려 이곳에서 방문객은 '미로찾기'처럼 목적지까지 도달하기 위해 하나의 '놀이의 수인공'으로서, 그리고 주위의 환경을 관람하는 일종의 '구경꾼'이 된다. 이러한 코엑스 지하공간의 특징은 미로 탈출을 주제로 한 전자오락 〈아틀란티스의 운명〉을 논의한 김종엽(1993)의 분석과 유사성을 지닌다. 그것은 가상과 현실이라는 차이를 제외한 공간적 특징, 구체적으로, 체험 형식으로 구성된 공간을 통과하기 위해 숨겨진 열쇠의 존재와 화려하고 신비한 모습으로 인해 체험자가 주시할 수 있는 문이 입구와 출구로만 제한되는 점, 그리고 이 과정에서 자칫 엉뚱한 출구로 도달할 수 있음이다(김종엽, 1993, 120쪽). 즉, 일련의 테마파크들과는 사뭇 다른 형태의 공간을 구성하지만, 본질적으로 대중에게 '즐거움'이라는 요소를 제공하기 위한 목적이 동일하게 작용한다. 특히, 별마당 도서관으로 향하는 공간은 기계를 활용한 정보 습득을 통해 '편리하고, 신비하며, 세련된' 공간이다.

한편, 공간을 지배하고 있는 화면들은 별마당 도서관과 관련한 짧은 문구를 지속적으로 노출해 이곳에 대한 궁금증과 환상, 나아가 기대감을 증폭하는 역할로 기능한다. 그중 봉은사역에서 들어오는 다른 쪽의 별마당길은 수많은 스크린과 함께 기존의 바닥과 대비되는 색상을 통해 이질적이지만 한편으로 사람들의 눈에 명확하게 각인될 수 있는 표식이 표현되어 있다. 이 표식에는 그 어떠한 언어적 기표가 제시되어 있지 않고 오로지 하늘색과 흰색의 곡선, 그리고 직선만으로 이 공간을 방문한 대중에게 의미를 전달한다. 이렇게 제시된 기호에 대한 의사결정에서 마치 대중이 다채로운 문화상품에 대한 자율적 선택권을 가지고 있는 듯 보인다.

그러나 기실 이러한 문화상품을 공급하는 문화산업의 생산자는 이 공간을 찾은 대중이 선택할 수 있는 범위(Adorno & Horkheimer, 1944/2005, 227쪽)를 제한한다. 한 예로, 별마당 도서관으로 향하는 길 위에 가지각색의 간이 판매소들과 어린이를 비롯한 성인들의 이목을 집중시키는 오락 기구의 배치가 그 사례로 제시할 수 있다. 이 외에도 기둥의 벽면에 걸린 포스터와 스크린에는 도서관과 무관한 각종 상품을 홍보하는 이미지와 영상이 재생되고 있는 것을 볼 수 있다.

이처럼 휘황찬란한 포스터와 전광판, 그리고 빼곡하게 채워진 상점들과 볼거리는 빈틈없는 공간을 형성하여 부지불식간에 우리를 이미지와 코드로 점철된 소비 스펙터클의 세계로 유입시킨다. 즉 다양성을 기반으로 대중을 소비 공간으로 진입시키려는 전략은 상품을 선택할 수 있는 자유, 그리고 능동적이고 자율성이 보장된 소비가 가능한 공간이라는 환상을 제공한다. 그러나 자유, 능동, 자율 등 상호 존중이 함의하는 공간은 한편으로 소비가 행해질 수밖에 없는 환경을 조성한다. 마르쿠제에 의하면 오락산업은 욕구의 제한과 조작, 거짓의 욕구를 생산한다. 특히, 오락산업으로부터 생산되는 거짓 욕구는 고도 산업 사회의 소비와 풍요의 이데올로기와 연계되어 자본주의가 조장하는 제2의 인간 본성을 구성한다(이종하, 2007, 35쪽).

다종다양하게 진열된 상품들과 미로처럼 복잡한 지하 구조, 무수한 기호들로 가득 찬 넓은 공간을 통해 일상의 결핍된 욕망을 해소할 수 있다는 메시지를 전달한다. 한 예로 일상생활의 긴장을 해소하기 위한 소비욕, 경제적으로 풍족하지 않은 상황에서도 신용카드와 할부 구매를 통해 가구, 자동차, 가방, 운동, 취미, 여행 등 개인의 기호와 정체성을 끊임없이 확장하거나 변형하고자 하는 후기 자본주의적 욕망이라 할 수 있다. 따라서 다양한 형식을 차용해 조성된 코엑스 지하 구조는 '재미'와 '즐거움'을 매개로 이익의 극대화를 추구하는 공간이라 할 수 있다. 즉 계획적으로 생성된 공간 내에서 대중의 선택은 한정적이며, 이를 위해 '참신한 것', '경이로운 것' 혹은 '신비한 것'이라는 포장을 통해 새로움을 추구하는 대중의 결핍된 요소를 충족시킨다(이종하, 2007, 25쪽). 이러한 전략은 누군가에게는 추억을 소환하거나, 또 다른 누군가에게는 호기심을 불러일으키는 기능을 한다. 또한 결핍된 요소를 충족할 수 있다는 지속적인 메시지의 자극은 대중들에게 재미를 경험하고 기분을 전환하는 활동이 삶의 매우 중요한 부분임을 각인시킨다. 오늘날 '키덜트'[8], '뉴트로' 등의 현상들 역시 이러한 논의의 연장선상에 둘 수 있을 것이다.

거대 도시공간은 대중의 소비를 촉진하기 위해 지극히 화려하고 아름다운 것들로 채워진 백화점의 쇼룸과 유사하게 대중의 눈길을 사로잡을 만한 무언가로 가득 채워져 있다. 가령 '별마당 길'은 잘 정비된 국제적 규모의 경기장이나 한강 공원에 마련된 트랙처럼, 파란색의 트랙이 날씨에 구애받지 않는 도심 속 실내 산책길로 기능한다. 본래 산책길은 자연을 가까이에서 느끼며 걸으며 휴식이나 여행을 목적으로 형성된 공간이다. 이러한 기능에 착안한 '별마당 길'은 '자연'이 '상품'으로 대체되어 이 길의 공간을 걸음과 동시에 소비의 세계로의 여행으로 대중을 인도한다. 그리고 이 길의 끝에는 웅장하고 대중의 시선을 사로잡는 스펙터클의 공간이자 포스트모더니즘적 특징이 드러나는 '별마당 도서관'이 자리한다.

이처럼 '별마당 도서관'은 내부의 공간을 변형해 특별한 공간 구조로 기능하며 일련의 의미를 만들어낸다. 바로 이 공간을 통해 자본의 흐름은 변화하는 환경에 따라 유연하게 순환된다. 자유로운 자본의 이동은 새로운 공간관계를 형성하며, 이것이 일정한 권력이 되어 정치, 경제, 사회, 문화에 강력한 영향력을 행사한다. 이렇게 변모한 포스트모더니즘 공간에서의 관계는 핵심적인 교류와 네트워크 등으로 급격하게 압축되고 자본이 가속화하는 세계에서 모순적 결과를 초래한다(Harvey, 2003/2019, 206쪽). 그러한 경향이 오늘날 대중이 쇼핑몰과 백화점, 극장과 호텔, 공항 등 자본의 공간에 집중하는 이유이다. 이러한 시각에서 수많은 인파가 모이는 '별마당 도서관'이 강조하는 감수성, 친밀성, 사회적 인식과 공감 등은 혁신적인 것으로 치환된다. 그리고 이 요소들은 인간과 상품, 사유와 정서, 시대정신과 스타일이 응축된 포스트모던 공간을 확장한다. 이와 같은 공간은 반복적·획일적으로 생성 및 재현되어 오늘날을 상징하는 공유문화(共有文化)로 자리잡는다.

실제로, 이 공간을 방문하는 사람들이 해당 공간에 대해 "예쁘게 만들긴 했다"(2022.9.18, 14:20-17:00, 2층 에스컬레이터/2023.1.14, 15:45-18:00, 1층 골드트리 앞)라고 표현하거나 코엑스 지하 곳곳을 걸으며 탐색한 후, "이제 쇼핑하러 가자"(2022.12.24, 14:00-18:40, 2층 출입문 앞/2023.1.14, 15:45-18:00, 1층 스타벅스

앞/2023.2.5, 15:20-19:00, 별마당 도서관 안내데스크 앞)라는 대화를 나누는 것을 들을 수 있었다. 이러한 방문객들의 반응은 가시적으로 드러나는 건축물의 위용 및 이를 채우는 다채로운 이미지와 상점들이 소비를 일으키고, 이에 은밀하고 유기적으로 복무함을 알 수 있게 했다. 또한, 사람들의 반응은 '별마당 길'은 단순한 문화적 공간이 아님을 가늠케 했다. 즉, 다양한 이미지와 기호들이 점철된 '별마당 길'은 지식이나 교양과 관련된 개인의 취향을 드러내거나 다른 사람의 체험이나 이전의 경험을 다시 느낄 수 있게 하는 공간인 것이다. 동시에, 후기 자본주의의 소비를 무한대로 확장하고 이것과 연동한 새로운 라이프 스타일과 창의적 세계를 효과적으로 (재)생산하는 공간이었다.

이를 위해 대중의 접근이 쉽고 쾌적함까지 갖춘 별마당 도서관은 "아름다운 도심 속 서재, 도서관이란 또 다른 세상으로 통하는 문"이라는 캐치프레이즈를 활용한다. 여기에서 '또 다른 세상으로 통하는 문'이란 언술은 사회의 유기적 과정이나 연계적 작동 방식에 무감각해지고, 무언가에 대해 더 이상 생각하지 않도록 한다(이종하, 2007, 27쪽). 따라서 그 문이 의미하는 것은 사유를 멈춘 자리를 획일화된 소비가 대체하며 이를 전 사회적으로 지향하는 세계이다. 강내희(1993)는 소비를 목적으로 존재하는 공간은 그곳에 들어온 사람들을 오랜 시간 붙잡아 두기에, 그는 이러한 공간을 가리켜 '블랙홀'이라 지칭한다(강내희, 1993, 64쪽). 즉 블랙홀로 들어온 대중을 쉽게 내보내지 않기 위해 더욱 화려하고 웅장한 규모의 스펙터클 및 일상의 욕망을 결합한 공간은 모호한 출구를 갖는다. 그러므로 별마당 도서관으로 향하는 사방의 길들 역시 블랙홀의 원리가 작용하는, 후기 자본주의의 생산 양식과 소비가 역동적으로 작동하는 공간이다.

이처럼 화려하고 웅장하면서도 한편으로 친밀하고 단순한 형식들의 조합으로 형성된 코엑스와 별마당 도서관의 공간은 이곳을 방문한 소비자 개인의 상상력을 통해 일상의 자유와 만족감을 제공한다. 이러한 문맥에서 다양한 여가 활동을 체험할 수 있는 코엑스의 광활한 공간 또한 상품으로 이해될 수 있다. 즉, 탈소외 노동의 대안적 경험으로 제공되는 코엑스 공간을 통해 후기자본주의 사회에서 상품은 능동적인 자기 결정과 진정한 자유를 기획하는 능력을 방해하는 수단으로 활용된다.

# 낭만과 욕망이 공존하는 '별마당 도서관' : 문화의 공간, 소비의 공간

별마당 도서관을 중심으로 코엑스 지하공간은 의식주를 모두 해결할 수 있는 공간이기에, 앞서 논의한 바와 같이 지하공간에서 나가거나 굳이 다른 곳으로 이동하지 않아도 좋다는 느낌을 준다. 이는 만약 방문객이 충분한 재화를 소유하고 있다면, 하루 종일은 물론 한 주나 한 달, 혹은 그 이상의 오랜 시간 동안 불편함 없이 머물 수 있겠다는 생각이 들게 한다. 특히, '별마당 도서관'은 공간을 둘러싼 7만여 권의 책, 거리를 마주하며 배치된 13m 높이의 두 개의 서가, 그리고 공간 전체를 감싸는 시가의 은은한 조명은 대중의 시선을 사로잡는 요소라 할 수 있다. 그중에서도 단연 많은 이들의 관심을 끌었던 요소는 바로 굴곡진 두 개의 서가 사이에 위치한 '골드트리'[9]이다.

도서관과는 무관해 보이는 골드 트리는 해당 공간에서만큼은 시간이 멈춘 듯, 마치 매일이 특별한 기념일이라는 착각에 빠지게 한다. 이는 이곳의 화려한 정경을 담고자 남녀노소 불문하고 카메라나 휴대폰으로 연신 촬영하는 모습에서 극적으로 드러난다. 심지어 캐논, 니콘 등 전문가용 DSLR 카메라를 활용하는 방문객과 "예쁘게 만들었다" 혹은 "와우(wow)"라는 탄성(2022.11.26, 14:35-18:30, 1층 에스컬레이터 및 골드트리 앞/2022.12.24, 14:00-18:40, 2층 출입문 앞/2023.1.14, 15:45-18:00, 1층 골드트리 앞)은 국적이나 지역혹은 젠더와 무관하게 아름답고 장엄한 스펙터클로 채워진 도서관 공간에 매료된 대중의 무의식을 보여주는 광경이라 할 수 있다. 이렇듯 스펙터클은 순수하고 연관성이 없는 시간 속의 현재로 여겨짐과 동시에 기쁨이나 놀라움, 공포 등 다양한 형태로 경험된다(Harvey, 1989/2008, 82쪽).

그중 스펙터클 속에서 해당 공간을 촬영하고 관찰하는 행위는 포스트모던 공간 안에서 물질적 풍요와 과시적 소비, 유행과 스타일을 추동하는 문화를 확산시킨다. 이 행동들은 '별마당 도서관'이라는 공간이 단순히 그 자체로서 하나의 고정된 의미를 가지는 것이 아니라, 방문객의 다양한 실천과 행위를 통해 특정한 의미와 가치가 생성 및 확장되는 것을 의미한다. 이와 같은 관점에서, 각종 미디어에서 회자되는 별마당 도서관은 당대의 트렌드를 지배하는 공적 공간으로 기능한다. 무엇보다, 다양한 언어로 발화된 이 공간을 통해, 교통과 통신의 발달로 인한 '시·공간 압축' 현상이 새로운 세대와 지역, 국적을 포괄하는 새로운 관계성의 양상을 몸소 체감할 수 있게 한다. 또한, 공적 공간에서 개인의 정체성과 스타일을 과시하는 경향과 유행은, 드보르의 진단과 상통한다. 즉, 상품의 유통과 마케팅을 위한 전시와 매개 공간으로서 그 외의 진정성 있는 인간관계를 지우고 개인과 집단, 공동체를 소외시키거나 이를 특정한 방식으로 관리하고 틀 짓는 스펙터클의 역할로 축소되거나 환원되곤 한다.

따라서 별마당 도서관은 다른 도서관처럼 지식을 생산하고 문화적 경험을 축적하는 기능과 동시에 '즐거움', '재미' '신선함' 등 디즈니랜드, 유니버셜 스튜디오, 롯데월드, 더 현대 등의 공간에서 느끼는 것과 유사한 정서를 제공한다. 예컨대, 별마당 도서관 공간은 영화 해리포터에 등장하는 도서관과 매우 흡사한 형태와 분위기를 연출함으로써 방문객은 영화 속 주인공이 되어 마치 자신이 호그와트에 있다는 환상을 가질 수 있다. 마치 이곳이 실재하지 않은 공간임을 알고 있음에도, 대중은 자신에게 제공되는 문화상품과 소비의 순환 구조를 만끽한다. 이러한 특징의 공간은 무언가를 무비판적이며 수동적으로 '향유'하고 있음을 인지하면서도(이종하, 2007,

27쪽), 현실에 대한 고통을 잊고 무언가에 관해 더 이상 적극적으로 사유하지 않는 욕망을 드러낸다.

일련의 포스트모더니즘적 요소들을 보여주는 별마당 도서관은 '책 읽는 곳'이라는 기호를 넘어, 다양한 만남과 놀이, 여가와 소비가 활발하게 일어나는 공간이라는 의미를 함축한다. 실제로, 별마당 도서관은 강남의 랜드마크로서 외지의 관광객들이 '반드시 방문해야 할 곳' 중 하나로 알려진 곳이다. 한 예로, 깃발을 든 가이드를 중심으로 모인 단체 외국인 관광객들, 큰 캐리어를 끌고 온 국내 여행객들, 그리고 가족, 연인, 친구부터 학생, 청년, 중장년층 등 모든 세대와 국적을 망라해 이 공간을 향유하고 있는 것을 볼 수 있다. 도시의 랜드마크이자 놀이 공간으로 자리매김한 별마당 도서관은 대중에게 일상의 괴로움과 피로를 잠시나마 잊을 수 있는 경험과 즐거움을 제공한다. 나아가 지역 경제와 이미지 창출에 기여하는 측면 또한 지닌다. 이는 "역시 정용진", "땅값 비싼 강남에 돈도 되지 않을 큰 규모의 시설을 만들어준 신세계에 감사하다", "정말 신세계다" 등(2023.1.14, 15:45-18:00, 1층 골드트리 앞 및 2층 출입문 앞) 이곳을 방문한 대중들 사이에서 대체로 긍정적인 언술로 재생산되고 있었다.

여기서 중요한 점은 코엑스처럼 거대 자본을 투입해 대중과 언론으로부터 일정한 반응과 공명(共鳴)을 불러일으키는 특정 기업의 철학이나 행위, 방향성이나 입지 등에 대한 논의가 아니다. 그보다 교양과 문화, 자발적인 참여와 창의성 등 시대정신으로 승화된 일련의 사회적 가치를 특정 도시 공간이 수행 및 전유함으로써 이것이 대중의 일상과 의식을 특정한 형태로 주조한다는 점이다. 일례로, 신세계란 기업은 오랜 시간 백화점 등 유통 사업으로 성장하고 거기에서 얻은 노하우를 바탕으로 거대 인프라와 '스펙터클 공간'의 조성 및 운영에 특화되어 있다. 쇼핑몰, 멀티플렉스, 리조트, 대형마트 등이 바로 도시의 거대 '스펙터클 공간'이라 할 수 있고, 이는 몰링컬처(malling culture)라는 새로운 문화현상을 낳기도 한다.

스펙터클 공간은 오늘날 참신하고 독창적인 상품과 유행에 민감한 현대사회의 구조적인 기능과 위상을 보여주는 사례이다. 특히, 사물에 부여된 일련의 기호와 이미지들은 구조적인 권력을 강화하며, 이는 사회 구성원 개인의 세밀한 일상까지 촘촘하게 관찰, 측정, 통제한다. 따라서 코엑스 공간의 기호와 이미지들 역시 소비자와 이들의 삶을 물화하는데 적극적으로 활용된다. 예를 들어, 코엑스 공간은 백화점과 유사한 특징을 지니는데, 바로 '시간의 흐름'에 대한 망각과 통제이다. 한 예로, 백화점은 공간의 특성상 창문을 설치하기 어려운 한계가 존재하지만, 이는 시계를 설치한다면 간단히 해결할 수 있는 문제이다. 그러나 백화점은 대중을 바로 그 공간에 붙잡아두고 무한한 소비의 세계로 몰입하도록 '현재성을 무한 확장하는', 바꿔 말해, 시간을 인지할 수 없게 하는, 장소성을 망실한 공간이다. 창문과 시계를 의도적으로 설치하지 않는 백화점의 전략을 코엑스의 지하공간 또한 충실하게 차용하고 있다.



한편, 최근 한국의 여러 도서관에서도 지역민에게 새롭고, 이전에 경험할 수 없던 다양한 문화콘텐츠를 제공하고 있다. 가령, 별마당 도서관에서는 어린이와 청소년에게 창작 뮤지컬을 통해 한국의 전통문화를 체험하는 기회의 장을 제공하고 있다. 이러한 뮤지컬은 어린이를 대상으로 함에도, 많은 학부모와 외국인들 또한 이 창작극을 즐겁게 관람하는 모습을 볼 수 있다. 이처럼 도서관이 새로운 콘텐츠를 통해 세대 간, 문화와 국가 간 커뮤니케이션을 활성화하는 소통의 장 등 다양한 기능을 수행하고 있는 것이 시대적 추세임에도, 도서관의 기능 중 핵심적인 것은 단연 책이다. 복층으로 이루어진 별마당 도서관의 공간 배치를 보면, 1층은 공간을 조망하면서 여유롭게 앉거나 벽에 기대어 책을 읽는 등 자유로운 자세로 책을 읽을 수 있는 선큰(Sunken) 공간으로 조성되어 있다. 그러나 이 공간을 구경하러 온 수많은 인파로 인해 선큰의 기능이 적극적으로 활용되지 못하고 있다.

실제로, 현장을 관찰하면서 책을 읽기 위해 해당 공간을 방문한 사람들 중 다수는 독서할 수 있는 공간을 찾아다니고 있었다. 2층의 경우, 빈자리를 차지하기 위한 경쟁이 진행되고 있는 장면도 쉽게 볼 수 있었다. 이 과정에서 "자리가 없어", "여기도 자리가 없네" 혹은 "여기 자리 있나요?"라는 대화와 질문이 종종 발화되었다(2022.10.16, 14:10-19:20, 1층 안내데스크 주변/2022.11.26, 14:35-18:30, 1층 쇼파 주변 및 서가 앞/2023.1.14, 15:45-18:00, 2층 서가 앞 및 탁상 주변). 한쪽에 마련된 의자들과 안내데스크 옆에 설치된 세 개의 층으로 이루어진 협소한 장소에 앉아 책을 읽는 어린이와 학부모, 휴식을 취하는 외국인과 행인들, 2층에서는 많은 사람이 책을 읽거나 과제를 하는 모습을 볼 수 있었다. 또, 과제를 하거나 독서를 하는 학생들을 비롯해 영어 도서를 읽는 청년들, 소설이나 신문을 읽고 있는 중장년층 등 다양한 세대가 '책'을 통해 지식을 축적하고 있는 모습들을 관찰할 수 있었다(2022.9.18/2022.10.16/2022.11.26/2022.12.24/2023.1.14/2023.2.5).

엄밀하게 말해, 이러한 지식 축적의 행위는 자신이 소속된 사회로부터 분리되지 않기 위해, 혹은 개인의 경쟁력을 극대화하기 위한 고단하고 힘겨운 분투와 연결된다. 즉, 스펙터클로 점철된 공간은, 생산과 소비라는 상업적 목적을 충족하는 주체들의 입장을 환영한다. 또한, 이러한 특징은 상품과 소비문화 속에서 개인 간의 소통과 관계가 소실되거나 단절되지 않길 원하는 욕망을 증폭시킨다. 따라서 이러한 목적에 복무하는 공간은 개인들에게 연관된 사회적 관행과 요소들을 내면화하게 하고, 해당 공간에서 타인과의 경쟁을 추동하는 공간이기도 하다. 다만, 다수의 대중에게는 이곳이 '책 읽기'보다는 '인증샷'을 남기거나 나들이를 위한 곳으로 활용된다. 이는 벤치마킹한 일본의 두 도서관이 추구하는 목적, 즉, 최적의 공간에서 독서할 수 있는 환경이란 도서관의 본질이 정작 이곳에서 사라지거나 주변화되었음을 의미한다. 이 같은 흐름은 도서관의 본질을 대체하는 곳에서 대중의 마음을 위무하고 정서를 터치(touch)하는 소비문화 및 이를 둘러싼 실천과 전략이 시대적 우세종으로 등장한다.

이러한 실천과 행위가 가변적·유희적인 퍼포먼스라는 점을 인지하고 있음에도 불구하고, 대다수의 사람들은 이를 성찰성 없이 추종한다. 이는 바로 추종의 대상과 유사한 방식으로 자신도 괜찮은 일상을 살아가고 있다는 안도감과 함께 이 과정에서의 위로, 성취감, 즐거움 등을 체험할 수 있기 때문이다. 그러므로 코엑스 '별마당 도서관'은 '책'을 매개로 신세계란 기업이 생성한 소비의 공간이라 할 수 있다. 특히, 코엑스의 '별마당 도서관'은 일본 도서관들의 외형만 본뜬, 복제된 공간이며, 별마당 도서관은 지하에 존재하는 광장의 성격에 더 가까운 것이었다. 이 같은 맥락은 이 도서관이 "휴식과 만남, 그리고 책을 주제로 소통하는 문화 감성공간입니다."를 주제로 각각 멈춤(Space), 비움(Healing), 채움(Book), 기쁨(Event)이라는 네 개의 키워드를 강조하는(별마당 도서관, 2023.5.30) 부분에서도 유추할 수 있다.

스펙터클은 상품이 사회생활을 총체적으로 점령하는 것으로, 상품과의 관계가 가시화되며, 사람들이 보는 세계는 상품의 세계로 인도한다(Debord, 1967/2014, 42쪽). 이러한 문맥에서 '별마당 도서관'의 사회문화적 기능과 역할은 '책을 주제로 소통하는 것'이라기보다, '소비를 주제로 소통하는 것'이라는 표현과 더욱 가까운 것처럼 보인다. 스펙터클의 공간은 일상으로부터의 피로와 우울을 일시적으로 치유할 수 있지만, 이러한 치유와 힐링은 사회나 세상을 잊게 하는 헛된 환상임을 의미한다(김진호, 2017, 696쪽). 우려스러운 점은, 문화적 다양성이라는 미명으로 포장된 스펙터클의 이면에서 소비를 조장하는 기업의 욕망이 활발하게 작동한다는 점이다. 즉, 그 욕망은 곧 대중의 사회적 모순과 문제들에 대한 냉소와 무관심, 비판적 사유의 부재와 이것이 인도하는 전체주의적 사회로의 위험성으로 존재한다.

왜냐하면, 스펙터클과 연계된 문화상품의 속성은 대중이 적극적으로 사유하는 것을 불가능하게 만드는 것을 궁극적인 목적으로 하기 때문이다(Adorno & Horkheimer, 1944/2005, 229쪽). 그러므로 감성 공간으로 SNS에 올려 과시하기에 좋은 공간으로 자리매김한 별마당 도서관이란 공간은 아도르노의 위 진단과 궤를 같이한다. 이는 언젠가 정용진 부회장이 스타필드 사업 전략을 소개하는 자리에서 "고객의 소비보다 시간을 빼앗겠다"(남희헌, 2023.1.20)라고 한 말에서 드러나듯, 대중의 시간과 소비행위, 두 지점을 무차별적으로 공략하겠다는 강조와도 일맥상통하는 지점이다.

# '별마당 도서관'의 사회문화적 함의 : 독점자본과 문화공간의 양가성

지금까지 논의한 바와 같이 이 글은 복합적 지하공간 속 몰(mall)과 공존하는 포스트모던적 구조를 형성하고 있는 '별마당 도서관'의 구조와 기능, 이에 대한 다양한 경험과 실천들을 기반으로 해당 공간의 기능과 경험의 본질을 탐구하고자 하였다. 여기서 '본질'이란 개념은 코엑스 '별마당 도서관' 구조의 표면적인 논리와 구별되는 보다 심층적인 논리를 뜻한다. 이는 곧, 코엑스가 겨냥하고 있는 분명한 무언가가 있음을 의미한다(강내희, 1993, 71쪽).

코엑스 '별마당 도서관'의 경제적, 문화적 함의로 다음과 같은 것들을 들 수 있다. 가령, 이 도서관이 건물과 상점, 식당 등의 대형화와 고급화가 뚜렷한 곳에 입지해 있다는 사실이다. 동시에, '8학군', '대치동 학원가', '고액과외', '조기 영어교육', '조기유학' 등이라 호명되는 학력에 대한 학부모들의 욕망과 이것이 전유된 곳에 존재하고 있다. 바꿔 말해, 대형화와 고급화, 그리고 학구열이 높다고 알려진 공간에 대한 사회적 인식이 이곳에도 유사하게 투영된 것이라 할 수 있다. 따라서 '별마당 도서관'과 같이 광활하고 고급스러운 도서관의 면적과 외형, 이 안에서 체험되는 다양한 지적·문화적 경험과 수십만 권의 도서 배치 등 지식과 정보, 교양과 문화의 상징적 공간이 강남에 자리하고 있다는 것은 자연스럽고 당연한 것처럼 이해된다.

실제로, 강남구와 코엑스의 연계는 신세계가 강남구청뿐 아니라, 서울시청, 문화체육관광부, 교육부, 국토교통부 등의 주요 국가 기구와 밀접한 관계를 지니고 있음을 시사한다. 물론, 기업이 다수의 국가 기구와의 공모관계를 통해 대중에게 편리하며 풍요로운 문화생활을 제공하는 것을 그 자체로 나쁜 것이라 보기는 어렵다. 이에, 공권력과의 긴밀한 연계를 통해 다채로운 스펙터클로 공간을 가득 채운 코엑스는 지역민을 포함한 대중의 활발한 활동과 삶의 질을 개선하는 요긴한 시설이다. 그러나 한편으로, 공권력과의 연관성은 대중의 일상적 활동의 증가나 삶의 질 개선 외에 또 다른 의미를 함축한다.

예컨대, 전통시장 건너편에 위치한 신세계 타임스퀘어라는 복합쇼핑몰, 신세계 계열의 백화점과 대형마트 건설 허가, 상인들이 시의회에 제출한 탄원서에 대한 모호한 행정조치(김태열, 2009.10.27), 영등포구 문화관광 사이트에 이마트 영등포점이 소개되어 있다는 점을 고려하면 이것이 단순한 문화 인프라나 복지를 넘어 더 큰 경제적, 사회문화적 의미를 획득하게 된다. 이 같은 상황은 신세계뿐 아니라 삼성, 현대, 포스코, 롯데 등 한국의 다른 독점자본 역시 크게 다르지 않다. 이를 방증하는 사례로, 2016년 국정농단을 들 수 있는데, 당시 미르와 K스포츠재단에 연루된 대부분의 기업이 한국의 재벌이었다. 이 현상은 돈을 지불한 로비의 대가로 권력 또한 해당 기업에 상응한 대가를 제공함을 의미한다.

하나의 사례로, 이명박·박근혜 정부에서는 기업하기 좋은 환경을 위해 법인세 인하, 규제 완화 등 재벌에 최적화된 놀이터를 조성하였다(박용채, 2016.11.28). 이러한 흐름에서 신세계가 인근 상인들의 반발에도 불구하고 어려움 없이 입지할 수 있게 된 것은 독점자본과 국가권력이 긴밀한 유착관계를 형성하고 있기 때문이라 할 수 있다. 그래서인지 몇 해 전 신세계 계열의 대형마트 이마트가 코엑스 '별마당 도서관'을 벤치마킹하여 조성한 이마트 키즈 라이브러리 개관 행사에 여당 국회의원을 포함하여 구청장, 구의회 의

장 등(박신영, 2018.12.19)이 참여했다는 내용이 보도되기도 했다. 이렇게 기업의 민영 시설 개관식에 정치인들이 대거 참여한 모습은 자본과 정치가 밀접하게 연계되어 있음을 드러낸다. 다만, 정치권력의 힘이나 폭력성은 날 것 그대로의 형태로 '그곳'에 드러나지 않는다. 즉, 코엑스란 거대 공간에서의 기업과 정치권력의 유착은 은밀하고 유동적인 형태로 일상에 스며들어 있다.

상술하였듯 '별마당 도서관'을 포함한 코엑스의 미시권력은 우리의 일상과 연동하며 작동한다. 강내희(1993)의 논의를 빌리자면, 코엑스로 가는 길은 강요로 인도되거나, 대중이 코엑스에 대해 갖는 경험 또한 물리적 폭력으로 만들어지지 않는다. 코엑스에서의 자유로운 활동과 무한한 즐거움, 매력과 흥미로움 등은 물리적인 폭력과는 거리가 멀다. 그럼에도, 그는 이러한 해방은 가짜 해방이라 주장한다(강내희, 1993, 73쪽). 한 예로, 지하철에서 코엑스로 들어오는 길은 물리적인 '문'이 존재하지 않아 내부와 외부의 경계를 더욱 모호하게 한다. 이러한 형태는 마치 안과 밖의 경계가 없는 듯한 인상을 준다.

동시에, 외부와 내부의 구별이 존재하지 않는다는 것은 또 다른 형태의, 혹은 보다 세련된 억압이라 할 수 있다. 예컨대, 흥미와 몰입감을 증가시키기 위해 중층적이며 복잡한 내부를 고안하고, 다양한 스펙터클 장치들을 설치 및 운영하는 노력은 대중이 공간 이용에 있어 편리함을 조성하기 위함이지만, 더 나아가 소비 욕망과 이윤을 극대화하기 위한 일련의 제어 장치이거나 통치성으로 기능한다. 달리 말해, 관리된 공간은 이 공간을 이용하는 대중의 활동과 실천뿐 아니라 생각과 느낌 역시 관리되고 있음을 의미한다.

특히, 코엑스의 지하공간에서 사진을 촬영하거나, 유명 프랜차이즈 커피를 마시며 책을 읽는 행위 등 획일화된 대중의 행태는 이를 단적으로 보여준다. 이와 같은 행동들은 후기 자본주의의 거대 인프라와 스펙터클의 구조 속에서 우리의 생각과 행위의 선택지가 그리 넓지 않음을, 혹은 교묘한 방식으로 통제됨을 보여준다. 흥미로운 점은, 코엑스를 비롯한 다양한 민간 시설들, 대표적으로 타임스퀘어, 롯데월드, 더 현대 등처럼 독점자본으로 축조된 시설은 온전히 해당 기업의 능력으로만 성취한 결과물이 아니라는 점이다. 이러한 성공 신화의 이면에는 국가 권력이 능동적·적극적으로 공모했기에 가능할 수 있었으며, 이는 기업의 이윤 극대화를 위한 교묘한 양식의 통제나 기만행위를 은폐하려는 최적의 수단으로 활용된다.

주지하다시피 최근 대기업의 인문학적 경영에 대한 철학과 담론들은 각종 미디어와 언론 보도를 통해 알려져 있다. 그중 생활의 안정과 자아의 성장이 행복의 조건이라 강조한 신세계의 기치는 '별마당 도서관'에서 유사하게 재현되고 있다. 실제로, 도서관에서는 다수의 인문학 관련 강연이 개최되거나 유사한 프로그램들이 제공되고 있었다. 즉, 명사 초청 강연을 포함해 인문학적 소양을 기르기 위한 다양한 프로그램과 타 분야에 비해 두 배 정도의 분량을 차지하고 있는 인문학 관련 도서의 배치는 오늘날 물질적 풍요 속에 그간 도외시되어온 인간과 관계의 소외를 회복하고 인문적 존재와 가치를 강조한다.

더불어 제공된 프로그램들에 대한 진지한 사유와 문화적 체험을 할 수 있도록 마련된 일련의 공간, 별도로 설치된 선반과 의자 등의 공간 구성 및 배치는 다른 도서관과는 사뭇 다른 느낌을 연출한다. 한 예로, 소리에 엄격하고 입구에 도난 방지 기계가 설치된 기존의 도서관과 달리 이들 요소를 강조하거나 구애받지 않는 '별마당 도서관'의 공간은 총체적으로 자유롭고 평등한 교육 및 문화공간이란 이미지로 대중에게 다가간다. 그러나 동시에 이러한 자유와 평등의 이면에서 대중의 생각과 행위를 지배하는 요소로서 '자기계발'이 강조된다. 이는 단순한 공간의 관리뿐 아니라 대중에게 무료로 제공되고 있는 도서 분야의 특정한 주제 선정과 통제, 관리를 통해서도 이루어지고 있다.

이를테면, 2층의 열람실에 많은 사람이 방문해 책을 읽고 있지만, 상대적으로 인문 분야, 그중 다수를 차지하는 자기계발서 서가에 많이 분포하고 있는 모습을 볼 수 있다. 이와 같은 양상은 2000년대 이후 2010년대 중반까지 크게 유행했고, 현재까지도 변형된 형태의 자기계발(서) 열풍과 유사한 특징이라 할 수 있다. 과거 대다수의 자기계발서는 주체에 대한 문제를 지적하고 이에 대한 일시적 위로나 심리적 변화를 유도할 뿐, 구조적이며 근본적 대안을 제시하거나 개인적 차원에서도 유효하고 적절한 혜안을 제시하지 못한다는 비판에 직면하였다.

스펙터클은 정동과 매개됨으로써 인간의 신체와 정서, 그리고 일상 전반에 영향을 끼친다. 구체적으로, 스펙터클이 재현하는 정동은 단순한 이미지나 정적인 형태가 아닌, 실질적인 사회적 관계로 확장된다(Debord, 1967/2014, 20쪽). 특히, 미디어가 전달하는 이미지의 범람과 사용가치를 압도하는 교환가치의 힘, 그리고 소비가 만연한 스펙터클의 사회는 경제적 총량의 증가와 발전을 목표로 할 뿐, 현대인의 삶과 정서를 황폐화하는 데 일조한다. 이러한 관점에서 일상에 유통되는 스펙터클은 이에 저항하는 개인들을 무력화하는 것을 목표로 하며, 그들 주변의 수많은 장치와 다양한 도구들을 활용해 스펙터클을 더욱 조밀하게 구축한다. 이 같은 특징은 대중에게 자유와 선택, 평등이라는 언표들을 통해 다가가기에 강력하고 효과적이다.

즉, 세계화와 탈산업화가 빠르게 진행되고 있는 현대사회의 노동자와 주체들은 프레카리아트(precarious + proletariat)로 대변되는 불안정한 노동시장과 불공정한 경쟁, 저임금, 고령화 등 한 치 앞을 내다볼 수 없는 불안한 일상을 살아가고 있다. 이러한 흐름에서 인문학 열풍 역시, 취업과 직업 경쟁력 강화, 재테크와 노후 대비를 위한 기능적이며 도구적 학문으로 대체되면서 각종 미디어를 통한 유명 인사들의 강의나 관련 도서들이 급증하기 시작하였다. 이중 초기 자기계발서가 '지금, 현재'를 강조했다면, 심리학과 역사, 철학 등 기존의 문사철과 유사한 인문학을 표방하는 도서들은 불확실한 '미래'에 대한 예측과 대비, 통찰력을 얻을 수 있음을 강조한다. 깊은 통찰력, 정확한 판단과 사고로 미래를 예측하고 대비할 수 있는 능력을 획득할 수 있다는 약속은 현재 한국 사회의 지배적 담론으로 자리매김하였다.

이러한 문맥에서 한쪽 벽면이 모두 '인문 분야'로 조성된 '별마당 도서관'의 함의는, 바로 다수의 인문(학) 관련 서적을 정독한다면 이를 통해 더 나은 삶을 위한 통찰력을 얻을 수 있음을 암시한다. 이는 초기 자기계발의 논리와 다른듯하면서도 이어져 있으며, 이와 같은 이유에서인지, '별마당 도서관'에는 부모가 선택해 준 인문 도서를 읽고, 그런 자녀들을 흐뭇하게 지켜보는 부모들의 모습을 다수 포착할 수 있다. 주지할 점은, 상술한 바와 같이 다양한 선택지 중에서 도서관 내 '인문'으로 분류되는 도서가 드러내는 일정한 경향성이다. 그러한 경향성은 사회 비판과 자기 성찰성, '목적 없는 목적성', 혹은 '쓸모없음의 쓸모'와 연결된 인문학의 중요하며 본질적 기능을 의도적으로 배제한다는 점이다. 이처럼 인문학이 문화산업으로 유연하게 편입되거나 포섭되면서 인문학의 주요 기능을 축소하거나 이것의 가치와 의미가 상실될 우려가 존재한다.

이상의 논의를 정리하면, 독점 기업과 국가 권력의 연계를 통해 형성된 거대 도시공간과 문화 인프라는 '대중을 위한' 문화콘텐츠와 공간이라는 기치를 내세워 대중을 유입한다. 대중은 그 속에서 창의적이고 즐거운 경험 및 일상으로부터의 해방감을 체험하는 동시에 해당 기업에 대한 긍정적 이미지를 효과적으로 획득한다. 이런 점에서 '별마당 도서관'은 일상의 문화적 실천을 통해 대중이 새로움과 즐거움, 지식과 교양을 두루 경험하는 '흥미롭고 창의적인' 공간으로 작용한다. 동시에 그 이면에는 이러한 공간을 향유하는 대중의 행위와 생각이 특정한 방식으로 주조되고 강화되는, 신자유주의 문화 논리가 스며들어 활발하게 작동하고 있는 스펙터클의 공간이라 할 수 있다.

# 맺는말

이 장에서는 코엑스 '별마당 도서관'을 통해, 이곳이 여느 도서관과 마찬가지로 지식을 창출하고, 문화적 경험을 축적할 수 있는 공간이면서, 동시에 '몰(mall)'에 위치한 도서관이라는 특수성을 다층적으로 살펴보았다. 구체적으로 특이하고 차별화된 민간 도서관을 대중이 어떻게 소비하고 수용하는지, 그리고 이것이 대중의 일상 및 실천과 어떻게 연계되는지 탐문하고자 하였다. 이를 위해, '별마당 도서관'을 포함하여 코엑스의 전체적인 공간 구성과 이에 함축된 텍스트적 의미를 탐구하고, 이것이 대중에게 어떤 경험과 함의로 작용하는지 분석하였다. 나아가, 특정 도시공간과 문화 인프라의 긍정적 이미지 이면의 독점자본의 양가성을 성찰적으로 논의하였다. 그리고 이것이 사회문화적으로 어떠한 효과를 생성하거나 통치 기제로 작동하는지에 관해 탐구하고자 하였다.

종합하자면, 코엑스 '별마당 도서관'은 전시, 토크쇼, 북콘서트, 연극, 창작 뮤지컬, 작가와의 만남까지 다양한 예술과 문화적 체험을 제공함으로써 지식과 정보, 교양과 문화적 다양성을 수용하고 향유하는 능력과 역량 축적의 기회를 대중에게 제공하고 있었다. 대중은 이곳에서 지식을 획득하고 문화적 경험을 축적하는 기능과 동시에 '즐거움', '재미' '창의성' 등 테마파크나 멀티플렉스, 대형 몰 등에서 느낄 수 있는 유사한 정서를 공유하고 있었다. 분석 결과, 코엑스의 지하 구조는 '재미'와 '즐거움'을 매개로 화려하고 웅장한 스펙터클의 요소를 가득 채움으로써 대중의 소비를 권면하는 공간으로 작용하였다.

즉, 계획적으로 생성된 공간 내에서의 대중의 선택은 제한적이며, 주로 소비를 목적으로 존재하는 이러한 공간은 대중을 그곳에 오래 머물게 하기 위한 다양한 스펙터클적 요소를 배치 및 활용하였다. 또한, '별마당 도서관'은 도서관이라는 인식보다 가족 나들이, 데이트, SNS에 올리기 적합한 곳, 도심 속 핫 플레이스(hot place)나 관광지 등 놀이와 만남의 공간으로 인지되고 있었다. 이렇듯 대중의 일상 속 욕망과 사회적 상상이 결합한 코엑스의 지하는 후기 자본주의적 생산양식이 효과적으로 작동하는 공간의 역할을 수행하고 있었다. 특히, 독점자본과 국가 권력의 공모를 통해 구축 및 운영되는 시설물의 통치성은 대중의 일상과 연계하여 작동하였다. 이와 같이 은밀한 억압과 통제의 기능은 가시적이거나 강압적인 형식이 아닌, 자율과 창의, 해방의 개념과 정서를 통해 이루어지고 있기에 기업의 이미지 쇄신은 물론, 소비와 체제를 정당화하기 위한 유연한 전략으로 활용되었다.

이러한 방식은 오늘날 스펙터클 사회에 대한 드보르의 우려 섞인 진단처럼 후기 자본주의를 추동하는 스펙터클의 전략 및 연관된 통치성이 개인과 일상과는 별개이거나, 공동체나 사회와 무관한 어떤 것이라 여기는 안일한 태도에 대해 경계하고 성찰할 것을 권한다. 이제 우리가 자본주의의 스펙터클 사회 속 반복되는 일상 속에서 소통과 공감, 배려와 연대를 지향하고 실천하는지, 이것을 자유와 창의, 놀이와 문화의 이름을 빌린 대체재 속에서 망각하거나 소홀하게 여기며 살아가고 있지는 않은지 진지하게 반문할 때이다. 이를 통해, 사회에 대한 '구경꾼'의 위치에서 벗어나, 예민한 시선과 비판적 사유, 그리고 자기 성찰적 태도와 실천을 통해 더 나은 계몽의 상태와 시대에로 한 발 나아갈 수 있을 것이다.

3장에서는 전주와 수원의 사례를 통해 문화산업이 어떠한 모습과 방식으로 도시 공간에 투영되고 있는지 논의하고자 한다. 그리고 도시 공간에 투영되는 그 다양한 전략들이 사회, 문화, 정치, 경제와 어떻게 결합하는지 함께 살펴보고자 한다.

## 주

1 욜로란 미래를 걱정하지 않고 이 순간을 소중히 여기는 라이프스타일을 일컫는다. 인생에서 작지만 확실한 행복을 의미하는 '소확행(小確行)'과 '욜로'는 유사한 용어로 사용되었다(Kwak, 2022.2.24).

2 러스틱 라이프(Rustic life)는 자연의 아름다움과 동시에 소박하고 느긋하며 오래된 시골의 요소들을 통해 즐거움을 추구하는 것을 뜻한다(Milstein, 2023.5.4). 이와 유사한 오프 그리드 라이프(off-grid life) 역시 도시에서 벗어나 느리지만 단순한 미니멀 라이프를 통해 행복을 찾아가는 것을 의미한다(Helfand, 2023.1.9).

3 생활 SOC란 전통적 사회간접자본의 개념에 사람 중심의 생활환경을 결합한 기초생활 인프라를 의미한다. 한편, 학술적 관점에서는 이를 접근성, 편의성, 생활 서비스 등으로 분류하여 SOC 개념을 다양화했다(김연수 · 김세용, 2019, 534쪽).

4 제임슨은 포스트모던 예술을 모더니즘적 예술이 채용한 패러디 대신 패스티시(pastiche)와 정신분열증으로 특징화한다. 즉, 포스트모던 작품들은 풍자적 충돌도 없고 정상적 현실로부터 코믹한 현실을 구분할 때 생겨나는 유머도, 웃음도 상실한 패스티시를 하나의 스타일로 보여준다. 작품의 양식으로서 패스티시는 어떠한 새로운 양식의 가능성도 부정하고 모든 새로운 것을 부정함으로써 필연적인 예술의 실패, 미학의 실패를 의미한다(강명구, 1995, 164쪽).

5 포스트모더니스트들은 그들이 강조하는 기호의 체계, 그 대표적인 것으로서 언어의 체계가 자의적이고 무한한 변조와 번식의 가능성을 지닌 것이라 주장한다. 그런데 이 창조적이고 자의적인 언어와 언어의 체계는 어쩌면 궁극적으로 기술 진보와 그것이 추동하는 기술문명, 그 발전과 부작용의 자기 은폐 작용의 하나의 결과일 수 있다. 또는 기술문명 그것이 아니라면 그것에 상동적인 관계를 가지고 있는 담화의 발전이 이룩한 무한한, 혹은 무한한 것으로 보이는 유연성, 정치화(精緻化), 전체화의 종착역이 포스트모더니즘이 발견한 언어라는 주장을 들 수 있다. 그러므로 거기에는 기술문명이 아니면 적어도 그에 부수적인 어떤 근원적 에피스테메들이 숨은 제약으로 존재하는 것일 것이며, 현란한 언어의 놀이는 스스로를 은폐하는 이 근원적 제약의 그림자(김우창, 1993, 22-23쪽)일 개연성이 크다.

6 츠타야(TSUTAYA)는 1983년 오사카 히라카타에서 설립된 일본의 최대 서점으로, 초창기에는 책과 영화, 그리고 음악을 통한 라이프스타일을 제안해온 기업이었다. 30년이 흐른 오늘날에는 음반, 도서, DVD 등을 대여해주는 것을 넘어 스타벅스, 레스토랑 등을 입주시켜 다양한 서비스를 제공하고 있다(네이버 지식백과, Accessed on Sep. 29, 2022).

7 문화연구에서 민속지학의 활용은 사회과학 연구방법론에 있어 실증주의적 경향을 지양하고, 현상과 관련한 다양한 관계와 맥락을 통해 이해할 수 있다는 이점을 가진다. 또한, 수용자에 대한 논의에 있어 인식과 접근방법의 다양화, 주제와 분석 대상에 따라 방법론을 유연하게 적용할 수 있다는 성과를 가져왔다(나미수, 2005, 71쪽). 주지할 점은 에스노그라피(ethnography)는 연구자의 위치를 예민하게 파악하고, 상황 속에서 실천하는 학문으로서 연구자의 성찰을 도모하는 방법론이다(노명우, 2008, 74쪽). 따라서 에스노그라피는 문화적으로 재현되는 현실을 깊이 있게 포착하고자 하는 일정한 관점과 개입적 태도, 혹은 실천적 지향(이기형, 2009, 8쪽)으로 이해할 수 있다. 그러므로 이 연구는 에스노그라피를 정형화된 질적 연구방법론의 틀과 도구로 활용하기보다, 이를 일련의 방법론적 접근(approach)이나 관점, 인식론적 태도(attitude)나 지향으로 간주하고 이러한 가치와 인식에 부합하는 방식으로 분석 대상을 이해하고 기술하기 위해 노력하였다. 즉, 이러한 전제들을 현존하는 유력한 공간 텍스트의 분석에 유연하고 절충적으로 결합해 유의미한 분석과 해석을 도출하고자 하였다.

8 키덜트란 Kid+Adult가 합성된 용어로, 386세대들이 〈로보트 태권V〉의 부활을 꿈꾸듯 어린 시절에 대한 향수를 갖고 동화처럼 살기를 희망하는 세대를 지칭한다(한겨레, 2005.3.20). 한편, 뉴트로란 새로움(New)과 복고(Retro)를 결합한 신조어로, 복고를 새롭게 즐기는 경향을 지칭한다(시사상식사전).

9 골드트리는 2022년 11월 25일부터 2023년 1월 15일까지 별마당 도서관에 설치되었던 조형물로, 분석의 수행을 위한 방문 기간과 겹쳐 분석과 논의에 활용하였다. 이 조형물 외에 다른 조형물들도 수시로 설치 및 철거됨을 알 수 있었다.

## 참고 문헌

강내희 (1993). 독점자본주의와 '문화공간' - 롯데월드론 in 현실문화연구 편집부. 〈문화연구 어떻게 할 것인가〉. 서울: 현실문화연구.

강내희 (1995). 〈공간, 육체, 권력 : 낯선 거리의 일상〉. 서울: 문화과학사.

강명구 (1995). 〈소비 대중문화와 포스트모더니즘〉. 서울: 민음사.

김연수 · 김세용 (2019. 4월). 〈생활 SOC 유형화를 위한 해외 선행연구 분석〉. 대한건축학회 춘계학술발표대회 논문집, 39권 1호, 534-537, 서울: 고려대학교.

김우창 (1993). 김포공항 - 포스트모더니즘의 상황에 대한 명상 in 현실문화연구 편집부. 〈문화연구 어떻게 할 것인가〉. 서울: 현실문화연구.

김정효 (2020). 보드리야르와 스포츠의 포스트모더니티. 〈한국체육철학회지〉, 28권 1호, 31-41.

김종엽 (1993). 포스트모던 어드벤쳐 in 현실문화연구 편집부. 〈문화연구 어떻게 할 것인가〉. 서울: 현실문화연구.

김지혜 · 김우창 (2022). 실천 지향 연구에서 실천을 내재한 연구로. 〈한국사회학연구 ECO〉, 26권 1호, 223-263.

김진호 (2017). 〈모차르트 호모 사피엔스〉. 서울: 갈무리.

김현식 (2008). 프레드릭 제임슨의 포스트모던론 연구. 〈사회과 교육〉, 47권 2호, 117-138.

나미수 (2005). 민속지학적 수용자 연구에 대한 비판적 성찰. 〈커뮤니케이션이론〉, 1권 2호, 68-105.

노명우 (2008). 에쓰노그래피와 문화연구방법론. 〈담론201〉, 11권 3호, 61-86.

류웅재 (2017). 위험한 불확실성의 시대, 쓰레기가 되는 삶들. 〈한국언론학보〉, 61권 3호, 257-282.

방민화 (2012). 아케이드를 통해서 본 스펙타클의 사회와 구경꾼 연구. 〈현대소설연구〉, 50호, 155-177.

윤명희 (2009). 디지털 공간의 스펙터클과 산책자. 〈담론201〉, 12권 2호, 107-135.

이기형 (2007). 홍대앞 "인디음악문화"에 대한 문화연구적인 분석. 〈언론과 사회〉, 15권 1호, 41-85.

이기형 (2009). 갈등의 시대, '민속지학적 상상력'과 (미디어) 문화연구의 함의를 되묻기. 〈커뮤니케이션이론〉, 5권 2호, 6-53.

이무용 (2005). 〈공간의 문화정치학〉. 서울 : 논형.

이응철 (2013). 소비행위의 사회문화적 의미와 상징적 가치. 〈소비문화연구〉, 16권 4호, 29-47.

이종하 (2007). 〈아도르노의 문화철학 : 아도르노와 함께, 아도르노를 넘어서〉. 서울: 철학과 현실사.

임형백 (2009). 도시공간의 모더니즘과 포스트모더니즘. 〈도시행정학보〉, 22집 3호, 41-62.

조원옥 (2011). 포스트모던 문화 연구에서 역사성 모색하기. 〈역사와 세계〉, 39집, 235-262.

채석진 (2016). 친밀한 민속지학의 윤리. 〈언론과 사회〉, 24권 3호, 47-88.

최종렬 (2003). 포스트모던 미국사회학의 문화연구. 〈한국사회학〉, 37권 1호, 201-229.

최효찬 (2007). 〈일상의 공간과 미디어 : 욕망하는 도시의 시학〉. 서울: 연세대학교 출판부.

홍준기 (2011). 르페브르의 공간 및 도시공간 이론에 대한 정신분석적 고찰. 〈현대정신분석〉, 13권, 2호, 163-182.

Adorno, T. & Horkheimer, M. (1944). *Dialektik der Aukflarung: philosophische Fragmente*. 노명우 (역) (2005). 〈계몽의 변증법〉. 파주: 살림출판사.

Baudrillard, J. (1970). *La societe de consommation: ses mythes, ses structures*. 이상률 (역) (1992). 〈소비의 사회〉. 서울: 문예출판사.

Clifford, J. & Marcus, G, E.(1986). *Writing Culture*. 이기우 (역) (2000). 〈문화를 쓴다〉. 서울: 한국문화사.

Debord, G. (1967). *The Society of the Spectacle*. 유재홍 (역) (2014). 〈스펙터클의 사회〉. 서울: 울력.

Elden, S. (2004). *Understanding Henri Lefebvre: theory and the possible*. 전국조 (역) (2018). 〈앙리 르페브르 이해하기: 이론과 가능한 것〉. 부산광역시: 경성대학교출판부.

Harvey, D. (1989). *Condition of postmodernity: an enquiry into the origins of cultu*. 구동회 · 박영민 (역) (2008). 〈포스트 모더니티의 조건〉. 파주: 한울.

Harvey, D. (2003). *Paris, capital of modernity*. 김병화 (역) (2019). 〈모더니티의 수도, 파리〉. 파주: 글항아리.

Jameson, F. (1992). *Postmodernism, Or, the Cultural Logic of Late Capitalism*. 임경규 (역) (2022). 〈포스트모더니즘, 혹은 후기자본주의 문화 논리〉. 서울: 문학과지성사.

Lefèbvre, H. (2000). *(La) production de l'espace*. 양영란 (역) (2011). 〈공간의 생산〉. 서울: 에코리브르.

**기사**

김범석 (2005.10.1). "아버지는 말하셨지~" W송 인기몰이. 〈동아일보〉. URL: https://n.news.naver.com/mnews/article/020/0000317845?sid=103

김태열 (2009.10.27). [경제]영등포 타임스퀘어, '영세상인의 적?'. 〈주간경향〉, URL: http://weekly.khan.co.kr/khnm.html?mode=view&code=114&artid=200910221401401&pt=nv

남희헌 (2023.1.20). [Who Is ?] 정용진 신세계그룹 부회장. 〈Business Post〉. URL: https://www.businesspost.co.kr/BP?command=article_view&num=304042

박신영 (2018.12.19). 전통시장에도 '어린이 별마당 도서관' 들어선다. 〈파이낸셜뉴스〉. URL : https://www.fnnews.com/news/201812190957445614

한겨레 (2005.3.20). 인류의 진화, 피터팬과 닮은꼴?. 〈한겨레〉. URL: https://entertain.naver.com/read?oid=028&aid=0000103690

한희정 (2022.3.18). 패션과 건축 - 기준의 파괴와 다원성 … 비뚤게 여민 단추·휘어지고 말려진 건물, 상식 뒤집는 새로운 가치가 세상 이끈다. 〈위클리포유〉. URL : https://www.yeongnam.com/web/view.php?key=20220318010002613

헤럴드경제 (2018.3.28). [소확행]① 2030세대, 왜 작지만 확실한 행복을 찾을까. 〈헤럴드경제〉. URL : http://news.heraldcorp.com/culture/view.php?ud=201803281816002543085_1&md=_BL

Helfand, Z. (2023.1.9). Off the Grid in the Big City. *The New Yorker*. from https://www.newyorker.com/magazine/2023/01/16/off-the-grid-in-the-big-city

Kwak, Y. S. (2022.2.24). So long YOLO, young Koreans choose 'Godsaeng'. *The Korea Times*. from https://www.koreatimes.co.kr/www/culture/2023/05/135_324471.html

Milstein, H. (2023.5.4). 50 Rustic Home Decor Ideas To Fuel Your Daydreams. *Southern Living*. from https://www.southernliving.com/rustic-home-decor-ideas-7488177

**보고서/보도자료**

국토교통부 (2018). 〈2018년도 도시재생 뉴딜사업 선정안〉. 세종특별자치시 : 국토교통부.

국토교통부 (2020). 〈2021년도 생활SOC 복합화사업 선정 및 사업추진 개선방안 연구〉. 세종특별자치시 : 국토교통부.

## 기타


네이버 지식백과 TSUTAYA. URL : https://terms.naver.com/entry.naver?docId=962765&cid=42864&categoryId=50859. Accessed on Sep. 29, 2022.

별마당 도서관. URL : https://m.starfield.co.kr/coexmall/tenant/starfieldLibrary. Accessed on May 30, 2023.

시사상식사전 뉴트로. URL : https://terms.naver.com/entry.naver?docId=5668828&cid=43667&categoryId=43667. Accessed on May 31, 2023.

현대카드 라이브러리 DIVE. URL : https://dive.hyundaicard.com/web/main.hdc. Accessed on Oct. 12, 2022.

BOSTON PUBLIC LIBRARY. from https://www.bpl.org/about-the-bpl/. Accessed on Sep. 22, 2022.

HONG KONG PUBLIC LIBRARY. from https://www.hkpl.gov.hk/en/about-us/intro/intro.html. Accessed on Sep. 29, 2022.

LOS ANGELES LIBRARY. from https://www.lapl.org/branches/central-library. Accessed on Sep. 29, 2022.

NAVER LIBRARY. from https://library.navercorp.com/main.naver. Accessed on Oct. 12, 2022.

Stockholms stadsbibliotek. from https://biblioteket.stockholm.se/en/language/english-engelska. Accessed on Sep. 29, 2022.

TAKEO CITY LIBRARY. from https://takeo.city-library.jp/guide/korean/#article-entry-729. Accessed on Sep. 29, 2022.

제3장

# 로컬 문화산업에 투영되는 지역의 정치경제학

## 역사 도시 수원과 전주의 사례를 중심으로

노영은

# 재현되는 공간 이미지와 도시의 역사 문화 자원

근래 한류가 케이컬처(K-Culture) 등으로 확산되며 관련 콘텐츠에 등장한 공간이 관광지로 부상하고 있다. 특히, 한국 문화를 몸소 체험할 수 있는 한옥마을 등의 구체적 공간이 인기를 끌고 있다. 이에 서울시는 관광 상품으로서 한옥마을을 추가적으로 설계할 계획을 내놓았다. 그런데 이미 국내에는 한옥마을을 문화산업으로 활용하여 지역 경제 활성화를 꾀하고 있는 도시들이 존재한다(유경숙, 2023.3.9). 이를테면, 전주는 한옥마을로 유명한 관광지라 할 수 있고, 비슷한 역사성을 띤 도시 수원은 한옥마을은 없지만, 화성행궁이 있는 도시로, 역사적 가치가 큰 문화유산을 보유하고 있다. 두 지역은 한국의 대표적인 역사문화 도시로 인지되고 있다(박경문 · 안태선, 2019, 116쪽). 이러한 도시 이미지는 미디어에서 특정 도시 공간이 재현될 때 더욱 선명하게 드러난다. 가령 수원의 경우, 드라마 〈대장금〉, 〈구르미 그린 달빛〉, 〈광해〉 등의 촬영지로 활용되었고, 전주 또한, 〈옷소매 붉은 끝동〉, 〈연모〉, 〈성균관 스캔들〉 등의 촬영지로 이용되면서 역사 도시로 재현되었다.

이처럼 두 도시는 지역의 역사와 전통 문화유산을 활용한 문화산업을 꾸준히 시행해 왔다. 최근 수원문화재단은 수원의 화성행궁, 수원시 공공 한옥, 수원전통문화관 등의 입지 조건을 이용하여 '수원화성 특별공연'

과 같은 역사문화 관광 프로그램을 기획하였다(정준성, 2022.5.3). 전주 또한, 전주 부채문화관, 전주전통술박물관 마당 등 한옥마을의 문화시설을 이용해 공연과 전시, 체험, 강연, 전통 놀이 등의 콘텐츠를 기획하여 방문객을 끌어들이고 있다(박윤근, 2022.10.21). 이러한 프로그램은 두 곳이 과거부터 쌓아온 역사적 자취를 이해하는 것을 바탕으로 하기에 문화산업의 실행에 있어 공간을 이해하고 재해석하는 방식으로 행해지고 있다. 특히, 이러한 문화 공간은 지역민들이 일상을 영위하는 장소이기에, 주민들의 참여를 통해 공간을 기획하고 재구성하는 형태의 문화산업이 진행되고 있다. 다만, 최근 유사한 콘텐츠와 역사성을 매개로 문화산업을 시도하는 지자체 사례들이 증가하고 있음에 따라 차별화되면서도 문화적 기반이 탄탄한 콘텐츠가 요구된다. 이를 통해 외지인이나 관광객들이 '방문하고 싶은 도시'를 만드는 한편, 그 지역에 대한 이해를 제고함으로써 지역민들에게 공간에 대한 애착과 자긍심을 극대화하고 적극적인 참여를 유도할 수 있다.

한편, 지역의 문화산업은 거시적으로는 국가적 차원, 미시적으로는 국내 도시와 지역의 경제적 차원에서 중요하게 다루어지기 때문에 복잡다기한 이해관계를 포함한다. 지역의 문화산업에는 중앙 정부와 지역 정부의 영향력, 지역 자본가들의 첨예한 이해관계가 얽혀 있다. 물론, 권력을 가진 통치 장치는 지역성을 형성 및 자각시키고, 감정적인 애향심에 소구하는 한편, 이를 매개로 자본주의의 소비와 생산의 공간으로 탈바꿈할 가능성이 있다. 그러나 상황에 따라 누가 주도적인 역할을 하며, 개발 사업이 무엇인지, 어떻게 구성되어 있는지에 따라 분열과 갈등의 형태로 이어질 수도 있고, 독점적 패권을 손쉽게 유지할 수도 있다는 문제를 내포한다(Harvey, 2005/2008, 164-165쪽). 따라서 활성화되고 있는 문화산업과 이용되는 공간의 문제를 비판적으로 읽어내는 것은 지역의 지속가능한 발전을 추구하는 한편, 문화산업의 계획 과정에서 필요한 보완점에 대해 고민할 수 있게 한다.

따라서 이 장에서는 역사문화 도시로 인식되는 수원과 전주의 사례를 중심으로 두 지역의 문화산업에 대해 탐색적으로 논의하고자 한다. 특히,

역사 문화 자원을 활용한 문화산업에 대한 논의 과정을 살펴봄으로써 문화산업이 담지하는 사회적·문화적·경제적 쟁점들을 중층적으로 조명하고자 한다. 이것은 공간이 조직되고 구성되어가는 현상을 설명하고, 축적된 도시 담론이 사람들로부터 지역을 어떻게 상상하게 만드는지를 밝힐 수 있게 한다. 나아가 문화산업을 통한 지역경제 활성화라는 기대 이면에 존재하는 문제들, 예컨대 문화산업이 실행될 때 발생하는 정치적 영향력과 지역자본의 이해관계, 그 과정에서 생성되는 지역민들의 소외와 배제 등의 문제에 대해서도 논의할 수 있게 한다. 이는 문화산업이 어떻게 변화하여 운영되고 있는지에 대한 성찰적 관점을 제공한다. 그러므로 이 장에서는 수원과 전주의 사례를 분석함으로써 문화산업 계획에 내재된 함의와 그 이면을 비판적으로 바라보고자 한다.

# 관리되는 공간의 문화산업과 문화콘텐츠

## 관리되는 공간과 도시 문화산업

도시는 과거부터 건축과 도시계획을 통해 계획되고 조정되어 왔기에, '생산되어진 것'으로 이해할 수 있다. 동시에 공간은 헤게모니를 성공적으로 형성하기 위해 집단들의 개입이 이루어지는 장이다. 즉, 공간은 자연적인 동시에 대상, 이념, 물질, 정보를 교류하는 대상이라 할 수 있다(Lefévbre, 1988/2011, 135-140쪽). 이와 관련하여 데이비드 하비(David Harvey)는 여러 시기에 걸쳐 만들어진 상이한 건축 양식들이 현대 도시에 누적된 것처럼, 각 층위에 다중적 층들이 누적된 역사적 유산이 중첩되어 '지리적 모자이크'를 형성한다고 주장한다. 지리적 모자이크는 긴 시간 동안 다양한 인간의 활동에 의해 만들어진 창조물이다. 지리적 차이는 역사적, 지리적 유산을 넘어 현재 일어나고 있는 정치적, 경제적, 사회적, 생태적 과정에 의해 재생산되거나 지속되고, 또 재편된다. 따라서 과거의 공간을 이해하는 것만큼이나 현재 공간이 어떻게 형성되고 있는지 관찰하는 것은 중요하다(Harvey, 2000/2001, 115-117쪽). 특히, 과거로부터 이어져 온 생활양식과 자본의 영향은 물론이고, 1990년대 이후 지속되고 있는 세계화와 신자유주의의 문제는 상황을 더욱 복잡하게 만들고 있다. 과거의 공간에 현대의 문제들이 더해지기 시작한 것이다.

공간 개발에 있어 신자유주의는 '성장 우선' 접근을 요구하는 한편, 자본의 재분배와 사회적 투자, 사회의 복지 체제를 비경쟁적 비용으로 간주하여 경제발전을 저해하는 요소로 취급하였다. 또한, 신자유주의는 능률성과 공정성을 바탕에 두고 시장 논리의 합리화를 통해 도시개발 정책을 정당화하려 한다. 뿐만 아니라, 공간적 특성과 지역민들의 참여에 기반하기보다 지역 엘리트가 추구하는 도시정책 위주로 법의 입안과 실행이 이루어졌다. 그러므로 도시는 신자유주의적 재구조화의 국가적, 지구적 프로젝트가 전개되는 무대가 아니라 신자유주의 자체가 재생산되고 변이되며 재구성되는 장(場)이었다. 이와 같은 맥락에서 지난 20여 년간 도시의 지배 계급은 많은 잉여 자본을 소유하게 되었고, 이러한 자본이 투자될 수 있는 대상은 도시가 되었다. 많은 도시들은 자본주의적 잉여 자본을 흡수하기 위해 대규모 건축 프로젝트를 기획했다(최병두, 2011, 265쪽). 신자유주의 프로젝트는 도시를 넘어 소도시까지 침투하기 시작하였는데, 이는 과거의 방식과 달리 문화산업의 형태를 통해 접근되고 있다.

이것은 근대에서 현대로 넘어오는 과정에 비추어 보았을 때 더욱 선명하게 드러난다. 과거의 무거운 근대가 공간을 움켜쥐고 정복하여 최대한 많은 영토를 획득함으로써 자본과 권력을 유지하고자 했다면, 현대에 그 형태는 변화되어 나타나기 시작했다. 과거에는 공간을 '비어 있는 공간', '지배할 수 있는 공간'에 '침입 금지' 팻말을 내세우고 이동 불가능한 자원을 확보하고자 했다면, 이동이 용이해진 근대에서는 그 조건이 변화한 것이다. 과거와 달리 이제는 공간을 확보하는 것보다 원하는 공간에 더 빨리 당도할 수 있는, 그리하여 행위할 수 있는 이들이 지배자들이 되었다(Bauman, 2000/2005, 186-193쪽).

이것은 기술의 발전에 따라 공간 이동이 수월해졌다는 '시공간 압축'의 개념과 일견 유사한 측면을 지닌다. 동시에 이는 이제 공간을 실실석으로 경작하는 대신, 그것을 관리하고 이용하는 무언가가 새롭게 등장했음을 암시한다. 그 무언가는 소비를 위한 화려한 공간, 혹은 관광객을 끌어들이는 문화산업의 측면을 포함한다. 통행을 제한했던 공간은 더 많은 이들을 끌어들이기 위한 장소로 변모하였고, 도시의 권력가들은 스펙터클한 도시의 전경, 혹은 다른 어떤 매혹적인 이미지를 활용해 사람들을 유입하여 도시를 소비의 공간으로 전환하고자 한다.

현대의 공간은 거기에 일상적인 의미들이 덧붙여지면서 '자연스러운' 곳으로 받아들여지고 있다. 즉, 공간의 포괄적이고도 일반화한 의미를 많은 이들이 인정하고 있다. 그러나 이처럼 자연스럽게 여기게 된 공간의 의미와 체계는 본디 부재하거나 공허한 것일 개연성이 크다. 우리가 살아가는 일상으로서의 도시는 경제학적, 지리학적, 그리고 기타 학문적 담론에 의해 정당화되고, 기술에 의해 추동되는 하나의 생산물이기 때문이다. 따라서 이제 공간을 체계적으로 관리하고, 재현하는 방법을 비판적으로 바라보는 시각이 필요하다(Lefévbre, 1967/1990, 174쪽; Harvey, 1990/1994, 252-254쪽). 이러한 공간의 담론은 미디어와 대중문화 등의 매개체를 통해 지속적으로 재편되고 생산된다. 그러므로 일상적으로 생성되는 공간의 의미와 이의 재현 과정에 대한 성찰이 필요하다. 공간의 담론은 각종 매체가 발신하는 기호, 상징 등을 통해 인간의 환상, 욕망, 기억을 강화하거나 재구성하기 때문이다.

물론 이러한 비판은 실천을 필요로 한다. 이와 관련해 르페브르는 공간에 대한 비판적 관점을 견지하는 동시에, 그 대안으로 도시 혁명, 격변과 같은 행위를 언급한다. 이러한 행위는 다양한 주체들이 공간에 개입해 목소리를 내는 것이라 할 수 있다. 그러나 '당사자들'의 개입은 쉽게 이루어지지 않는데, 르페브르는 그 원인과 이유에 대해 "어느 것도 결정적이지는 않다"고 언급한다(Lefévbre, 1988/2011, 587쪽). 이것은 그가 역동적인 대상으로서 공간에 대한 분석을 실천하였으나, 대안의 측면에서 아쉬움을 보이는 부분이라 할 수 있다. 이와 관련해 크랭(Crang)과 스리프트(Thrift)는, "선동가들은 15분간만 유명했다"고 언급하며 르페브르의 공간 비판에는 동의하지만, 그의 대안에 대해서는 비판적인 입장을 취한다(Crang&Thrift, 2000/2013, 310쪽).

여기서 제이콥스(Jacobs)의 사유는 일정한 인식론적 유용성을 준다. 이를테면 그는 도시 사회를 발전시켜 나갈 수 있는 방법 중 하나로 다양성을 제시하는데, 이는 우리가 일상에서 실천할 수 있는 대안으로 활용될 수 있다. 뿐만 아니라 공공기관과 유사 공공기관이 도시의 다양성을 구성하는 기획들을 실현해야 한다(Jacobs, 1993/2010, 325쪽)는 그의 관점은 도시 문화산업의 기획 단계부터 고려해야 할 지점을 상기시켜 준다. 실제로 이러한 경향은 최근 장려되어야 할 정책 방향으로 제시되고 있으며, 근래 도시계획에서는 다양성을 보존하기 위한 일련의 방안들이 시도되고 있다.

한국의 경우, 최근 과거의 전면 철거 개발 방식의 문제가 제기됨에 따라 역사·문화·경제·환경·주민 참여 등이 고려된 지속 가능한 도시정책을 시도하고 있다. 급진적인 개발로 인해 도시의 가치들이 훼손되는 정책 대신, 지역의 장소성과 정체성을 활용한 전략을 통해 도시를 활성화하고 브랜드화하기 위해 노력하는 것이다. 이러한 흐름 안에서 도시재생을 위한 대안으로 역사 문화 자원을 활용한 문화산업이 모색되고 있다. 서울의 삼청동길, 수원의 화성행궁과 전주 한옥마을은 그 대표적 사례라고 할 수 있다(박경문·안태선, 2019, 116쪽). 이와 같은 문맥에서, 역사 문화 자원을 활용하여 도시 정책과 문화산업을 추진하고 있는 전주와 수원의 사례를 살펴보는 것은 지역 공간이 관리되고 구성되는 유연한 방식에 대해 진지하게 반추할 기회를 제공한다. 특히, 과거 화려한 건축물을 통해 '도시화'를 추구하던 도시개발 방식과는 달리 장소성을 고려해 추진되는 일련의 문화산업 정책이 가지는 긍정적 측면을 살펴볼 수 있을 것이다. 동시에 여전히 큰 영향력을 행사하는 정치적, 경제적 압력과 지역 내 다양한 주체들의 복잡다기한 이해관계, 그것이 공간에 투영되는 방식에 대해서도 성찰해 볼 수 있을 것이다.

## 문화산업과 문화유산 콘텐츠

문화산업은 프랑크푸르트학파의 아도르노와 호르크하이머가 1944년 『계몽의 변증법』을 출간하며 처음 사용한 개념이다. 이들은 대중문화를 비판하며 문화산업이라는 단어를 사용하였다. 아도르노와 호르크하이머의 입장에서 오늘날 문화는 모든 것을 동질화시키며 대중문화를 통해 획일화된 체계를 만들어내는 것이기에 긍정적으로 볼 수 있는 것이 아니었다. 때문에, 두 학자는 대중문화를 문화산업으로 명명하였고, 그것을 대중예술과 무관한 비즈니스의 영역으로 보았다(김성은, 2015, 50쪽). 그러나 1960년대 이후 문화산업에 대한 접근은 정책적 담론으로 다루어지기 시작했다. 특히, 1990년대 문화산업을 정의한 일련의 영국 학자들의 관점은 현재까지도 이어지고 있다.




영국은 국가적·세계적 경제의 핵심 신성장 분야로 문화산업을 인식하면서 이를 "창조산업"으로 재정의하고 지속적인 투자를 실행해 왔다. 영국이 문화산업의 가능성에 집중하고 관련 정책에 대한 논의를 심화시킨 것은 미래 고용성장과 수출 수익의 핵심 원천이 될 수 있다는 이점 때문이었다(Garnham, 2005, p. 25). 따라서 영국은 문화콘텐츠산업을 국가전략산업으로 선택하여 정부와 민간 기업과의 파트너십을 맺는 형태로 육성시켜 왔다. 그 결과 영국 곳곳에는 주요 문화 산업단지들이 형성되었는데, 브리스틀에는 애니메이션, 던디에는 비디오 게임, 글래스고에는 텔레비전 제작이, 레스터에는 영화산업이 자리 잡게 되었다(한국콘텐츠진흥원, 2010b, 5쪽). 이외에도 미국, 프랑스, 캐나다 등지에서도 이와 같은 정책을 중심으로 논의가 이루어지고 있다.

특징적인 것은 출판과 음반, 영화산업 등에서 다양한 사업체들이 출현하고 고유 브랜드가 등장하고 있음에도, 시장을 지배하고 있는 자본과 유통, 배급망은 통합되고 공유되어 운영된다는 점이다. 예컨대 미국의 영화제작은 독립영화 회사와 중소 프로덕션들이 자유롭게 활동하고 있지만, 이들은 동시에 거대 자본을 소유한 배급회사들의 투자, 혹은 계약에 의탁하고 있는 형태를 보인다. 즉, 미국의 영화산업은 소수의 메이저 회사들에 의해 통제되는데 이들이 이렇게 규모의 경제를 추구하는 이유는 전 지구적인 네트워크를 확보하고 극장, 케이블 TV, 상업 TV, 가정용 비디오 시장 등에 영화를 배급하기 위함이다. 이를 위해서는 거대한 규모의 조직이 요구되기 때문에 이들은 수직적, 수평적 계열화를 이루고 있다. 실제로 미국은 Walt Disney, Viacom, AOL-Time Warner, Sony 등의 콘텐츠 복합 기업이 문화산업을 주도하고 있다(한국콘텐츠진흥원, 2010a, 4-12쪽).

프랑스의 경우, 문화를 인간의 창조적 산물로 보며 문화산업에 접근하는 형태를 띤다. 따라서 프랑스에서는 문화산업을 창작 활동을 기반으로 한 분야의 산업으로 인식하며 문화 정체성, 즉 국민적 연대감이나 소속감을 형성하는 분야로 정의한다. 영화와 공연, 박물관 및 문화유산과 멀티미디어, 출판, 신문, 미술 등의 영역으로 분류되는 프랑스 문화산업은 해당 부문마다 다양한 지원 정책이 이루어지고 있다(한국콘텐츠진흥원, 2010c, 3쪽). 여타의 국가와 비교해 보았을 때 프랑스는 문화유산과 같은 문화 자원에 집중하는 면모를 보인다. 이와 관련하여 프랑스 문화산업의 아비뇽 연극축제를 그 구체적 사례로 제시할 수 있다.

세계 최고의 연극축제인 아비뇽 연극축제는 프랑스 수도인 파리에 예술이 편중되어 있어 지방 분권화를 꾀하고자 시작된 것이었다. 이러한 기치 아래 아비뇽 축제는 연극에서 출발하였으나 그 영역을 뮤지컬, 현대음악, 무용 등으로 확대하였고, 근래에는 미술과 시(詩) 행사, 영화 및 비디오 아트 등의 장르까지 포용하는 축제로 성장하였다. 한편, 아비뇽은 교황청과 아비뇽 다리 등 세계적인 문화유산으로 잘 알려진 도시인데, 매년 7월에 열리는 연극축제를 중세 시대 교황이 거주했던 교황청 궁전 마당에서 진행함으로써 아비뇽을 '교황의 도시'를 넘어 '축제의 도시'로 자리매김하게 했다. 축제가 진행되는 3주간은 많은 관광객이 도시로 몰려드는데, 2014년부터 감독을 맡아온 올리비에 피(Olivier Py)는 관객들이 문화적 격차 없이 축제를 즐기도록 다양한 문화예술 정책을 시도하고 있다. 축제를 통한 문화민주화(démocratisation culturelle)를 실현하는 것이다. 주목할 것은 지역과의 협업이다. 아비뇽 연극 축제 기간 동안 지역의 학생들은 축제 무대에 직접 서보거나 취재 활동을 하면서 문화예술을 통한 진로 탐색의 기회를 가진다(이영석, 2016, 4쪽; 한지현, 2021.7.26). 거주민들과 함께 행사를 준비함으로써 축제를 세계적이면서 지역적인 것으로 만든 것이다.

이러한 프랑스의 문화산업 사례는 한국의 문화산업 정책에 시사점을 준다. 공간의 특성을 이해하지 못하고 건조한 도시환경을 구축하는 문화산업이나, 정착되지 못하고 주기적으로 교체되는 문화 정책 등의 행위들이 한국에서는 과거부터 현재까지 이어지고 있기 때문이다. 프랑스는 공간에 잔재되어 있는, 그리고 일상적으로 경험되는 건축물과 문화자본을 이용하여 문화산업을 꾀하고, 지역민들의 참여를 통해 문화산업을 지속시킨다는 점에서 긍정적 사례로 수용될 수 있다. 특히, 프랑스는 지역 구성원들로 하여금 축제에 능동적으로 참여하게 함으로써 '가장 지역적인 것을 가장 세계적인 것'으로 구현하는 모습을 보여주었다. 그러므로 프랑스의 사례는 한국의 문화산업 정책에 있어 하나의 유용한 모델로 살펴볼 수 있다.

한국 또한, 차세대 경제성장의 동력이자 고부가가치를 지닌 산업으로 문화산업을 인식하고 있다. 이는 공연과 지역축제를 통한 장소마케팅(place marketing)의 형태로 시도되고 있으며 지역의 문화유산과 역사적 인물을 콘텐츠로 다루고 있다. 그러나 이러한 관심과 투자에도 불구하고, 지자체의 문화콘텐츠산업 인프라와 이를 매개하는 구체적 사업들이 시너지를 내지 못하면서 실효성을 거두지 못하고 있다. 로컬은 도시화 과정에서 자본의 과잉투자와 이윤율의 하락에 따라 초과이윤을 확보하기 위해 이용하는 하나의 수단이 되었고 도시에는 기업주의 논리가 적용되게 되었다. 때문에, 지방정부는 기업을 관리 및 통제하는 시스템에서 파트너의 관계로 역할을 전환하게 되었다. 즉, 지방정부의 역할은 지역민들의 삶과 장소성에 대한 고민이 아닌, 경제특구 인프라를 구축하고, 컨벤션센터를 건립하며 화려한 쇼핑센터를 유치해 도시 이미지를 광고하는 것으로 변화하게 되었다. 동시에 지방 정부의 복지 관리 행정 기능은 효율성, 경쟁력 등을 강조하는 기업주의 논리로 대체되었다(장세룡 · 류지석, 2010, 885쪽). 이처럼 효율성, 경쟁력 등의 논의가 팽배해진 도시 담론은 로컬의 문화산업에도 적용되어 왔다.

한국의 경우, 지역의 문화콘텐츠를 개발할 때 생산 및 연구개발 기구를 일정한 공간에 집적시키는 형태의 하드웨어적 접근이 자주 이루어져 왔다. 때문에, 관광이나 문화예술 등에 대한 연계가 이루어지지 않고 분절화되어 계획이 추진되었고 문화콘텐츠가 없는 문화산업이 수행되기도 했다. 이는 지역의 정체성 및 지역민들의 삶에 대한 고려가 이루어지지 않거나 지자체의 재원과 인력 등이 부족하기 때문에 일어난 현상이라 할 수 있다. 따라서 지역사회 발전에 대한 장기적 계획을 수립하는 과정에 여전히 구조적 한계가 있음을 알 수 있다(조창희, 2006, 74쪽). 이것은 두 가지 문제로 다시 정리할 수 있다.

하나는 위에서 언급했듯 '기업주의 논리'에 의해 공간이 관리되면서 생기는 문제로, 이윤 창출을 위한 도시화 과정은 이루어지고 있으나 공간의 특성과 지역 구성원들의 삶은 소외[1]되는 것이다. 이는 문화콘텐츠가 지역민들의 삶과는 동떨어진 존재로 인식되어 그들의 지지를 얻어내지 못한다는 점에서 문화산업을 지속시킬 수 없는 요인이 된다. 다른 하나는 지자체가 독립적으로 문화산업을 기획할 수 없다는 점인데, 이것은 중앙정부에 대한 의존성을 엿볼 수 있는 부분이다. 지역의 문화산업은 필연적으로 중앙정부의 영향권 안에 있음을 나타내는 것이라 할 수 있다. 때문에, 지역 문화콘텐츠가 이전보다 더 자생적이면서 공간을 살아가는 정주민들의 것이 되기 위해서는 이 두 가지 문제를 먼저 논의해야 한다.

따라서 이 장에서는 수원과 전주의 사례를 통해 지역 문화콘텐츠가 당면한 몇 가지 과제에 대해 논의하고자 한다. 여기서 전주와 수원의 사례를 고찰하고자 한 이유는 두 도시가 공통적으로 자신의 문화원형, 혹은 문화유산을 적극적으로 활용하고 있기 때문이다. 이는 나 지자체의 관련 문화산업의 계획과 수행에 있어 하나의 선례로 제시될 수 있다. 동시에, 그 이면의 부작용이나 잠재적 문제들에 대해서도 면밀히 살핌으로써 문화산업의 실행 과정에 있어 시행착오를 줄일 수 있게 하는 자료가 될 수 있을 것이다. 또한, 이 장에서는 문화산업을 특정한 방식으로 활용하려는 자본과 권력의 개입에 대해 비판적으로 논의하고자 하는데, 이는 향후 지역의 정주민들을 위한 문화산업을 형성하는 데에 도움을 줄 수 있을 것이다.

# 문화유산과 도시 이미지 : 수원과 전주



경기도 수원은 1997년 유네스코 세계문화유산으로 등록된 문화재 화성을 중심으로 시를 대표하는 문화콘텐츠 전략을 추진하고 있다. 과거 화성은 토축으로 이루어진 읍성이었으나, 조선 정조 당시 성곽을 새롭게 축조하며 화성으로 불리게 되었다. 수원 화성은 조선 후기의 실학자 정약용의 설계지침을 토대로 돌과 벽돌을 혼용하고 거중기 등의 기계를 사용하였는데, 이 건축물이 당대 학자들의 연구와 계획에 의해 축조되었다는 점은, 화성이 건축사적 의미를 담지하고 있음을 보여준다(김흥식 외, 2010, 61-62쪽). 이러한 역사 · 문화적 자원을 보유한 수원은 화성의 역사성을 이용한 문화콘텐츠산업을 활성화하고 있다. 전주 또한, 문화유산 자원을 이용한 문화산업을 시도한다는 점에서 비슷한 맥락으로 볼 수 있다.

전주의 경우, 700여 채의 한옥이 밀집되어 있는 한옥마을이 존재하기 때문에, 전주 한옥마을을 '전통문화 구역 지구단위계획'을 수립하여 중앙정부 추진사업을 유치하는 방식으로 한옥 가의 활성화 방안을 모색하고 있다(권영상 · 조민선, 2011, 111쪽). 특히, 전주는 여러 채의 한옥과 함께 복합적인 전통문화가 집적된 공간으로 놀거리와 볼거리, 체험할 거리가 모여 있어 이러한 요소들을 연계해 개발하고 콘텐츠화할 수 있는, 교육과 엔터테인먼트가 융합된 복합체험문화 공간이라 할 수 있다. 이와 같은 요소는 재방문을 유도하고 차별화된 도시 관광을 활성화시켜 도시의 선순환을 가능케 한다. 때문에, 전주시는 지역 문화산업 클러스터화에 있어 성공적인 사례로 볼 수 있다(권영길, 2016, 38쪽). 그러므로 이 장은 수원과 전주를 중심으로 분석을 진행하고자 하였다.

두 도시에서 활성화되고 있는 콘텐츠의 유형은 지역의 문화유산과 문화원형을 현대적인 니즈(needs)에 맞게 활용한 방안이라고 할 수 있다. 이와 관련해 역사문화콘텐츠는 최근 학계나 산업계에서 자주 사용되고 있으나 이에 관한 합의된 정의는 부재하며, 다수의 연구가 「문화산업진흥기본법」에 의거하여 문화산업의 하위 개념으로 이해되고 있다. 특히, 역사문화콘텐츠는 문화산업의 자원으로 역사문화 환경이나 역사문화 자원의 관점에서 접근하곤 한다. 이러한 문맥에서 이 글에서는 문화산업과 콘텐츠의 일환으로 역사문화콘텐츠를 서술하고자 한다. 도시 재생에 있어서도 이러한 역사문화콘텐츠가 주목받고 있는데, 이는 도시정책에 있어 지역 공동체를 중심으로 상향식 전략을 이끌어낼 수 있는 장점을 지니기 때문이다. 반면, 사업계획, 시행 과정에서 장기적이거나 구체적인 전략, 실행 방안이나 방향에 대해서는 여전히 충분한 논의와 이해가 부족한 실정이다(최희경·이진민, 2020, 54쪽). 따라서 이 글에서는 공간 정책에 있어 역사문화콘텐츠가 활용되는 방식, 그리고 콘텐츠와 장소가 상호작용하는 과정에 대해 탐구하고 지역 주민들을 포용해 발전하는 방향에 대해 논의하고자 한다.

**표 1 수원[2]과 전주[3] 도시의 특성 비교**

| | 수원 | 전주 | 특성 |
|---|---|---|---|
| 도시 규모 | 특례시 | 시 | – 2022년 수원은 특례시로 승격됨 |
| 행정 구역 | 행정동 44개 동 | 행정동 35개 동 | |
| 인구 | 1,226,738<br>(1인 가구: 40.1%) | 656,999<br>(1인 가구: 27.9%) | – 두 도시 모두 생산연령인구(15–64세) 비율이 높음 |
| 문화 자원 | 역사 문화<br>("수원 농업을 개척한 실학자, 우하영". "시대를 앞서간 여인, 나혜석" 등) | 역사 문화<br>("조선왕조의 발상지", "조선왕조실록을 지켜낸 역사지킴이", "조선의 문화예술을 선도한 예향" 등) | – 수원은 인물 기반 문화콘텐츠를 통해 도시를 브랜딩화하는 콘텐츠로 제시함<br>– 전주는 조선왕조의 기원과 역사를 통해 도시의 전통과 위상을 문화콘텐츠로 제시함 |

이를 위해 이 장에서는 노무현 정부(2003-2008) 이후를 기점으로 두 도시의 문화산업 발전과정을 살피고자 하였다. 한국에서는 1995년 「문화예술진흥법」이 발족되면서 '문화산업' 개념이 정책적으로 활발하게 사용되기 시작했다. 초기 한국의 문화산업 개념은 문화를 상품으로 여기고 경제적인 가치를 창출하는 대상으로 한정해 인식하였다. 당시 기존 문화예술가와 문화시민단체들이 대항 담론을 생산하였으나, 한국의 경제위기와 문화세계화라는 특수한 상황 안에서 이러한 저항 담론이 힘을 얻기에는 어려움이 있었다. 결국 1990년대 한국에서 문화산업은 국가의 부를 창출할 수 있는 산업으로 받아들여졌다. 문화에 대한 인식이 변화된 것은 2000년대 이후였다. 2002년부터 2005년까지는 문화를 '콘텐츠'로 보는 관점이 등장하였고, 2006년 이후로는 문화를 삶의 총체적인 방식으로 이해하려는 노력이 시작되었다(김창규, 2014, 754-755쪽; 774쪽).

특히, 참여정부를 기점으로는 국가균형발전의 문화적 토대를 구축하고, 향유자 중심의 예술 활동을 지원하는 등의 정책이 시행되었다(김창규, 2014, 754-755쪽; 774쪽). 도시정책과 관련하여서도 2002년까지는 도심 재개발 사업을 제외하면 도시 활성화를 위한 제도가 부재했나. 이는 2003년에 와서 관련 법률과 제도가 정비되었고, 지역별로 도시 활성화를 위한 논의가 진행되기 시작했다(계기석·김형진, 2003, 9쪽). 이 글에서는 2003년 이후 지역 공간이 문화적 공간으로 변모하면서 실행되는 문화산업에 대해 논의하고자 하며, 이를 위해 수원과 전주의 사례를 분석 대상으로 하였다. 이와 같은 작업은 로컬의 문화자본이 문화콘텐츠로 활용되었을 때 가지는 긍정적 효과를 제고하는 한편, 지역 내 이해관계에 따라 생성될 수 있는 문제들까지 중층적으로 살피는 과정이라 할 수 있다.

공간을 구축하는 일련의 과정과 이해관계를 분석하기 위해서는 도시의 사회, 경제, 문화자본 및 자본가와 국가기구의 이해관계를 총체적으로 볼 필요성이 제기된다. '자연적' 공간으로 여겨지는 현대의 장소들은 자본과 권력을 가진 관계자들이 인위적 영향을 침투시킨 구성물이기 때문이다(Harvey, 2005/2008, 138쪽). 이와 관련해 하비(Harvey)는 도시 속 경제주체들의 역할을 주시하여 공간 안에서 이루어지는 자본순환을 이해할 수 있어야 한다고 제안한다. 토지의 소유자들은 지대를 받고, 건설업자들은 기업으로서 이윤을 남기며 국가는 자본이 수행할 수 없는 영역, 가령 자본의 유통을 위한 기반 시설에 조세를 투자하고 있기 때문이다. 그러므로 도시 속 사회적 관계들, 제도적 편제들은 재정립되거나 변화한다(Harvey, 1982/1995, 519쪽; 546쪽). 이것은 자본주의 사회에서 일어나는 일반적인 속성이나 과정 중 하나로 볼 수 있는데, 때에 따라 축적의 도구는 공간이 아닌 다른 것으로 변화할 수 있다.

자본주의 사회에서 자본가 계급과 노동자 계급은 자신이 속한 계급 안에서 그들의 상황에 따라 사회의식, 즉, 이데올로기를 형성하고 이를 통해 이익을 쟁취하려 한다(김수행, 2011, 84쪽). 이때 국가는 여러 계급이 상충하고 경합하는 계급투쟁의 공간이고, 도시는 그것이 실제로 일어나는 구체적 장소가 된다. 다시 말해, 자본주의는 도시 공간 위 경제와 문화에 침투해 전환적 국면을 만들어낸다. 이에 관해 하비(Harvey)를 비롯한 몇몇 학자들은 정치 경제와 함께 문화의 융성을 인정하며 이러한 현상들을 짜임새 있게 조직하여 자본주의를 설명하고자 시도하였다(Mosco, 1996/1998, p. 47). 이처럼 자본주의 사회 안에서 공간은 자본의 축적과 지속을 가능하게 하는 도구로 이용되고 있기에 자본의 특성과 이의 정치적 영향력을 밝히는 것은 그리 단순하지 않다. 나아가 '문화'와 '산업'이 결합하여 지역이라는 공간에 적용되는 과정은 문화가 지니는 경제적 가능성으로 인해, 지역 간 불균형이라는 논제에서 하나의 대안으로 제시되고 있으므로 문화의 산업화 현상을 무작정 비판하기도 어려운 현실에 이르렀다. 따라서 현시점에서 문화산업에 대한, 보다 전향적이고 적확한 이해와 활용이 요구된다.

이에 이 글에서는 지역에서 실행되는 문화산업을 정치적, 경제적 관점에서 접근하여 문화산업이 가지는 가능성을 논의하는 한편, 그 안에 제기되는 몇 가지 문제들, 특히, 지역 자본가와 엘리트의 이해관계에 의해 야기되는 부정적 현상들을 비판적 관점으로 살피고자 하였다. 이와 같은 문제의식과 접근방법은 문화산업과 관련된 공간의 문제들을 탐색하는 과정에서 정치, 경제, 역사적 요인을 총체적으로 보게 해주는 동시에 '상생'과 같은 공공적 문제를 상기하고 이를 실현하기 위한 실천의 영역까지 제안할 수 있게 해준다. 특히, 이 글은 수원과 전주의 사례를 분석할 때 사회적 구조, 즉 자본과 정치, 경제, 사회, 문화의 맥락 등 총체적인 요인을 중층적으로 고려하고자 하였다. 이는 두 도시의 정책보고서와 보도자료 등을 근거로 분석하고자 하였는데, 이 자료들은 단순한 텍스트를 넘어 당시 사회상을 예측할 수 있게 하는 상호텍스트적 특성[4]을 지니기 때문이다.

# 도시 문화유산과 문화산업의 정치경제학 : 문화콘텐츠가 된 도시의 역사성





한국 정부는 1990년대 이후, 정보화 시대의 도래, 교통수단의 발전, 생활 수준의 향상, 세계화 등의 사회 변화를 체감하면서 산업활동을 위한 방식으로 구성되어 있던 도시를 다른 방식으로 재편하기 시작했다. 이는 지역 문화산업을 촉진하는 형태로 이루어졌는데, 이와 같은 문화적 전회는 정부와 지자체, 지역 구성원들의 이해관계가 조응하는 지점에서 더욱 빠르게 진행되었다. 특히, 도시를 활용한 콘텐츠로 도심 내 역사문화유산, 지역의 문화적 정체성, 생산과 소비를 촉진하는 인프라 등이 제시되었다(계기석 · 김형진, 2003, 30쪽; 103쪽). 수원과 전주는 역사적으로 유서 깊은 도시라는 점에 착안하여 문화유산을 활용한 정책이 고안되었다.

그런데 이러한 지역 정책과 관련한 본격적인 제안은 2008년 이후에 등장하였다. 참여정부 집권 시기에 논의가 활성화되지 못한 것은 균형발전 정책을 전면에 내세웠음에도, 국토의 균형발전을 지향하는 국토 공간의 상태와 정책 수단에 대한 명확한 합의가 부재했기 때문이었다. 동시에 비슷한 시기에 광주광역시 국립아시아문화전당 설립과 세종시 행정 중심 복합도시 건설이 시행되면서(임형백, 2013, 321쪽; 윤연주 · 류웅재, 2014, 160쪽), 이 글에서 분석하고자 한 수원과 전주는 상대적으로 집중적이거나 효과적인 투자가 이루어지지 않았다.

이는 특정 도시를 육성함에 정부 정책, 인력 및 예산을 전폭적으로 지원하거나 투자한다는 점에서 당시 국토의 '균형발전'을 가치로 내세운 정부의 계획과는 일정한 간극이 나타나는 부분이었다. 다만 도시의 다양성을 확보하는 거시 정책적 방향성을 제시하고, 그 선례를 만들었다는 점에서 일정한 함의를 찾을 수 있었다. 비슷한 시기에 수원의 경우, 주요혁신클러스터 계획 지역에 포함되어 있었는데, 도시 발전 계획으로 민간 주도를 통한 삼성반도체 산업, 디지털 밸리 형성 등의 항목이 제시되고 있었다(송두범, 2007, 262쪽). 이는 수원의 역사성과 사회문화적 특수성 중에서도 경제적 자원인 대기업과의 연계성을 강조한 것이라 할 수 있다. 다시 말해 수원에 삼성전자 본사가 입지해 있다는 점이 정책적으로도 반영되었음을 보여주는 측면이었다. 이처럼 사회적 공간은 상호 교류되고 포개어지기에(Lefévbre, 1988/2011, 153쪽) 복잡다기한 영향력이 공간에 스며들 수 있지만, 수원의 경우에는 지역에 위치한 특정 기업이 도시에 지배적 영향을 미치고 있음을 보여준다.

이것은 당시 국가의 정책적 기조와도 연결되는 부분이다. 노무현 정부의 문화산업 정책은 집권 후반으로 가면서 문화의 산업적 가치에 주목하는 양상을 띤다. 일례로 2004년, 창의적·다원적·역동적 문화국가를 만들고자 했넌 정부의 정책 목표는 2006년에 부강한 대한민국을 만들겠다는 언술로 대체된다(이병량·황설화, 2012, 263쪽). 그런데 정책 차원에서 '산업'에 초점을 맞추는 현상은 경제적 가치 창출을 위한 성과주의적 정책 실천과 연결된다. 이러한 맥락에서 본다면, 수원에서 '문화'가 아닌 '산업'이 강조된 측면은 중앙정부의 정책 방향과 강조, 의제(agenda)가 지역적 차원에서 해석되고 실천된 결과라 할 수 있다.

전통적으로 수원은 풍부한 문화유산 콘텐츠를 지닌 도시이고 이를 활용해 스토리텔링을 시도해 왔다. 가령 1996년부터 2009년까지 수원은 공간의 역사성과 정조(正祖)라는 역사적 인물과 그와 관련된 스토리를 배경으로 다채로운 행사와 공연, 교육을 진행[5]해왔다. 또, 수원 화성행궁에서 촬영되었던 드라마 〈대장금〉이 흥행하며 수원은 문화유산의 도시로 자리매김하였고, 많은 관광객을 유입하기도 했다. 특히, 드라마 〈대장금〉은 2004년에 홍콩의 민영방송 TVB에서 방송되면서 2003년에 69만 명이었던 관광객을 2004년에는 105만 명으로 증가시키는 효과를 가져오기도 했다(이준서, 2005.10.5).

이것은 수원이 문화유산 콘텐츠를 통한 도시 홍보와 전시, 공연, 교육 등을 연계적으로 진행할 만큼 다른 도시에 비해 전통문화자원이 풍부하다는 사실을 보여준다. 동시에 수원은 서울-인천과 근거리에 위치하기에 일련의 이벤트와 지역축제를 기획해 관광객을 유치하기에 좋은 입지 조건을 가지고 있다. 그런데 수원이라는 지역에서 역사적 콘텐츠를 활용한 대표적 축제가 없다는 것(김홍식 외, 2010, 101쪽)은 독특한 문화원형, 그리고 이의 콘텐츠화 혹은 산업화가 지역적 차원에서 적극적으로 계발 및 시도되지 않고 있음을 의미한다. 당시 세계화의 조류 속에서 문화산업에 관한 국가적·지역적 관심은 고양되었으나, 이것이 구체적 로컬 공간에서 효과적으로 활용되지 못하고 있었다.

전주 또한, 수원과 유사하게 매력적인 문화유산을 보유한 지역으로, 2006년부터 2011년까지 관련 제도 및 전략적 추진체계가 설계되었다. 특히, 핵심 선도 사업으로 한스타일 진흥 사업, 무형 문화유산 전승 사업, 전통문화 도시경관 조성 사업 및 전통문화 체험·교육 사업이 선정되어 추진되었다(이순자·장은교, 2012, 47쪽). 그러나 전문가들에게 자문을 구하고 지역 인프라를 구축하기 위한 시간이 소요되면서, 자립적인 성장단계에 접어든 것은 2012년이었다. 주목할 것은 위 시기에 집권했던 이명박 정부(2008-2013)의 정책적 방향이라 할 수 있다. 당시 한국 사회는 신자유주의의 심화란 맥락에서 비정규직과 실업률의 증가, 왜곡된 부의 집중, 고용 없는 성장 등의 문제를 겪고 있었음에도, 이명박 정부는 역설적으로 세계화와 경제성장에 집중하였다(방희경, 2015, 58쪽). 동시에 과거 한류에 대한 긍정적 파급효과가 이 시기에 재확산되기 시작하였다. 이와 같은 현상은 '신한류'로 명명되며 주목받기 시작하였고(정수영, 2017, 68쪽), 이는 한류가 국가 경제에 가져올 수 있는 경제적 영향력에 대해 제고하는 계기가 되기도 했다. 한국 정부는 경제성장의 일환으로 한류와 세계화에 초점을 맞추기 시작했고 이는 지역 정책에도 반영되었다.

가령 경기도에서 발간한 도시 경쟁력 제고 연구보고서에서는 '세계화', '경쟁력'의 단어가 자주 언급되며 지역 발전은 "지방 도시의 경쟁력을 제고"하기 위하여 개발되어야 한다(이상대 외, 2008, 1쪽)고 언급된다. 이는 지역이 "…공공 공간의 경제적, 사회문화적, 환경적인 가치는 사회적 이익을 극대화할 수 있는 거점으로" 활용되기 위함이다(서수정·고은정, 2008, 1-3쪽). 이것은 공간의 상품화 및 공간의 문화정치적 측면과 연결된다. 지역 공간이 사회적 이익을 극대화하는 방향으로 발전하기 위해 개발되는 것은, 자본의 논리가 공간에 적용 및 실천되고 있음을 의미하기 때문이다. '사회적 이익을 극대화'해야 한다는 맥락은, '경쟁력 제고', '경제적 가치 창출'과 연계되고 있는 것이다.

전주의 경우 한옥마을 정비사업을 진행하고 한스타일 진흥원[6] 건립을 추진하였다(이순자·장은교, 2012, 61-62쪽). 수원 또한, 세계문화유산인 수원화성을 배경으로 공연예술축제를 기획하여 개최하였다. 특히, 수원은 문화체육관광부의 지원을 받는 화성행궁에서 정기적으로 공연이 진행되어왔다. 다만 서울의 고궁에서도 유사한 공연들이 행해져 왔기에, 수원에서는 체험위주의 프로그램이 함께 기획되거나 국제연극제와 함께 수원화성 투어 프로그램을 발전시킬 필요성이 있다는 정책 제언도 제기되었다(류웅재, 2009, 61쪽). 이는 인프라를 정비하고, 문화산업을 콘텐츠화해 지역민들의 삶과 유기적으로 연계하기 위한 움직임이 드러나는 대목이다. 이러한 공간 정책은 미디어를 통해서도 유사한 방식으로 활용함을 알 수 있는데, 구체적으로 이는 '역사 도시'라는 담론으로 차용되거나 재현되고 있었다.

이 같은 사실은 두 도시가 한국의 역사적 전통이 깊은 공간으로 재현되고 있음을 보여주며, 문화유산을 통해 도시 이미지를 더욱 강화하고 있음이 드러나는 부분이었다. 흥미로운 점은 이러한 도시의 특성이 최근에는 현대 미디어 콘텐츠의 배경으로 자주 등장한다는 점이다. 이는 주로 드라마 장르에서 등장인물들의 일상과 삶의 터전으로 등장한다. 수원의 경우 드라마 〈대장금〉, 〈해를 품은 달〉, 영화 〈왕의 남자〉 등의 촬영지로 주목을 받았으며, 근래에는 〈그해 우리는〉, 〈이상한 변호사 우영우〉 등의 촬영지로 등장하였다(강예신, 2022.7.26). 전주는 〈성균관 스캔들〉, 〈구르미 그린 달빛〉, 최근에는 〈연모〉, 〈슈룹〉 등의 작품을 제작한 촬영지로 관광객들을 유입하고 있다. 동시에 전주시는 국제 위성방송 KBS WORLD 채널을 통해 '사도락 전주 유람'이라는 다큐멘터리를 140여 개 국가에 방영하였다(권희성, 2022.12.1).

도시의 이미지가 미디어 텍스트로 재구성되는 현상은 공간을 둘러싼 담론을 분석할 수 있는 단초와 계기를 제공한다는 점에서 의미가 있다. 다시 말해, 지역 개발 전략을 통해 장소마케팅이 실현되고 있는 도시의 물리적 조건들과 그 지역을 둘러싼 담론을 살핌으로써 그곳에 투영된 내부적 관계들을 분석할 수 있다(Harvey, 2005/2008, 215쪽; 이무용, 2005, 175쪽). 이러한 관점에서 수원이 미디어에 재현되는 것은 문화유산 콘텐츠를 활용한 문화산업이 행해지고 있음을 보여주는 한편, 주거 공간으로 재현되는 수원은 재개발과 도시경관 정비를 통해 '살기 좋은' 곳으로 담론을 형성해 감을 알 수 있다. 그런데 문화산업은 상술하였듯 산업적 측면에서 접근되고 경제적 부가가치를 지닌 산업으로 인식되기에 실제 정책 방향에서 주민들의 삶과는 거리감이 있을 수 있다.

가령, 두 지역의 정책보고서에서는 '세계화' 시대의 조류 안에서 지역 문화산업을 바라보고, 전주의 경우에는 인프라 조성에 중점[7]을 두고 있었기에 정주민의 참여 및 상생에 대한 논의는 상대적으로 축소되어 있었다. 도시 속 건축물이 새롭게 지어지는 것은 도시 생활에 있어 필요한 절차이기도 하지만, 다른 한편으로 경제적 가치를 고려한 스펙터클적 전경을 형성하고 있음을 의미하기도 한다. 이는 한국의 도시는 경관의 상품화, 이미지와 스펙터클의 가치 지향적 성격을 보여 온 것에 기반한 결과이다. 다만, 이렇게 표면적으로 가시적 성장을 이룬 현재, 다시금 도시의 장소성 회복과 일상성의 창출을 논의할 필요가 제기된다. 실제로 최근 도시 문화산업과 관련된 논의에서 주거와 자연, 상업, 거리, 축제, 교통 등의 요소에 주목하고 성찰성을 강화하여야 한다는 주장이 대두되고 있는 것은 이를 방증한다(이무용, 2005, 91쪽). 문화산업을 통한 지역 발전 과정에서 문화산업이 이루어지는 지역의 일상성, 즉 문화산업이 미칠 수 있는 지역민들의 삶에 대한 것이 고려되어야 한다는 것이다.

동시에 공간 계획에 있어 경제적 효과나 도시의 경관 개선 등의 효과보다, 지역의 공동체 의식과 자부심 형성, 문화적 역량 향상 등 사회문화적 효과가 선행될 필요가 있다(이순자 · 장은교, 2012, 85쪽). 바꿔 말해, 문화산업을 통한 지역의 성장 과정에서 공간을 단순한 '사회적 생산물'로 이해함을 넘어 문화 형태, 삶의 방식을 중점에 두고 도시계획을 발전시켜야 함을 의미한다(Harvey, 2000/2001, 113쪽). 또, 이는 공간을 이루는 다양한 주체들의 문화를 이해하고, 그들의 영향력을 더욱 확대할 수 있어야 한다는 맥락으로 이해할 수 있다. 자본주의 상황 안에서 공간은 생산물이자 상품으로 기능했지만, 이에 대응하는 역동성과 계몽적 가치들이 그 안에 축적되어왔고, 이러한 행위가 활성화되었을 때 지리적 불균등을 완화할 수 있었다. 반면, 신자유주의의 확대 국면에서 도시 경쟁력 차원에서 문화산업의 경제적 효과에 집중하게 되면, 지역의 정주민이 체감하는 삶으로서 문화산업은 성공적으로 안착하기 어렵다. 그러므로 문화콘텐츠를 활용한 문화산업과 함께 그 안에 존재하는 거주민들 또한, 문화산업에 참여할 주체로 인식함의 중요성이 부상한다.

이후 박근혜 정부와 문재인 정부의 정책적 방향에는 지역민들에 대한 고려와 안배가 보다 분명하게 드러나고 있었다. 두 정부는 지역의 문화산업과 관련해 지역 공동체를 형성하고 자부심을 고양하는 한편, 문화적 역량을 향상시킬 수 있어야 한다는 정책 방향을 제안하였다. 구체적으로 박근혜 대통령의 취임사를 보면 "국민 여러분의 뜻에 부응하여 경제부흥과 국민 행복, 문화융성을 이뤄낼 것"이라고 밝히고 있다. 또한, 대통령은 취임사에서 "이제 자랑스러운 우리 국민 여러분과 함께 희망의 새 시대, '제2의 한강의 기적'을 만드는 위대한 도전에 나서고자 합니다. 국민 개개인의 행복의 크기가 국력의 크기가 되고, 그 국력을 모든 국민이 함께 향유하는 희망의 새 시대를 열겠습니다."라고 언급한다(성연철, 2022.05.10). 취임사에 나타난 '경제부흥'과 '문화융성'은 이전 정부들과 비슷한 내용이지만, '국민 행복'이라는 언표가 의도적이고 반복적으로 드러나는 차이를 보였다. 즉, 박근혜 정부가 문화산업 정책 측면에서 문화융성과 국민 행복이라는 정책적 목표를 연계해 제안한 것은 특징적이라 할 수 있었다. 실제로 당시 정부는 역사와 문화적 토대 위에서 새로운 문화를 융성함으로써 한민족과 인류 평화, 행복에 기여할 것이라 강조한다. 나아가 문화융성을 통해 인간적 가치를 복원하고 배려와 나눔, 소통, 신뢰를 기반으로 한 공동체를 발전시킨다는 언술을 활용했다(황설화, 2019, 92쪽).



이와 관련해 박근혜 대통령 당선 및 집권 시기에 한국 사회가 어떠한 상황에 놓여 있었는지를 살펴보는 것은 도움이 된다. 한국에 신자유주의가 도입되며 개인들은 최소한의 경제 단위로 기능해야 했고 개인들의 피로는 누적되어 갔다. 개인은 경제적 주체가 되기 위해 노력하면서 사회로부터 고립되거나 원자화되는 경험을 상시적으로 체감하는 한편, 공동체로부터의 이탈에 대한 불안과 지속되는 삶의 고단함을 일상적으로 경험하고 있었다. 이러한 문맥에서 2010년 이후 한국 사회에서는 위로를 표방하는 힐링 문화가 등장했으며, 수저론, 헬조선과 같은 신조어들이 양산되기도 했다. 이 기표들은 뿌리 깊은 좌절, 분노의 정서를 담고 있으며, 자신의 미래에 더 이상 희망이 없음을 표현하는 부정적이며 자조적 언어로 기능했다(김은준, 2018, 88쪽; 94쪽). 이러한 상황은 사회를 구성하는 개인들의 고통과 피로감을 보여주는 한편, 이러한 맥락에서 정치적 치유 담론이 필요했음을 예견하게 하는 부분이다. 따라서 '국민 행복'이란 언술의 반복적 활용은 정치적 차원에서 제시된 '힐링'의 다른 형태로 볼 수 있다.

이러한 사회적 분위기 속 경기도는 문화관광의 글로벌 전략 사업화 측면에서 중앙 정부 중심이 아닌 국민 개개인 중심의 문화 계획과 정책 수립으로 패러다임을 전환한다고 선언(조성호 외, 2017, 104쪽)한다. 정책 패러다임의 전환은 문화산업 정책에서 개인의 삶이 중요하게 부상했지만, 정책의 실행과 적용에 대한 지점은 구체적으로 서술되지 않고 있었다. 동시에 박근혜 정부에서는 '개인 중심'이라는 언표를 통해 개인을 '창조의 주체'로 전환하고 있었는데, 이는 지역민 삶의 질 향상보다 개인이 경제적 주체로서 지역 살리기라는 과제를 부여받는 데에 초점이 맞추어져 있었다. 도시가 공공의 과제를 해결하기 위해 개인들을 도시계획에 참여시키는 과정은 한편으로 그들이 공동체 안에서 발화할 수 있는 문제가 지역에 대한 문제로 한정된다는 것을 의미한다. 그 과정에서 '지역 발전'에 도움이 되지 않는 것은 논의의 대상이 되지 않고 이렇게 개인의 문제들은 말소되는 경향을 보인다.

즉, 사회 구성원들은 도시의 문제를 개별적으로 직면하고 대응하는 가운데, 개인들의 다기하고 구체적 문제들은 소거된다는 점에서 실질적인 문제들이 해결되지 못하는 것과 같다. 이는 도시의 문제에 참여하는 행위라는 점에서 르페브르(Lefévbre, 1988/2011, 587쪽)가 언급한 대안, 즉 '당사자들의 개입'이 이루어지는 것처럼 보일 수는 있으나, 이와 같은 행위는 사실 도시계획에 의한 통치일 뿐, 진정한 참여로 보기에는 어려움이 있다. 당시 전주의 주요 사업계획으로 전라북도 대표 축제를 육성하거나 관광 환대문화 개선, 일반 관광객 유치 등이 제시되고 있었다(문화체육관광부, 2016, 457-459쪽). 이는 지자체 문화정책에서 문화산업을 관광산업으로 축소해 접근하고 또, 이를 가시적 경제적 성과로 환원하는 경향을 띠고 있었다.

문재인 대통령은 취임사에서 "기회는 평등할 것입니다. 과정은 공정할 것입니다. 결과는 정의로울 것입니다. … 이웃의 아픔을 외면하지 않겠습니다. 소외된 국민이 없도록 노심초사하는 마음으로 항상 살피겠습니다."라고 밝힌다(성연철, 2022.05.10). 이전 정부와 달라진 것은 국민 삶의 행복에서 '공정'이라는 키워드로의 전회인데 실질적인 정책 방향 또한, 이와 연결되는 모습을 보인다. 이를테면 '사람이 있는 문화'를 비전으로 제시하고 9대 의제에는 "공정하고 다양한 문화생태계 조성", "지역문화분권 실천", "개인의 문화권리 확대" 등을 포함시킨 것을 확인할 수 있다(방호성, 2021, 13쪽). 이는 문화산업의 접근 방식에서도 드러나는데, 해당 시기 문화 정책은 문화재를 활용하면서 그 가치를 공유하고 문화재 향유 기회를 확대하는 방향으로 추진되었다.

이에 따라 전통문화 정책 또한 패러다임이 전환되었는데, 정책 범위는 대표성이 강하고 산업 및 해외 진출 가능성이 큰 전통문화에서 역사적, 예술적, 학술적 가치가 높은 문화, 오래된 생활양식, 정신문화, 생활문화 등으로 확장되었다. 이는 정서적으로 역사 문화에 대한 정주민의 관심과 애정을 이끌어내고자 한 것으로 기존의 Top-down 방식에서 벗어나 지자체가 주도하고 대중들의 역할을 강화하는 바텀업(buttom-up)식의 정책 추진을 꾀하고자 한 것이라 할 수 있었다(정보람 외, 2021, 204쪽). 다만, 해당 보고서에서 전주와 수원이 다르게 다루어지고 있는 것은 주목할 부분이었다. 구체적으로 전통문화 관련 정책 현황 등에 있어 전주는 한 사례로서 자주 등장하고 있었으나 수원의 경우에는 상대적으로 잘 언급되지 않고 있었다. 이것은 중앙정부에 대한 의존성의 차이, 그리고 관련 국가 기관이 설치되어 문화를 콘텐츠화할 수 있는가에 대한 인프라 차이, 그리고 문화콘텐츠의 성격 차이로 보였다.

구체적으로 전주의 경우 재정자립도가 낮아 문화산업 정책 실행에 있어 국가 보조금 지원을 더 필요로 하였다. 이에 중앙 정부는 전주에 많은 예산을 투자하여 박물관, 도서관을 비롯한 다수의 인프라를 설치했는데, 이는 중앙정부 차원에서 정책적으로 전주에 많은 관심을 쏟고 있음을 보여준다. 다만, 중앙 정부의 영향력이 들어간 만큼 전주의 콘텐츠는 당시 정부가 지향하는 가치-이를테면 대표성이 강한 전통문화에서 정주민의 문화양식, 예술적, 학술적 가치가 높은 문화 등으로의 변화-에 따라 지역 정책에서도 변동을 보였다. 반면, 수원은 도시 내 대기업이 위치해 있기 때문에 재정적으로 독립성을 가지고 문화산업에 투자할 수 있었다. 그 결과 거시적인 역사적 배경보다는 특정 인물로 문화콘텐츠를 만들고 이를 큰 단절 없이 발전시킬 수 있었다. 다만, 도시의 재정적 차이, 문화콘텐츠의 차이로 인해 국가 차원의 전통문화 진흥 계획에서는 따로 주목하지 않은 것으로 예측되었다. 이것은 두 도시 모두 역사 문화콘텐츠를 다룬다는 점에서 동일하지만, 도시의 특성, 콘텐츠, 그리고 당시 정부의 정책 기조에 따라 다르게 영향을 미칠 수 있음을 시사했다.

그럼에도 위와 같은 문화 정책들은 구성원들로 하여금 지역의 문화유산을 제대로 향유할 수 있는 기회를 제공한다는 점에서 사회 복지적 가치를 담아내려는 노력[8]의 일환이라 할 수 있다. 나아가 과거 문화를 '산업'으로 바라보고 문화유산 또한 상품으로 접근하던 시각이 점진적으로 콘텐츠의 질적 가치와 가능성으로 옮겨가 문화산업 정책에 대한 장기적인 계획을 수립하려 함을 알 수 있었다. 이는 중앙정부의 탑다운(top-down) 정책을 통해 정돈된 공간으로 관리되어 온 도시(Lefévbre, 1967/1990, 132쪽)가 시민들이 참여할 가능성을 열어둠으로써 바텀업(buttom-up)의 논의가 가능해지고, 당사자들이 개입하는 실험과 일탈의 공간이 될 가능성을 내포한다. 그러나 여전히 몇 가지 문제가 남아 있는데 그것은 공간 속 자본과 경제에 관한 것이다.

# 도시 공간의 문화산업과 지역경제 : 자본과 흡착된 도시의 문화산업





상술하였듯, 최근 미디어 속 수원은 살기 좋은 도시 중 하나로 재현되고 있다. 한 예로 OCN 드라마 〈경이로운 소문〉에서는 수원의 '행리단길' 카페가 관광지로 인기를 끄는 한편, KBS 드라마 〈한번 다녀왔습니다〉에서는 광교 신도시와 팔달산이 이목을 끌었다. 수원시는 외부에서 들어오는 영상 촬영 협조에 대해 적극적으로 장소를 제공함으로써 영상매체를 통해 도시를 알리기 위해 전략적으로 접근해왔다(박종대 · 천의현, 2021.1.9). 이러한 노력에 따라 수원시는 미디어 안에서 자주 재현되는 도시 중 하나로 자리잡았는데, 주지할 것은 미디어를 통해 재현되는 도시의 이면에는 그 공간의 특성이 반영되어 있다는 점이다. 수원시는 2010년부터 문화, 관광 측면을 넘어 안전, 교통 등 삶의 조건을 정책과 연결시켜 시민 생활에 질을 높이기 위해 노력해왔다(이원근 · 김동필, 2021.7.7). 그런데 지역 정부가 '살기 좋은 도시'를 만들기 위해 정책을 구축하고 실현하기 위해서는 지역의 재정 자립이 일정 수준 요구된다.

이러한 지점에 있어 수원시의 재정적 측면은 주목할 필요가 있다. 수원은 국내 대기업인 삼성전자의 본사가 소재한 지역으로, 지역 재정자립도가 높은 편이다. 하나의 예로, 수원시는 문화예술 부문의 전체 예산액 중 97%

가량을 자체 재원으로 충당하고 있는데, 이는 도시의 높은 재정자립도를 보여주는 하나의 지표(최지연 · 심지은, 2019, 31쪽)이자, 높은 자립도에 따라 도시에 맞는 정책을 지역 정부가 수행할 수 있는 가능성을 보여주는 대목이다. 다만 지역 재원에 있어 대기업 의존도가 크다는 점은 우려할 만한데, 이러한 구조는 과거부터 문제적 요소로 지적되어 왔다. 특히, 수원에 위치한 삼성전자와의 관계성은 자주 지적되는 문제인데, 삼성전자가 수원시에 매년 납부하는 2천억 원 가량의 지방세가 수원시의 가용 재산 중 상당한 비중을 차지하고 있다(김준석, 2022.10.13)는 것은, 이를 단적으로 보여준다. 이는 기업이 당해 영업 실적에 기반해 세수를 내기 때문에, 안정성을 담보할 수 없을 뿐 아니라 기업에 과도하게 의존할 경우 지역 정부의 정책 또한 자립성을 잃게 된다는 점에서 문제적이다.

실제로 수원시에 납부하는 지방세는 계속해서 감소하고 있고 지난 2022년부터 2023년 사이에는 수원시의 전체 지방 법인세가 3339억에서 2790억으로 줄어든 바 있다. 이는 삼성의 영업 실적이 줄어들면서 생기게 된 결과였는데, 앞서 언급했듯, 지방 법인세와 같은 지방 소득세는 지역의 자체 재원으로 활용되기에 해당 재원이 충족되지 않는 것은 지역에서 필요한 자체 사업을 진행하지 못하는 결과로 이어진다(강현수 · 최영재, 2024.4.24). 이것은 수원시가 진행하는 정책 전반과 문화산업 또한, 지역 내 기업의 영향력을 그대로 받고 있음을 의미하는 것이자 지자체가 가용할 수 있는 재원을 확보할 필요가 있음을 보여준다. 덧붙여 로컬에 입지한 기업은 지역 정부와 결탁하여 경제적 헤게모니를 형성하고 공간을 재구조화할 수 있기 때문에, 이에 대한 대안이 고려되어야 할 필요성이 제기된다(Carney, Hudson, & Lewis, 1991, 96쪽).

공공의 영역을 위해 봉사하는 것처럼 보이는 국가 또한, 정치(정당, 압력단체)-경제(기업, 은행, 노동조합)-사상적 지지 집단(대중매체, 교육기관, 종교단체)에 의존하여 통치하는 기구로 작동한다. 따라서 국가 엘리트와 국가기구는 정치과정에 참여하고 있는 주체들로, 중재자로 인지될 수 있지만, 그렇지 않다는 사실을 상기해야 한다(김수행, 2011, 84-85쪽). 이것은 지역 내 기업의 입지만으로 재정이 충당되는 것은, 정부가 기업과의 유착 관계로부터 자유롭지 못함을 의미한다. 특히, 정부가 기업과의 이해관계에 얽히게 되면, 정책 방향은 자본주의 논리에 따라 기업 친화적 양상을 띨 수 있고, 문화산업 정책에서도 자본에 따른 경제적 관점으로 바라보게 될 가능성을 지닌다. 그러므로 오늘날 도시의 경제적 영역은 기업들과 상생하는 형태가 중요하지만, 기업에 지역 정부의 재정을 과도하게 의탁하는 형태에 대한 경계 또한 필요한 부분이다. 현재까지 수원시는 복지, 문화, 예술, 관광 등에 상당한 예산을 배당함으로써 주민 삶의 질을 향상시키고 있으나, 이는 지속적인 관심이 필요한 부분이라 할 수 있다.[9]

문화관광 분야에서 수원은 수원화성 문화제 및 수원화성 국제연극제, 수원 예술문화축제 등을 기획하는 모습을 보이고 있었다(수원시청, 2010, 88-90쪽; 577쪽). 과거 노무현 정부는 문화 참여를 통해 개인의 창의성을 제고하고 국가균형발전을 위한 문화적 토대를 구축하기 위해 시도해 왔다. 해당 정부는 문화, 관광으로 지역균형발전을 이루고 문화산업 핵심역량을 강화하려는 정치적 목표(이병량 · 황설화, 2012, 262쪽)를 지향했는데, 이와 같은 사회적 분위기는 지방정부로부터 문화콘텐츠 개발 및 활성화를 가능하게 했다. 이것은 대기업으로부터 의존도를 줄여나갈 수 있게 하는 경제적 가치를 보이는 산업이기에 주목할 필요가 있다. 문화산업을 통한 지역의 자립과 경제 활성화에 대한 용례는 세계 많은 도시에서 발견된다. 그중 프랑스 남부의 아비뇽 페스티벌 사례는 수원과 연결되는 지점이 있다.

아비뇽 연극축제는 세계에서 손꼽히는 예술축제 중 하나로, 지역을 브랜딩하고 프랑스 수도 파리에 편중된 문화 중앙 집중화를 해소하고자 하는 한편, 지역민들과의 화합을 시도해왔다. 수원 또한, 1996년부터 지역의 역사성에 기반해 연극축제를 기획해 왔는데, 이는 지역과 수도권의 문화적 격차를 완충하고 지역의 문화 정체성을 확보하며, 관객과 공연이 조화될 수 있는 문화산업의 일환으로 제시되어 왔다(정지은, 2016, 8쪽). 프랑스의 아비

농 페스티벌과 수원의 연극축제는 역사문화콘텐츠를 기반으로 축제를 기획하여 문화의 민주화를 소구하는 동시에 거주민을 참여시키고 장소를 브랜딩하려 한다는 공통점을 지닌다. 그러나 국내의 예술축제는 스토리가 부족하거나 지역 예술축제로서 브랜드 자산을 확보하지 못함으로써 그 가능성을 충분히 실현하지 못하고 있다. 따라서 아비뇽의 축제는 지역에 축적된 역사문화 콘텐츠를 통해 도시의 세계화를 실현하였다는 점, 축제 기간 관광객을 유입하여 지역 경제를 활성화시키고 있다는 점에서 수원의 문화산업에 시사하는 바가 크다고 할 수 있었다.

수원 연극축제는 지난 2006년, 국고지원 사업 평가에서 부진한 사업으로 분류되었고, 예산지원이 삭감되면서 지역 경제 활성화에 큰 기여를 하지 못할 것으로 여겨지기도 했다. 그러나 문화산업에 있어, 과거부터 문화유산 콘텐츠를 통해 문화산업을 기획했다는 점, 2006년 이후로는 매회 방문객을 증가시키고 있을 뿐만 아니라 유관 기관과 협업하여 정체성을 형성해 나간다는 점(정지은, 2016, 8쪽)에서 수원 연극축제는 유의미한 시도이자 지속되어야 할 문화콘텐츠로 인식될 필요가 있었다. 덧붙여 초기 아비뇽 축제 또한, 적자 운영으로 재정적 어려움을 겪었으나, 예술 감독의 노력을 통해 현재의 위상을 가지게 되었다. 이것은 수원의 연극축제가 국가 및 지자체의 투자를 유치하더라도, 민간의 예술 종사자와 더욱 협력[10]하여 행사를 성장시켜야 한다는 방향성을 보여준다.

한편, 이명박 정부와 박근혜 정부에서는 신자유주의 세계화의 영향 속에서 지역을 '세계도시'로 성장시키고자 하였기에 두 정부의 지역 발전 정책의 기조는 크게 다르지 않았다. 이명박 정부에서는 광역 선도 사업, 거점대학 육성을, 박근혜 정부에서는 도시재생, 창조적 마을 만들기, 지역인재와 지방대학 육성 등에 무게를 두었다(차재권, 2016, 42-45쪽). 이명박-박근혜 정부가 이전 정부와 달라진 점이 있다면, 지역 차원의 전략산업 육성에 관한 것이었다. 두 정부는 노무현 정부가 장려하고자 했던 지역과 연계된 콘텐츠의 개발 및 육성보다는, 규모의 경제를 통한 발전, 혹은 마을 공동체의 활성화 등에 초점을 맞추었다. 그러나 이명박-박근혜 정부 시기—특히 2010년부터 2015년 사이—수원시 재정을 살펴보면, 행사 및 축제경비 지출 부문에서 2배 이상 감소한 것이 드러난다(수원시청, 2015, 41쪽; 수원시청, 2016, 42쪽).

이는 이명박 정부가 언급한 "선택과 집중"이라는 문화예술 지원 방식(황설화, 2019, 82쪽)이 떠오르는 지점이다. 수원시가 비슷한 단위의 지자체보다 행사 및 축제경비에 약 20억에서 30억을 더 투자하고 있었으나, 수원시의 재정자립도 및 예산편성을 놓고 본다면, 지속적으로 감소되는 상황임을 알 수 있다. 그럼에도 수원이 문화산업 정책을 유지할 수 있던 요인 중 하나로 주목할 것은, 지역 내 기업의 영향력이다. 기업들은 지역의 재정자립도를 높은 수준으로 끌어올릴 뿐만 아니라 봉사, 문화 활동 등을 통해 다면적으로 지역 문화산업에 참여하고 있다. 구체적으로 수원에 뿌리를 두었던 SKC와 애경은 2009년 화성 행궁과 같은 문화재를 관리하는 봉사를 수행했고 삼성은 2013년 '지역사회 경제 활성화를 위한 MOU' 체결을 진행한 바 있다. 이외에도 삼성은 2021년 코로나19로 경기가 침체되었을 때 수원지역 화폐 30억 원 가량을 구매해 지역경제에 기여하는 모습을 보이기도 했다(김경두, 2009.10.16; 이연춘, 2009.11.11; 오동희, 2013.9.9; 김기홍, 2021.1.26). 이것은 신자유주의 사회 안에서 정부가 수행할 공공영역을 '사회공헌'이라는 명목 아래 기업으로 이양하고 있음을 드러내는 부분이라 할 수 있다.

그런데 기업의 사회공헌은 기업이 사회적으로 위기에 처했을 때 기업 이미지를 제고하기 위해 활용된다. 하나의 예로 삼성의 경우 정치권력과의 유착 관계로 인해 비상식적, 비윤리적 경영을 행하거나 사회적 압력이 생길 경우, 대규모 기부나 사회공헌을 사후적으로 진행해왔다(황현이·류웅재, 2019, 190쪽; 200쪽). 이러한 논의를 바탕으로 접근하면 기업의 사회공헌에 대한 또 다른 시각이 생성된다. 가령, 애경그룹의 계열사 AK플라자와 롯데몰이 수원에 입점되면서, 소상공인 월 매출액은 3년 사이 약 29%가 감소했고, 삼성의 노동자는 여전히 기업에서 발생한 산업재해에 대한 투쟁을 이어가고 있다(연합뉴스, 2017.7.11). 상술한 사례는 기업의 어두운 이면이 '사회 환원'이라는 수사학을 통해 포장되는 한편, 노동자와 지역의 과제는 고질적인 문제로 남게 되는 과정을 보여준다.

한편, 전주는 지역 경제 측면에서 수원과 대조되는 모습을 보인다. 가장 두드러지는 것은 전주에 소재한 대기업이 없다는 사실이었다. 이러한 지점에서 전주시장은 지난 2022년 7월, “전주는 강한 경제를 꿈꾸고 있습니다. … 대기업 유치, 금융 공공기관 이전, 중소기업 육성, 전주만의 문화자산을 활용해 질 좋은 일자리를 만들어나갈 계획입니다”(강정원, 2022.7.4)라며 지역발전방안을 제시하였다. 전주는 과거부터 대기업이 부재하다는 사회적 맥락에 기반하여 일자리 확보와 지역경제 활성화를 위해 여러 대응책을 제시해왔다. 일례로 참여정부 시기에 전주는 주요 시정과제로 지식산업도시 창출, 문화교육도시 육성, 광역도시기반 조성 등을 설정하고, 지역경제를 위해 “부가가치가 큰 「생명·바이오」 산업 육성”, “「전주 영상산업수도화」 전략 구체화”, “기업유치로 일자리를 마련”, “기업 하기 좋은 환경 조성을 위한 노사정 산업평화선언” 등의 정책을 추진한다고 서술한다(전주시청, 2006, 95-96쪽).

눈에 띄는 것은, 참여정부 집권 당시에는 한방 산업 및 전통 식품 개발, 영화산업 진흥을 통한 경제 발전이 도모되었고, 기업유치 항목에는 노사관계를 위한 정책이 함께 제안되고 있었다는 점이었다. 전통산업과 영화산업이 함께 제시된 정책은 전주가 역사의 도시라는 특성을 고려하는 동시에, 세계화의 조류 안에서 한류 콘텐츠로 주목받았던 영화산업을 장려하는 것으로, 전주가 2000년부터 전주국제영화제를 계획해왔다는 사실에 기반하는 것으로 보였다. 그런데 2006년부터 2014년까지의 기간을 기록한 전주시의 시정백서에는 위 시기—1998년부터 2006년 사이—백서와는 다른 흐름으로 전개된다. 이전 정부와 달리 보고서에서 강조되는 것은 ‘기업하기 좋은 도시’ 전주에 대한 내용이다. 해당 시기에 작성된 보고서에 따르면, 산업단지 기반시설 확충, 첨단산업단지 조성, 이전기업에 대한 보조금 제도 확대, 산업구조를 첨단산업기계 중심으로 재편하는 등의 개편이 이루어지고 있었다. 도시 특성상 문화, 예술, 관광에 대한 측면도 서술되고 있었으나, 이 또한, 관련 산업의 인프라 조성과 연결되고 있었다(전주시, 2014, 146-147쪽; 277-283쪽). 이러한 현상은 전주시의 재정 문제와 관계가 있다.

전주시는 2010년부터 2013년 사이 재정자주도가 지속적으로 감소했다. 전주시의 재정자립도에 있어 자체 수입 등이 소폭 증가하였으나, 국고보조금이 증가되어 낮아진 결과를 보였고, 여전히 동종단체 평균보다 8% 정도 낮은 것이 나타났다. 이에 전주시는 문화 · 관광 영역에서 "유사한 축제를 통폐합하여 …행정의 효율성"을 높일 것이라고 언급한다(전주시, 2010, 16쪽; 전주시, 2013, 13-14쪽). 앞서 기업 중심의 투자와 인프라 확충 등으로의 정책 변화는 동종단체에 비해 자체 세입이 적고, 의존 재원 비율이 높아 재정 여건이 열악하다는 전주가 재원을 '효율적'으로 사용하기 위해 내놓은 일련의 대응책인 것이다. 따라서 위 기간 동안 전주에는 한스타일 진흥원과 3대(부채, 완판본, 소리) 문화관 건립, 전주 어진 박물관 설립, 평화 도서관 건립 등이 추진되었다. 그중 한스타일 진흥원과 문화관 설치는 예산이 상당 부분 투입된 사업[11]으로, "한스타일에 대한 …모델을 개발하여 전주시가 세계적 중심 거점으로 발전하기 위한 기반을 마련하고 지식 기반형 고부가가치 산업으로 육성"하기 위해 실행되었다(전주시, 2010). 이것은 당시 정부의 지역발전정책 기조와 연결되는 지점이다.

이명박 정부와 박근혜 정부의 지역발전정책은 신자유주의 세계화 조류 안에서 수도권-지방의 불균형 발전을 개선하는 방향보다는, 세계 속 도시 경쟁력을 제고하고 수도권-지방 관계를 국가의 경쟁력 확보라는 틀에서 접근하려는 경향이 강했다(차재권, 2016, 45쪽). 이와 관련하여 이진석(2021, 194쪽)은 이명박 정부 시기 문화산업이 경제적 부가가치 실현을 위해 행정적, 제도적 개선과 외형적 발전을 이루어냈으나, 문화산업의 내실과 시장의 선순환 구조는 만들어내지 못했다고 언급한다. 이것은 다르게 말해 지역 내 인프라 구축과 도시 경관 재편성의 과정이 촉진된 것이자 도시가 스펙터클한 장소로 바뀌었음을 의미한다. 그런데 스펙터클은 이미지들에 의해 매개된 사람들 간의 사회적 관계를 내포한다. 동시에 스펙터클의 형태로 자립화된 경제적 생산은 사회적 현실과 이데올로기를 한데 뒤섞고 이데올로기를 물질화 시킨다(Debord, 1992/2014, 15쪽; 207쪽). 이 같은 맥락에서 전주의 인프라 구성과 도시 재편은 중앙정부의 성과주의적 이데올로기가 공간 안에서 물질적인 형태, 즉 건축의 양태로 표현되어 나타나는 것이었다. '세계도시'로 경쟁력을 갖추어 국가 경제에 도움이 되어야 한다는 자본주의 논리 또한 도시 경관을 화려하고 다채롭게 꾸미는 형태로 드러난다.[12]

한편, 전주시는 유사 자치단체에 비하여 세수 기반이 취약하기 때문에, 재정 규모와 자체 수입이 평균보다 저조한데, 이러한 경향은 최근까지 이어지고 있다. 특히 전주와 비슷한 규모로 분류되는 수원과는 더욱 대조적으로 자체 수입이 낮은 편인데, 이는 재정 효율화를 통해 극복 예정이라고 언급한다(전주시, 2022a, 2쪽). 가령 문화와 관련된 영역에서는 지속적으로 한옥마을을 관광거점도시로 추진하는 동시에, 동학농민혁명, 후백제 역사문화와 같은 역사 문화적 콘텐츠를 개발(전주시, 2022b, 148-149쪽)하여 공간의 인문학적 영역을 확장하고, 관광지로서의 위치를 공고히 하려는 모습이 두드러졌다. 인상적인 것은, 전주국제영화제에 대한 언급이 따로 등장한 맥락이었다. 이전까지의 정책보고서 및 시정 백서에서는 전주국제영화제를 깊이 있게 다루지 않았으나, 최근 문재인 정부 집권 시기에는 "세계적 영화 도시 기반 마련 및 종교문화 관광 명소화"라는 제목으로 서술되고 있었다.

이는 전주국제영화제가 종교문화 관광 명소와 함께 다루어지고 있긴 했으나, 영화제를 문화콘텐츠로 보고 조명했다는 점에서 그 의미를 찾을 수 있다. 물론 여기에도 문제는 존재하는데, 가령 영화제에 투자하는 지역 정부와 자본가들의 목표가 영화제가 표방하는 방향성과 상충하고 있기 때문이다. 이와 같은 특징은 전주국제영화제의 독특한 정체성보다는 '지역 살리기'를 위한 문화산업의 일환으로 활용되면서 영화제의 특성이 약화되고 '대중성'을 지향하는 형태로 나타났다(김지후, 2019, 24쪽; 35쪽). 이러한 정치적 영향력 아래 '지역을 살리기 위한 산업'으로 영화제가 변질된다면 단기적으로 생성·소멸되는 여타 영화제들과의 차별성을 잃게 된다. 이는 곧 대중이 전주에 방문할 이유를 유실하는 것으로 이어진다. 전주국제영화제가 창의적 콘텐츠와 그 가치를 상실한 채 소비의 공간과 향락의 공간으로 전락하면, 영화제는 평범한 소비의 공간으로 대체될 개연성이 크다.

# 맺는말

자본 축적의 도구로 공간이 계획된다는 점을 이해하면, 현재의 공간은 자본의 성격 및 그와 관련된 이해관계에 의해 '만들어진' 곳이며 이러한 시각에서 '지금 이곳'의 사회 공간을 중층적으로 분석하는 시도가 필요하다. 이 글은 지역에서 활용되는 문화산업에 대해 논의함으로써 지역문화가 자본과 연결된 맥락을 밝히고 그 가능성과 한계에 대해 서술하고자 하였고, 이를 위해 수원과 전주의 문화산업을 대상으로 논의를 전개하고자 하였다. 지금까지의 논의를 정리하면 전주시는 수원시와 재정적 조건에서 다소 차이를 보이지만, 역사성을 문화산업의 콘텐츠로 활용하여 지역경제 활성화를 꾀하고 있다는 특성을 공유하고 있었다. 동시에 지역 경제의 측면에서도 규모나 조건은 상이하지만, 정치경제적 이해관계에서 자유롭지 못하다는 공통점을 지니고 있었다.

구체적으로 노무현 정부 시기에 전주와 수원은 문화산업 구축 초기 단계였기 때문에, 지역 내 인프라를 구축하거나 문화산업의 콘텐츠를 구상한다는 차원으로 정책 제안 및 실행이 이루어지고 있었다. 수원의 경우 대기업이 입지해 있다는 지역적 특성상 기업 중심의 발전 정책이 대두되기도 하였다. 역사성이 짙은 두 도시는 한류와 함께 다시금 주목받으며 이명박-박근혜 정부시기 동안 경관 정비사업 및 관광산업에 주력하는 양상을 띠었다. 이와 같은 정책 방향은 지역민들의 삶과는 괴리가 있는 한편, 도시를 하나의 관광 상품으로 보는 관점과 가깝게 여겨졌다. 박근혜-문재인 정부에서는 지역 공동체에 대해 주목하고 개인의 문화 접근성에 대한 조건이 주로 다루어졌다. 다만 박근혜 정부에서 대두되는 지역 공동체는 지역 문제를 해결할 주체로 한정되고 있었기에, 개인들의 문제가 충분하게 발화되기 어렵다는 점이 특징적이었다.

지역의 재정적 차원에서 수원의 경우, 경제적 자립도는 높았으나 이는 주로 지역 내 대기업의 세수에 기반한 것이었기에 높은 기업 의존성을 보이고 있었다. 또한, 중앙정부의 정책에 따라 투자되는 문화 영역이 변동되고 있었기에 정치적 측면에서 영향을 받고 있음을 알 수 있었다. 전주의 경우, 지역 연고 기업이 부재하여 지역 경제 활성화가 가능한 대안을 모색하고 있었다. 특히, 전주는 중앙정부 지원 사업에 대한 의존도가 크고, 수원에 비해 중앙정부 정책에 더 많은 영향을 받는 측면이 있었다.

이 장에서는 수원과 전주를 대상으로 문화산업이 적용되는 과정을 살핌으로써 지역의 경제적 여건에 따라 문화산업의 방향이 굴절되는 과정을 추적하고자 하였다. 이는 지역 불균형이라는 현대사회의 구조적 문제에 대한 대안을 제시하기 위한 논의의 과정이라 할 수 있었다. 다음 장에서는 이러한 공간을 살아가는 청년들의 다채로운 삶에 대해 주목하고자 한다. 특히 지역에서 올라온 청년들이 도시 공간을 경험한 이야기, 이를 담아낸 미디어의 재현 방식을 다각적인 시각에서 면밀히 살펴보고자 한다.

## 주

1 최근 기술의 발전과 함께 형성된 소비사회는 일상생활을 소외의 영역으로 만들었다. 그런데 일상성은 산업사회의 특징이고, 산업사회는 도시화를 야기한다. 이로써 일상성의 장소는 도시가 되고, 도시는 소외의 공간이 된다(Lefévbre, 1967/1990, 19쪽). 산업사회에서는 도시의 노동자들이 상품에 대한 통제권을 상실했다는 점에서 '소외'를 논하였지만, 현대사회의 도시화 과정에서 공간을 살아가는 주체들이 공간의 통제 능력을 상실하여 객체가 되어가는 과정을 상기한다면, 과거 산업사회에 적용되었던 소외의 논의를 확장하여 비판을 이어갈 수 있을 것이다. 이것은 지역에서 실천되고 있는 문화산업의 정책적 측면에 대한 비판으로 이어질 수 있다.

2 출처: 수원특례시 홈페이지. from https://data.suwon.go.kr:20006/studio-new/exported/3cf1d8d8e7154b13bde55b28422a847d9ead8061fd1548c9b954be2d3d153a6d (검색 일자: 2023.05.11.)

3 출처: 전주시청 홈페이지. from https://www.jeonju.go.kr/index.9is?contentUid=9be517a74f8dee91014f921faa881112 (검색 일자: 2023.05.11.)

4 상호텍스트성은 하나의 텍스트가 다른 텍스트, 혹은 그 텍스트가 생산된 사회문화적 맥락과 연결되는 성격을 의미한다(김명진, 2019, 7쪽). 이것은 텍스트에 대해 살필 때 그 텍스트의 외연을 넓혀 사회문화적 맥락의 층위를 볼 수 있게 하는 배경이 된다.

5 경기도 수원에서는 1996년 〈수원화성 국제연극제〉를 시작으로, 2004년에는 〈화성행궁 '산대희'〉와 〈장용영 수위의식〉, 〈무예24기〉를, 2009년에는 〈정조대왕 '능행차' 연시〉를 공연 콘텐츠로 발굴하였다. 또한, 2009년에 〈수원화성 정조학교〉를 만들어 전문가들이 정조 임금에 관한 사상, 정치, 과학 등의 영역을 교육하기도 하였다(김홍식 외, 2010, 85-88쪽).

6 한스타일 진흥원은 이후 2014년 한국전통문화전당으로 개관하며 전주의 한지/비빔밥 등의 전통산업을 대중화/산업화, 세계화 시키기 위해 여러 프로그램을 진행하고 있다. (출처: 전주 한국전통문화전당 홈페이지. from https://www.ktcc.or.kr/main/?menu=142 검색 일자: 2023.03.05.)

7 가령 전주는 문화체육관광부로부터 1조 6,300억 원을 지원받아 한옥마을 경관을 조성하고, 한옥문화 체험 프로그램을 활성화하는 한편, 한브랜드 허브도시로 기능할 수 있게 한옥마을을 브랜드화하는 사업을 진행하였다(심경미, 2011, 97쪽). 이는 주민들의 삶의 질이나 문화의 보존 등을 고려하기보다 로컬을 브랜드화하는 것에 치중하고 있음을 나타낸다.

8 이는 두 도시의 역사성과도 연결된다. 전주와 수원은 과거 '권력'의 공간이었으나 현재는 모든 사람에게 열린 공간으로 전유되고 있기 때문이다. 전주는 과거 후백제의 도읍지이자 조선의 초대 왕 태조 이성계의 본향이었는데, 조선이 건국된 후 전주는 왕실이 뿌리가 되는 도시로 기능했다. 조선시대 태조를 배출한 전주는 전라도를 총괄했던 지역으로 승격되어 조선의 3대 도시로 기능하는 한편, 〈조선왕조실록〉을 보관하고 지켜냄으로써 유서 깊은 도시로 자리매김했다. 수원은 조선 제22대 왕 정조가 아버지 사도세자의 무덤을 옮기며 수원화성을 축조한 공간이었고, 당쟁을 중재하기 위해 건설한 신도시였다. 수원은 당대 최고의 지식인과 과학기술이 동원되어 만들어진 도시로, 군사, 정치, 행정의 목적을 충족시킬 수 있게 설계되었다. 이는 수원과 전주가 왕실에 의해 관리되는 공간으로, 왕실의 필요에 따라 계획하고 사용해왔음을 드러낸다. 그런데 이렇게 권력의 공간이었던 두 도시가 개방되며 일반인에게 전유되고 있다는 점은 큰 의미를 가진다. 과거 민주화운동을 겪었던 광주가 민주화의 도시로 탈바꿈하였듯, 수원과 전주 또한, 권력의 공간을 전유하고 있다는 점에서 현대사회의 해방 공간, 주체들의 도시로 인지될 수 있기 때문이다. 특히 수원은 한국 최초의 여성 서양화가 나혜석의 본향이라는 점을 활용하여 나혜석 거리를 조성하기도 하였는데, 나혜석이라는 인물은 한국 식민지 시기의 신여성이자, 당시 시대상과 모순되는 행보를 보인 진보적 인물이라는 점에서 그 공간은 더욱 진보적이고 해방의 공간으로 이해될 수 있다. 아직 수원의 나혜석 거리가 활성화되지 못하고 있다는 점(공지원·김신원, 2022, 32쪽)은 아쉬운 부분이지만, 그럼에도 전주와 수원이라는 두 도시의 가능성은 자본주의 사회 안에서 객체로 살아가는 개인들이 해방을 경험하는 공간으로 인지될 수 있고, 그 안에서 주체가 되어간다는 점에서 계몽의 도시로 기능할 수 있는 잠재력을 내포하고 있다.

9 이와 관련하여 지난 2006년부터 제기되어 온 삼성의 백혈병 산업재해 문제는 기업이 지역민, 그중에서도 노동자에게는 '좋은' 기업인지 물음을 던지게 한 사례라 할 수 있다. 주목할 것은, 노동자가 연대한 대상이었는데, 피해자는 '시민단체'와 연대하여 기업과 공방을 이어왔다. 이 사실은 사회적으로 노동자를 보호해 줄 보호망이 부재했음을 나타낸다. 동시에 보수언론이 시민단체가 요구한 반도체 공정 관련 자료 공개를 '기업 때리기' 혹은 '삼성 길들이기'라는 언어로 묘사한 것은, 노동자들의 피해에 대한 사실에서 눈을 돌리게 한다(남연희, 2019.2.20; 방희경, 2021, 129쪽). 지난 2021년에도 언론은 삼성이 의료 사업에 1조를 기부한 것에 대해 '통 큰 사회 환원'이라는 수식어를 붙여주었다.

그러나 삼성전기 조치원 공장에서 백혈병을 얻은 피해자는 연락을 받지 못했다(이종란, 2021.5.15). 삼성의 기부 행위는 국가 차원에서 도움이 되는 행위이자 소외계층의 삶을 돌볼 수 있는 재정적 자원이 되었다는 것은 분명하다. 다만, 자본가라 할 수 있는 기업과 언론이 이데올로기를 생성할 때, 상품을 생산하는 근로자를 배제하고, 노동 행위와 관련한 재해들을 은폐한다는 점 또한 명백하기에, 지역과 기업의 연계성에 대해 비판적 관점이 요구된다. 이것은 지역민 삶을 생각하는 지역 정부의 정책 방향과도 모순적인 지점이다.

10 이는 지역 내 창조 노동자들과의 협업도 제안될 수 있는데, 주지할 것은 노동자들의 소진에 대한 문제라 할 수 있다. 이와 관련하여 프랫(Pratt)은 장기적으로 그들의 안정된 생활을 보장하고 선행 자료들을 면밀하게 검토하여 지역에 맞게 활용할 수 있는 방안이 요구된다고 주장한다(pratt, 2013, pp. 93-94).

11 한스타일진흥원 건립(2008-2012)에는 총 150억 원(국150, 도비75, 시비75)이 투자되었고 문화관 건립(2007-2010)에는 총 41억 원(국24, 도15, 시2)의 이 투자되었다(전주시, 2010).

12 물론 다양한 문화관과 박물관, 도서관은 정주민에게 교육의 기회와 지역을 이해하는 계기로 이어질 수 있다는 점에서 함의를 찾을 수 있다. 다만 '무엇을', '어떻게' 채울지보다 겉으로 드러나는 인프라 조성에 집중하는 것은 장소와 지역, 사람에 대한 진지한 고려가 부재한 것이라 할 수 있다.

### 참고 문헌


강예신 (2022.7.26). "우영우 김밥집이 여기였어?" 요즘 인기 폭발 중인 수원 핫스폿. 〈매일경제〉. URL: https://www.mk.co.kr/news/culture/10400823

강정원 (2022. 7. 4). [단체장에게 듣는다] 우범기 전주시장 "전주 바꿀 마지막 기회, 속도 내겠다". 〈전북일보〉. URL: https://www.jjan.kr/article/20220704580270

강현수 · 최영재 (2024.4.24). 삼성전자 · SK하이닉스 법인세 0원… 경기도 내 지자체 재정 어쩌나. 〈중부일보〉. URL: https://www.joongboo.com/news/articleView.html?idxno=363649300

계기석 · 김형진 (2003). 〈지방 대도시 도심의 기능활성화와 쾌적성 제고 방안〉. 경기도: 국토연구원.

공지원 · 김신원 (2022). 인물을 주제로 조성한 문화의 거리 공간 특성 분석. 〈한국디자인문화학회지〉, 28권 3호, 21-36.

권영길 (2016). 지역 문화산업 클러스터 활성화를 위한 지속가능성의 모색. 〈한국엔터테인먼트산업학회논문지〉, 10권 4호, 25-40.

권영상 · 조미선 (2011). 〈한옥마을 지원정책을 통한 역사문화가로경관 조성방안〉. 경기도: 건축도시공간연구소.

권희성 (2022.12.1). 관광거점도시 전주의 매력, 140여 개 국가에 송출. 〈프레시안〉. URL: https://www.pressian.com/pages/articles/2022120107522699370?utm_source=naver&utm_medium=search

김경두 (2009.10.16). SKC 화성행궁 창호지 교체. 〈서울신문〉. URL: https://www.seoul.co.kr/news/newsView.php?id=20091016010014

김기홍 (2021.1.26). 삼성전자, 30억 규모 수원지역화폐 구매 … "소상공인 매출 회복 마중물". 〈KBS〉. URL: https://news.kbs.co.kr/news/pc/view/view.do?ncd=5103403&ref=A

김명진 (2019). 텔레비전 리얼리티 프로그램의 상호텍스트성과 상호주관적 실재의 구성 : 〈효리네 민박〉을 중심으로. 〈한국방송학보〉, 33권 3호, 5-44.

김성은 (2015). 문화산업론과 문화산업 연구의 계보학. 〈문화산업연구〉, 15권 4호, 49-65.

김수행 (2011). 〈알기 쉬운 정치경제학〉. 서울: 서울대학교 출판문화원.

김은준 (2018). 포스트 힐링시대 한국 사회 성찰적 자기계발 담론의 가능성 모색: 2013~2017년 언론분야 학술지 담론을 중심으로. 〈미디어, 젠더&문화〉, 33권 2호, 87-134.

김지후 (2019). 개최목적으로 본 한국 국제영화제 정체성 분석-부산, 부천, 전주국제영화제를 중심으로. 〈영상문화콘텐츠연구〉, 17권, 7-39.

김창규 (2014). 문화법정책의 이론과 실제. 〈법과 정책연구〉, 14권 3호, 749-794.

김흥식 · 류웅재 · 김진형 (2010). 〈경기도 문화유산의 스토리텔링화 방안에 관한 연구〉. 경기도: 경기개발연구원.

남연희 (2019.2.20). '백혈병' 숨진 삼성 연구원…산재조사 왜 늦어졌나. 〈메디컬투데이〉. URL: http://www.mdtoday.co.kr/mdtoday/index.html?no=346952

류웅재 (2009). 〈경기도 문화콘텐츠산업 활성화 방안에 관한 연구〉. 경기도: 경기개발연구원.

류웅재 · 강승묵 · 이영주 (2011). 〈작은 문화콘텐츠 만들기: 문화, 지역, 삶을 매개하는 작은 문화콘텐츠 이야기〉. 파주: 도서출판 한울.

문화체육관광부 (2016). 〈2015년 기준 관광동향에 관한 연차보고서〉. 세종: 문화체육관광부.

박경문 · 안태선 (2019). 역사문화가로의 활성화 요인별 특성 비교분석. 〈한국도시설계학회지 도시설계〉, 20권 2호, 115-134.

박윤근 (2022.10.21). 전주한옥마을 문화시설서 특화축제 개최. 〈아시아 투데이〉. URL: https://www.asiatoday.co.kr/view.php?key=20221021010010535

박종대 · 천의현 (2021.1.9). 요즘 드라마에 수원이 자주 등장하는 까닭은?. 〈뉴시스〉. URL: https://newsis.com/view/?id=NISX20210109_0001299459&cID=10803&pID=14000

방호성 (2021). 〈문화유산 활용활성화를 위한 부처협업방안 연구〉. 대전: 문화재청.

방희경 (2021).'삼성의 위기'는 '대한민국의 위기' 지난 10여 년간 삼성 사태에 관한 보수언론의 사설 분석. 〈언론과 사회〉, 29권 1호, 100-151.

서수정 · 고은정 (2008). 〈공공공간을 매개로 한 원도심 활성화 방안〉. 경기도: 건축도시공간연구소.

송두범 (2007, 2월). 〈참여정부 국가균형발전정책의 성과와 과제〉. 서울행정학회 학술대회 참여정부의 분권과 균형발전정책 세션, 253-273.

수원시 (2010). 〈2010 수원시정백서〉. 서울: ㈜ 이미지네이션.

수원시 (2016). 〈2016 수원시 재정공시〉. 수원시.

수원시 (2017). 〈2017 수원시 재정공시〉. 수원시.

심경미 (2011). 〈한옥 정책 · 산업 동향 보고서〉. 경기도: 건축도시공간연구소.

연합뉴스 (2017.7.11). 소상공인 66% "복합쇼핑몰 진출 후 매출 · 고객 줄었다". 〈연합뉴스〉. URL: https://www.yna.co.kr/view/AKR20170711068800030?input=1195m

오동희 (2013.9.9). 삼성전자, 수원시와 손잡고 지역경제 살리기 나섰다. 〈머니투데이〉. URL: https://news.mt.co.kr/mtview.php?no=2013090910264355713&outlink=1&ref=https%3A%2F2F%search.naver.com

유경숙 (2023.3.9). [문화마당] 전국의 한옥마을은 안녕하십니까/유경숙 세계축제연구소장. 〈서울신문〉. URL: https://www.seoul.co.kr/news/newsView.php?id=20230309026003&wlog_tag3=naver

윤연주 · 류웅재 (2014). 지역 문화콘텐츠산업의 정치경제학 - 광주 아시아문화중심도시 조성사업을 중심으로 -. 〈우리춤과 과학기술〉, 10권 4호, 157-198.

이무용 (2005). 〈공간의 문화정치학〉. 서울: 논형.

이병량 · 황설화 (2012). 정책 이념과 정책의 변화. 〈한국정책연구〉, 12권 3호, 255-270.

이순자 · 장은교 (2012). 〈지역거점 문화도시 조성사업의 추진실태 및 향후 과제〉. 경기도: 국토연구원.

이연춘 (2009.11.11). 애경, 지역사회와 나눔 경영 "필요한 곳 어디든 간다". 〈뉴스핌〉. URL: https://newspim.com/news/view/20091111000228

이영석 (2016). 프랑스 문화의 분권화 전략과 장 빌라르의 아비뇽 페스티벌 1947-1970. 〈인문학연구〉, 25권, 3-35.

이원근 · 김동필 (2021.7.7). '살기 좋은 도시로 성장' 수원시 민선 5 · 6 · 7기. 〈경인일보〉. URL: http://www.kyeongin.com/main/view.php?key=20210706010000914

이종란 (2021.5.15). 삼성의 통 큰 사회환원에 가려진 이야기들. 〈경향신문〉. URL: https://www.khan.co.kr/national/national-general/article/202105151316001

이준서 (2005.10.5). 〈화성행궁, 대장금열풍 특수〉. 〈연합뉴스〉. URL: https://n.news.naver.com/mnews/article/001/0001114819?sid=103

이진석 (2021). 한국 문화콘텐츠산업 정책의 변화와 발전 방향. 〈동방문화와 사상〉, 11권, 179-204.

임형백 (2013). 한국의 지역균형발전정책, 1972-2012. 〈도시행정학보〉, 26권 3호, 315-339.

장세룡 · 류지석 (2010). 기업주의 도시 로컬리티의 타자성. 〈인문연구〉, 58호, 883-928.

전주시 (2006). 〈전주시정백서(1998-2006)〉. 전주시.

전주시 (2010). 〈2010년 전주시 지방재정공시〉. 전주시.

전주시 (2013). 〈2013년도 전주시 재정공시〉. 전주시.

전주시 (2014). 〈전주시정백서(2006-2014)〉. 전주시.

전주시 (2022a). 〈2022년 전주시 지방재정공시〉. 전주시.

전주시 (2022b). 〈전주시정백서(2015-2022)〉. 전주시.

정보람·이상열·김민경·유동환·김서영·이상민 (2021). 〈전통문화진흥 종합계획 수립연구〉. 서울: 한국문화관광연구원.

정수영 (2017). '신한류' 드라마 〈미남이시네요〉의 수용 및 소비 방식은 한류 드라마와 어떻게 다른가?. 〈한국언론정보학보〉, 85호, 61-100.

정준성 (2022.5.3). 수원문화재단, '100번째 어린이날' 특별 행사 마련. 〈수원일보〉. URL: http://www.suwonilbo.kr/news/articleView.html?idxno=219054

조성호 외 (2017). 〈국가발전을 위한 전략과제〉. 경기도: 경기연구원.

조창희 (2006). 지역문화콘텐츠와 지역산업 개발. 〈인문콘텐츠〉, 8호, 59-82.

차재권 (2016). 노무현·이명박·박근혜정부 지역혁신체계의 특성과 성과에 대한 비교분석. 〈21세기 정치학회보〉, 26권 3호, 33-58.

최병두 (2011). 신자유주의적 도시화와 기업주의 도시 프로젝트. 〈한국경제지리학회지〉, 14권 3호, 263-285.

최희경·이진민 (2020). 도시재생에서 역사문화콘텐츠 사업 유형화 연구. 〈한국전통조경학회지〉, 38권 3호, 50-63.

한국콘텐츠진흥원 (2010a). 〈미국 문화산업 심층보고서〉. 나주: 한국콘텐츠진흥원.

한국콘텐츠진흥원 (2010b). 〈영국 문화산업 심층보고서〉. 나주: 한국콘텐츠진흥원.

한국콘텐츠진흥원 (2010c). 〈프랑스 문화산업 심층보고서〉. 나주: 한국콘텐츠진흥원.

한지현 (2021.7.26). '모두를 위한 축제'…문화예술교육과 함께하는 아비뇽 페스티벌. 〈EBS〉. URL: https://news.ebs.co.kr/ebsnews/allView/60083407/N

황설화 (2019). 김영삼 정부 이후 한국의 문화정책이념에 관한 연구. 〈한국정책연구〉, 19권 1호, 69-98.

황현이·류웅재 (2019). 기업 사회공헌의 소외계층 담론. 〈사회과학연구논총〉, 35권 1호, 187-223.

Carney, J., Hudson, R. & Lewis, J. (1991). *Regions in Crisis*. 한국공간환경연구학회. (역) (1991). 〈지역문제의 정치경제학〉. 파주: 풀빛.

Crang, M. & Thrift, N. (2000). *Thinking Space*. 최병두 (역) (2013). 〈공간적 사유〉. 서울: 에코리브르.

Garnham, N. (2005). From cultural to creative industries: An analysis of the implications of the "creative industries" approach to arts and media policy making in the United Kingdom. *International Journal of Cultural Policy*, 11(1), 15-29.

Harvey, D. (1982). *The Limits to Capital*. 최병두 (역) (1995). 〈자본의 한계: 공간의 정치경제학(2nd ed.)〉. 서울: 한울.

Harvey, D. (1990). *The condition of postmodernity*. 구동회 · 박영민 (역) (1994). 〈포스트모더니티의 조건〉. 서울: 도서출판 한울.

Harvey, D. (2000). *Space of hope*. 최병두 외 (역) (2001). 〈희망의 공간: 세계화, 신체, 유토피아〉. 서울: 도서출판 한울.

Harvey, D. (2005). *Space of neoliberalization: Towards a theory of uneven geographical debelopment*. 임동근 외 (역) (2008). 〈신자유주의 세계화의 공간들: 지리적 불균등발전론〉. 서울: 문화과학사.

Jacobs, J. (1993). *Death And Life of Great American Cities*(3rd ed.). 유강은 (역) (2010). 〈미국 대도시의 죽음과 삶〉. 서울: 그린비.

Lefévbre, E. (1967). *La vie quotidinne dans le monde moderne*. 박정자 (역) (1990). 〈현대세계의 일상성〉. 서울: 기파랑.

Lefévbre, E. (1988). *La production de l'espace*. 양영란 (역) (2011). 〈공간의 생산〉. 서울: 에코리브르.

Mosco, V. (1996). *The Political Economy of Communication*. 김지운 (역) (1998). 〈커뮤니케이션 정치경제학: 성찰과 새출발〉. 서울: 나남.

Pratt, A. C. & Hutton, T. A. (2013). Reconceptualising the relationship between the creative economy and the city: Learning from the financial crisis. *Cities*, 33, 86-95.

Wasko. J. (2004). *How Hollywood Works*. 박조원 · 정헌일 (역) (2007). 〈할리우드 영화산업론〉. 서울: 커뮤니케이션북스.

제4장

# 지상파 방송프로그램에 재현된 자기 통치 공간으로서의 서울

## 재현 공간으로서의 대도시와 각자도생(各自圖生)하는 청년

노영은

# 들어가며

우리가 살아가는 공간은 다양한 서사를 품고 있다. 이는 역사를 통해서나 텔레비전이 쏟아내는 이야기들을 통해, 혹은 특정 공간에 존재하는 독특한 문화를 통해, 그 외의 다양한 방식들을 통해 형성되어 왔다. 가령, 홍대 젊음의 거리가 '청년'을 상징하는 것과 광화문이 '역사', '촛불' 등의 단어로 연결되는 것, 보다 거시적으로는 서울이 '꿈'이나 '희망'의 공간으로 인지되고 광주는 '평화'나 '민주주의'의 상징이 된 것을 생각해 볼 수 있다. 이동연(2004, 181쪽)은 '홍대'라는 공간에 대해 "3년 전만 해도 닭버슬 머리와 메탈 재킷에 체인을 온몸에 두르고 다니던 토착적인 펑크족들을 홍대 주변에서 어렵지 않게 만날 수 있었다… 그리고 그것이 다른 청년문화의 형식들과 결합하면서 인디 문화를 표방하는 홍대 지역의 정체성을 표상하는 상징 기호"가 되었다고 언급한다. 이렇듯 한 공간의 다양한 이야기와 생활양식이 그 공간을 대표하는 특정 이미지로 고정될 경우, 이에 대한 지배적 담론은 그곳의 정체성을 독점하는 기호가 되고, 이는 다시 특정 공간에 대한 일반화한 관념, 혹은 심상을 형성한다. 그리고 이렇게 형성된 담론을 매개로 우리는 그 공간을 다시 상상한다.

이 글에서 보고자 하는 울산 MBC의 예능 프로그램 〈경성 판타지〉[1]와

〈EBS 다큐 프라임: 행복한 주거 1부 그곳에 청년이 산다〉[2]는 서울이라는 공간을 서술하며 특정 이미지를 주조하고 있다. 구체적으로 〈경성 판타지〉는 지방 정주민이 갖는 도시에 대한 이미지나 상상을 서술하며 서울 여행을 통해 그들의 판타지를 충족하는 내용이다. 이들은 수도에 대한 특정 이미지의, 특정 방식의 재현을 통해 지방 정주민이 상상하는 서울에 관해 보여주는데, 이러한 일련의 과정은 그들의 시선과 욕망을 서술하는 형태로 구성된다. 〈그곳에 청년이 산다〉는 서울에 자신의 꿈을 성취하러 모여든 청년들이 마주하는 도시 공간의 현실에 대해 서술한다. 그것은 꿈을 이루기 위해 상경했지만, 정작 '그곳'은 안온한 휴식을 취할 수 있는 반듯한 방 한 칸조차 얻기 어려운 각박한 현실에 대한 서사를 담고 있다. 청년들은 꿈을 위한 본격적인 시도나 도전을 하기도 전에, '그곳'에 정착하고 생존하기 위해 치열한 노동과 그 일상을 견뎌내야 하는 현실에 대해 이야기한다.

〈경성 판타지〉와 〈그곳에 청년이 산다〉는 서울이라는 공간에 대해 꿈과 현실이라는 대조적이면서도 유사한 서사를 전개한다. 이는 수도가 꿈을 이루기 위해 청년들이 '자발적으로' 모이게 되는 공간이면서, 동시에 그 안에서 청년들이 마주하게 될, 희망적이거나 낭만적이지만은 않은 현실이 존재함을 보여준다. 이 글에서는 〈경성 판타지〉와 〈그곳에 청년이 산다〉에 나타나는 공간적 이미지의 재현에 대해 텍스트 분석을 진행하고자 한다. 이는 프로그램에 재현되는 공간적 특성과 자신들의 꿈을 실현하기 위해 '그곳'에 당도한 청년들의 모습을 통해 우리 사회에서 '서울'이라는 도시공간이 어떻게 재구성되고 있는가를 구체적으로 살펴보고자 함이다. 또한, 서울이라는 글로벌화한 도시가 어떻게 모종의 사회적 상상과 그에 상응하는 이미지를 가지게 된 것인지, 이와 관련해 청년들의 인식과 실제, 그리고 재현이라는 관계들이 어떻게 충돌, 접합, 혹은 순환하며 이미지와 장소성을 획득하는지 보고자 한다.

나아가 오늘날 한국 사회에서 이루어지는 자기 통치의 과정이 공간이라는 키워드와 연결되어 대중, 특히 청년들에게 어떻게 작동하고 있는지에 대해 고찰한다. 이는 심층 인터뷰를 통해 보고자 하였는데, 청년들이 실제 거주하며 일상에서 경험하는 서울이 어떤 곳인지에 대해 질의함으로써 도시 공간과 주체의 경험에 대한 이해를 심화하고자 하였다. 이러한 과정은 공간이 재현되고 상상되는 과정, 그리고 미디어 문화가 매개하는 공간의 정치학에 관해 탐색적이면서도 실증적인 자료가 될 수 있을 것으로 예상한다.

# 도시 공간을 살아가는 신자유주의 시대 청년들



## 도시 공간과 상상된 이미지



르페브르에 따르면 모든 공간은 인간에 의하여 생산, 재생산된다. 나아가 공간은 내용물을 지니고 있으며, 사회적 관계를 내포하지만 이를 감추고 있다. 여기서 사회적 관계는 생산력과 생산관계에 의해 생산된 것으로, 교육, 행정, 정치 등 다양한 활동을 포함함으로써 보편적인 사회적 실천을 형성하며 사회적 공간이 된다. 생산된 공간은 사고와 행위에서 일련의 도구로서의 기능을 하는 동시에, 생산의 수단이자 통제의 수단이 될 수도 있고, 이는 곧 지배와 권력의 수단으로 이어질 수 있다. 이러한 사회적 공간의 개념을 중심으로 르페브르는 공간의 개념을 세 가지로 구분하여 보았다. 이는 '공간적 실천',[3] '공간 재현',[4] 그리고 '재현 공간'이다(오민석, 2018.6.9; 홍준기, 2011, 170쪽; Lefévbre, 1988/2011, 88쪽). 이 글에서 주목하고자 하는 논의는 세 번째, '재현 공간'에 관한 것이다.

비슷한 어감의 공간 재현이 공간을 과학적으로 구상하고 재현하는 공간이라면, 재현 공간은 이미지와 상징을 통해 체험된 공간이자, 정서적인 핵을 지닌 공간이라고 할 수 있다. 또한, 재현 공간은 개인에 의해 다양하게 체험되는 경향이 짙기 때문에, 일관적일 수 없다(임성훈, 2014, 190쪽; 홍준기, 2011, 174쪽; Lefévbre, 1988/2011, 88쪽). 이러한 재현 공간의 특성은 상상적으로 도시를 꿈꾸고, 그곳을 경험하는 청년들을 설명하기에 적절하다고 볼 수 있다. 특히, 개별적으로 체험되는 경향이 강하고 일관된 용어로 한정될 수 없다는 부분은 서울로 모인 청년들이 환상과 희망을 품고 왔지만, 현실에서는 "악바리가 되어야 버티는 곳",[5] 혹은, "생존해야 하는 곳"[6]으로 여기기도 하는 이중적, 혹은 모순적 성향을 설명할 수 있는 단초가 될 것이다.

재현 공간은 앞서 언급했듯 상상과 상징이 개입되는 공간으로, 질적이고 가변적이기 때문에, 일관되지 않는 특성을 보인다. 이러한 재현 공간의 특성은 사용자들로부터 외부에서 강요되는 것, 삽입된 것이나 정당화되는 것을 따르게 하는데 여기서 강요되고 삽입되며 정당화되는 것은 재현 속에 삽입된 이념이다(Lefévbre, 1988/2011, 88-89쪽). 정당화의 과정은 현실을 살아가는 이들의 일상에 존재하며 그곳에서 생활하는 과정에서 그들은 이를 의심 없이 마주치고 받아들이게 된다. 도시는 욕망을 투사 받은 담론의 재현 공간이자, 일상의 공간이기 때문이다. 정당화의 과정에서 거주민들은 사회적 관계를 겪으며 모순과 문제점들을 경험하기도 하지만, 이는 허구적 해결 방법, 이를테면 대상에 욕망을 투사하여 현실과 상상이라는 이중적 존재를 부여하고 상상의 운반수단인 담론을 통해 그것을 믿게 함으로써 해결된다. 이러한 과정은 공간에 투영되어 도시성을 형성하고 그 빈틈을 메우는 기능을 한다(Lefévbre, 1967/1990, 176쪽). 가령, 도시로 이주한 청년들이 경험하는 공간의 모순과 이중성, 상상과 현실, 그리고 합리화의 과정, 한 예로 서울살이가 팍팍해도 계속 서울에 남고 싶다는 욕망, 일단 도시에 남게 되었으니 성공할 수 있을 것이라는 희망 등은 이의 일례일 수 있다.

그러므로 도시는 갈등과 모순의 공간이 된다. 특히, 그 갈등과 모순은 자본과 권력에 의해 더욱 심화된다. 이와 관련해 르페브르는 파리의 사례를 통해 도시의 유용성을 활용하여 이득을 보기 위한 부르주아의 계획을 설명한다. 그에 따르면 부르주아들은 도시를 이용하기 위해 노동자 계급의 거처를 빼앗아 그들의 주거지로 만들었고, 기존 공간을 분할하여 재배치했다. 이 과정은 오늘날 한국 사회에서도 여전히 존재하는데, 도시계획 작업을 통해 노동자를 도시 외곽으로 내몰아 주변화하는 것은 그 예시라고 할 수 있다. 따라서 도시공간은 계급투쟁과 정치 투쟁의 장소이자 대상이 되기도 한다. 한편으로 이러한 지점은 노동자들이 도시 중심에서 벗어나게 됨을 의미하는데, 부르주아들이 차지하게 된 도시의 중심은 산물과 사람들을 환영하고, 본질적이고 경제적 기능을 위협하는 이들의 접근을 금지하며 자본주의를 예속시킨다. 결국 도시는 사람들이 배제되는 장소이기도 하다(Elden, 2004/2018, 254쪽). 하나의 유토피아처럼 이념이 삽입되고 작동하는 도시는 질적으로 상상과 가능성의 도시로 비추어지지만, 그 이면에 모순과 투쟁, 배제가 존재하는 측면이 있는 것이다. 이와 같은 논의는 현대사회에서까지 이어지고 있기에 현대 도시의 일상적 모순을 밝히기에 유용한 지점이 있다.

한편, 도시의 이중성은 하비의 논의에서도 발견된다. 특히, 하비는 르페브르의 이론에 영향을 받았기에 하비의 일부 논의는 르페브르 논의의 연장선상에서 이해될 수 있다. 구체적으로 하비는 르페브르의 이론—공간의 실천, 공간 재현, 재현 공간—에 시간의 개념을 삽입해 더욱 확장된 논의를 전개한다. 그것은 절대적 공간, 상대적 공간, 관계적 공간[7]에 대한 것이다. 여기서 우리가 주목할 것은 관계적 공간이다. 하비는 관계적 공간을 시각, 환상, 욕망, 좌절, 기억, 꿈, 환영, 심리상태와 같은 것을 나타내는 공간이라 설명한다(Harvey, 2005b/2008, 217쪽). 이는 도시의 모습과 유토피아의 모습이 오랜 기간 서로 뒤섞이며 생성, 변화해 온 역사와 무관하지 않다. 계몽주의의 유토피아적 계획들은 공간의 정치를 통해 구현되었기 때문이다. 이에 하비는 "사회적 관계와 무관한 공간의 정치란 있을 수 없다"고 일갈한다(Harvey, 1990/1994, 313쪽; 2000/2001, 215쪽). 유토피아가 땅에 착륙하려 할 때 그것이 기반을 둘 공간이 필요하며, 그것이 기능할 수 있는 공간을 구축할 것을 요구하기 때문이다. 이 과정은 유토피아의 가시적 실현에 있어 결정적 국면이 되는데, 이 실체화의 과정은 일련의 결과를 초래하기 마련이다. 그런데 그 결과로 도출된 공간은 자유 시장에 기초해 지리적 불균등 발전의 심화를 동반했고, 동질성과 평등을 위한 것과는 멀어졌다. 따라서 사회적 과정에서 실체화된 유토피아는 의도했던 것과는 상반되는 것을 만들어내며 이상적 성격을 상실했다(Harvey, 2000/2001, 246쪽).

그럼에도 "도시의 공기가 사람을 자유롭게 한다"는 말은 과거에도, 그리고 현재에도 여전히 통용되는 측면이 있다. 도시 생활과 개인의 자유는 오랫동안 일종의 짝패처럼 이해되어 왔기 때문이다. 과거 이민 세대들은 도시를 농촌의 억압으로부터 피난처로 간주하기도 했다. 그러나 하비는 어떠한 유토피아적 상상들, 가령, 도시가 개인의 자유를 보장하고 억압에서 해방될 것이라는 등의 상상은 정직하지 않다고 주장한다. 그런데 우리의 사유는 이미 창출된 제도적 세계와 환경에 의해 제한되고 있다. 이에 하비는 도시의 미래를 숙고하면서, 과업의 속성에 관한 의미를 고민하고, 광범위한 감정적, 상징적 의미와 싸워야 한다고 제언한다(Harvey, 2000/2001, 219쪽). 그의 제언은 도시가 시간에 따라 축적해 온 상징과 그 이면에서 체험되는 것들, 그것의 모순, 갈등에 대해 밝힐 필요성을 제기한다. 이는 르페브르가 주장한 도시의 이면과 조응하면서도, 모종의 유토피아적 프로젝트를 자본주의와 신자유주의의 일면으로 보고 비판한다는 지점에서, 한국의 도시, 특히 공간의 질적 특성을 이해할 수 있는 더욱 확장되고 유용한 관점을 제공한다.

주지하다시피 한국 사회는 1990년대 후반 외환위기를 극복하는 과정에서 신자유주의 체제가 본격화되기 시작했다. 진보와 보수 정부를 막론하고 국가의 지배적 이념 체계가 되었던 신자유주의는 다양한 요인들에 영향을 받아 확장, 축소, 변화 등의 과정을 거쳤고 대중들의 일상에 스며들었다. 그중에서 가장 많은 인구가 몰리는 서울이라는 공간은 그 특성상 이를 가장 빨리, 그리고 다면적으로 체화한 공간이다. 국가적 차원에서 신자유주의를 성책 기조로 삼고 국가 발전을 꾀할 때, 서울은 그 변화를 가장 먼저 받아들이면서 동시에 이를 추동하는 공간이기 때문이다. 따라서 신자유주의를 매개하기 위한 공간으로서의 서울은 하비의 논의가 한국 사회에 적용될 수 있는 분석적 설득력과 가능성을 확보한다. 특히, 서울이 유토피아로 묘사되는 측면, 일례로 '노력하면 꿈을 이룰 수 있다'는 기회와 가능성의 공간 등으로 재현되고 있는 것에서 더욱 그러하다.

이는 르페브르가 언급한 삽입된 이념을 정당화하는 공간으로, 또 일상성의 모순을 망각하게 하기 위한 도시성의 형성이라는 논점과도 연결된다. 르페브르는 공간을 생산하는 정치, 경제, 문화, 그리고 국가적 구조와 주체 사이의 은폐된 모순을 파헤치고, 이를 되찾을 수 있는 권리, 즉 도시에 대한 주체들의 권리를 주장한다(정두순, 2018, 240쪽). 이는 한국 사회에서 도시, 바로 서울이 가지는 이미지와 현실 사이에서 드러나는 모순과 균열을 밝히고, 그곳을 살아내는 개인들이 주체로서의 권리를 잃고 존재하는 현실에 대한 비판을 가능하게 하는 부분이다. 이 글에서는 르페브르와 하비의 논의를 참고해 지상파 프로그램에서 나타나는 서울의 재현 및 그 과정에 삽입된 이념과 정서를 검토하고, 이것들이 궁극적으로 어떠한 메시지와 담론을 전달하고 있는지에 대해 검토하고자 한다. 나아가, 신자유주의가 반영된 공간적 특성이 청년세대에게 수용되는 방식과 이러한 이념이 통치 기제로 작동하게 되는 일련의 과정에 대해 면밀하게 살펴보고자 한다.



### 신자유주의와 청년들의 자기 통치

앞서 우리는 이념과 질적인 특성이 공간에 스며들게 된 과정, 이를테면 신자유주의라는 사회적 배경이 공간에 흡수되게 된 경로와 그것을 적절하게 해석할 수 있는 학자들의 견해를 검토했다. 여기에서는 공간적 특성이 된 사회구조, 특히 신자유주의와 자기 통치에 대해 고찰하고자 한다. 하비(Harvey, 2005a/2007, 21쪽)는 신자유주의에 대해 "국제적 자본주의의 재조직화를 위한 이론적 설계를 실현시키려는 유토피아적 프로젝트, 또는, 자본 축적의 조건들을 재건하고 경제 엘리트의 권력을 회복하기 위한 정치적 프로젝트"라고 해석한다. 또한, 그는 신자유주의의 유토피아주의에 대해 엘리트의 권력 회복이란 목적을 달성하기 위해 이루어져야 할 요소들을 정당화하고 합법화하는 체계라고 주장했다.

한국에서 신자유주의화에 따른 움직임은 1997년 외환위기를 기점으로 살펴볼 수 있다. 한국은 IMF 구제금융을 수혜하기 위해 경제정책 차원에서 신자유주의의 핵심 이념을 받아들이게 되었고, 이후 빠른 속도로 '수동 혁명'이 진행되었다(임운택, 2010, 310쪽). 이후 노무현-이명박 정부에서는 신자유주의를 바탕으로 정책 기조가 확대되고 내부화되었다. 노무현 정부의 정책 기조는 한미 FTA와 경제자유구역 지정, 기업도시, 동북아 금융허브 등의 정책을 시행하여 신자유주의를 안정적인 체제로 구축시키며 일상생활에 신자유주의가 침투할 수 있는 배경을 조성했다. 시장 논리는 곧 사회화 과정에도 침투하여 시장의 성패로 평가되는 문화의 상품화/시장화 경향을 확산시켰다. 그리고 사회적 관계의 시장화를 야기했으며 계급상승을 꿈꾸는 중산층에 환상을 심어주게 되었다(윤민재, 2017, 94쪽; 임운택, 2010, 320쪽). 이후, 이명박 정부에서는 감세 정책이나 민영화 정책, 규제 완화 등을 시행하며 신자유주의화를 심화시켰다(윤상우, 2009, 52쪽).

한국 사회에 도입된 신자유주의는 낡은 역사로부터의 탈피와 근대주의적 발전주의 열망에 기반하여 정치적 논리로 이용되었는데, 이는 정치를 넘어, 사회, 문화적 현상에까지 적용되기 시작했다(임운택, 2010, 322쪽; 조영한, 2012, 24쪽). 그런데 이러한 과정의 이면에는 국가가 경제적 불평등을 해소하거나 조정하지 못했다는 배경이 존재한다. 특히, 근래 한국 사회에 '힐링 문화'가 유행하는 것은, 이를 단적으로 보여준다. 현대 한국 사회는 경제난과 소통의 부재, 구조적인 빈익빈 부익부의 심화, 정치적 갈등과 분열이 존재하는 사회가 되었고 이러한 사회적 불균형은 개인의 책임으로 전이됨에 따라 개인들은 극적인 처방을 원하고 있다(김은준, 2015, 40쪽). 이에 하비(Harvey,

2005a/2007, 66-67쪽)는 대중매체들은 사회적 불평등의 증가가 기업의 경쟁력을 강화하고 성장을 촉진하기 위해 필연적인 현상으로 인식하게 하며, 하위 계급들이 처한 조건 악화에 대해서는 개인이나 문화의 문제로 인지하게 한다고 주장한다. 이는 미디어가 한 사회가 자신이 원하는 삶의 방식을 선택하는 자유를 준다는 점에서 개인의 자율성을 인정하는 것처럼 보이지만, 동시에 개인이 자유를 통해 스스로의 삶을 규정함으로써 권력에 종속시키는 것이기 때문에 긍정적일 수 없다(박상완, 2018, 168쪽).

결국 앞서 언급한 것과 같이 신자유주의적 담론과 이념은 정치·경제를 넘어서 대중들이 향유하는 문화에도 빠르게 침윤되어 왔다는 것을 알 수 있다. 그리고 그것은 끊임없이 대중들에게 스스로의 경쟁력을 갖출 것을 요구하며 신자유주의에 부합하는 '올바른' 삶의 방식을 재현하게 만들고 성공과 실패의 요인을 개인의 문제로 치환시킨다. 이에 한선(2013, 438쪽)은 신자유주의의 통치술이 개인으로부터 자율적인 주체가 되어 스스로 자유의지를 통해 선택, 판단, 결정하게 하고 그에 따른 책임 역시 스스로 짊어지도록 만들고 있다고 주장한다. 나아가 개인의 자유 의지를 강조하는 신자유주의의 통치술은 한편으로 자발성과 능동성을 강조하는 네트워크 시대의 참여문화로 이어지기도 한다고 언급한다. 때문에, 이러한 '능동성'을 강조하는 문화는 개인의 자유와 선택을 강조하는 푸코의 자율 주체 개념을 비롯해, 후대의 여러 학자들이 강조한 '자기관리', '자기 조정', '자기 통치'와 같은 '자율 주체'를 강조하는 신자유주의적 통치술과도 접합된다(한선, 2013, 438쪽).

홍성현과 류웅재(2013, 48쪽)는 신자유주의적 지구화라는 맥락에서 글로벌 인재 담론이 교육 부문과의 상호작용을 통해 대학 교육의 시장화 담론에 작동되고 있으며 이는 자기 계발과 연결되고 있다고 진단한다. 자기계발에 대한 내면 지향성과 자기 주도성에 주목한 전상진(2008, 122쪽) 역시 자기계발 수행자들이 그것을 실천으로 옮김에 따라 공적 영역을 소멸시키고 결과적으로 개인화된 자기 통치가 성공적으로 이루어지고 있다고 주장한다. 신자유주의적 사유는 자기계발의 통치술로 이어지며 사회에 복잡다기한 방식으로 존재하고, 이는 개인들에게 효과적으로 발현된다. 특히, 이는 '2030', '청년'과 같은 키워드와 빈번하게 연결되고 있는데 일례로, 송아현과 백선기(2018, 158쪽)는 신자유주의가 한국 사회에 도입되며 사회적, 경제적 구조가 변화했고 이에 청년세대가 추구하는 가치와 삶의 양식 또한 변화했다고 주장한다. 이외에도 많은 선행 연구에서 신자유주의, 혹은 신자유주의적 자기 통치의 키워드가 청년들, 혹은 20대와 연결되는 경향을 보이고 있었다(김은준, 2015, 48쪽; 딩종리 · 류웅재, 2020, 8쪽; 정명중, 2017, 24쪽; 표예인, 2017, 141쪽).

국립국어원에 따르면 청년은 "신체적 · 정신적으로 한창 성장하거나 무르익은 시기에 있는 사람"이다. 그러나 '청년'이라는 단어의 쓰임은 여러 담론과 맥락 안에서 그 의미가 변주되고 있다. 특히, 한국에서 '청년'이란 단어는 시대와 상황에 따라 그 뜻이 변모하며 쓰여 왔으며 그들을 칭하는 수식어 또한 변화하였다. 또한, 청년은 최근 이른바 '세대론'과 함께 사용되며 그 의미가 확장되고 있다. '세대'란 일반적으로 "동일한 역사 · 문화권에서 비슷한 시기에 출생함으로써 역사적 · 문화적 경험을 공유하고 그에 따라서 다른 코호트(cohort)에 비해 상대적으로 유사한 의식 구조와 행위 양식을 갖는 사람들의 집합"으로 정의된다. 그러나 세대론은 '세대'를 직접 언급하며 이야기할 때만 성립되는 개념은 아니며, 세대적 관점을 상기시키는 많은 담론을 세대주의적 담론으로 규정할 수 있다(김선기, 2014, 211쪽; 박재홍, 2001, 54쪽; 전상진, 2019, 3쪽).

한국에서 '청년'은 주로 세대론을 통해 호명되어 왔는데 최성민(2012, 236쪽)은 그 시작을 1970년대로 보고 있다. 그러나 이 장에서는 이와 관련된 사회 문화적 담론 전반을 통시적으로 검토하기보다, 분석의 초점이 된 2030 세대가 태어나거나 유년 시절을 보낸 2000년대 초반 이후를 중심으로 살펴보고자 했다. 2000년대 초반 이후, 사회 문화적으로 특히, 미디어를 통해 청년은 문화적 세대를 의미하는 '밀레니얼 세대', 대중문화에 익숙한

‘실크세대’, 글로벌하다는 의미의 ‘G(lobal)세대’, 혹은 X세대 이후의 청년세대라는 의미에서 Y세대나 Z세대로 명명되었다. 이후, 이들을 표현하는 다른 단어들로는 ‘88만 원 세대’나 ‘N포 세대’론이 있는데, 이는 청년들이 소비의 주체로서도 주목받지 못한 채 소외되는 존재가 되며 인건비에 시달리는 ‘실업자’ 혹은 ‘비정규직’으로 명명되고 있음을 보여주었다.

이와 관련해 전영수(2013, 20쪽)는 1980년대 출생의 30대들을 ‘이케아세대’로 칭하며 연애·결혼·출산을 포기했지만, 개인의 삶에 소소한 현실만족을 얻는 세대라고 표현한다. 때문에, 이들은 ‘연대’나 ‘우리’로서의 공동체적 열망을 바라던 기성세대와 달리 ‘개인’이 중시되는 세대인 것을 특징으로 하며, 미디어는 청년들에 대해 “불쌍하거나, 괘씸하거나”의 이항 대립적 키워드로 표현하기 시작했다(고재연, 2018.10.4; 윤형중, 2019.3.2; 이승희, 2019.9.7; 최성민, 2012, 243쪽). 언론 보도와 관련해 보면 이는 더욱 극명하게 드러난다. 방희경과 유수미(2015, 57쪽)에 따르면 〈조선일보〉와 〈경향신문〉은 청년세대에 직접적인 명칭을 내놓을 만큼 적극적인 역할을 수행했는데, 이렇게 만들어진 정의들은 대상 자체로부터 초래되는 것이 아닌, 사회의 시선과 권력 작용이 초래한 결과라고 주장한다. 그런데 주지하다시피 이러한 논의에는 몇 가지 비판점이 제기된다.

먼저 세대론적 관점은 개개인이 위치한 배경과 여러 요소, 나아가 개개인이 겪는 여러 경험을 모두 배제하고 하나의 객체로 호명함과 동시에 그들을 단정적으로 규정함으로써 사회의 구조에 대한 비판과 부조리에 대한 목소리를 내지 못하게 만든다. 불평을 하면 “괘씸한 청년세대”, 하소연을 하면 “불쌍한 청년세대”로 표현될 뿐, 일련의 해결이나 개선을 위한 대안적 전망으로 귀결되지 못한다. 더욱이 그들이 속한 계급과 계층에 대한 편차가 있음에도 이들을 통합하려는 시도는 ‘진정한 청년세대’가 무엇인지에 대한 논쟁을 낳기도 했다. 그럼에도 불구하고, 여전히 그들을 하나의 동질적 집단으로 통합하여 호명하려는 시도는 계속된다. 이는 사회과학적이며 효율적 분석을 위한 개념적 유용성에 기인하지만, 동시에 경제적, 문화적, 경험적으로 다양다기한 개인들을 단순화하여 편의적 도구처럼 사용하기 위한 것은 아닐지에 대한 의문이 남는 지점이다.

세대론에 대한 비판은 선행 연구에서도 제기되고 있다. 특히 몇몇 연구자들은 세대 문제라고만 볼 수 없는 것에 대해서도 세대 문제로 환원시키며 이러한 지점이 세대 갈등과 사회변동의 원인이 되어왔다고 지적했다(김선기, 2014, 211쪽; 박재홍, 2001, 54쪽; 전상진, 2019, 3쪽). 예컨대 이승희(2019.9.7)는 편의를 위해 '세대화'하는 것은 잘못된 고정관념을 생산할 수 있기 때문에 위험하며, 모든 것을 '청년 문제'로 규정하는 것은 진짜 청년 문제를 보지 못하게 한다고 주장한다. 따라서 청년을 단일한 집단으로 뭉뚱그리려는 시도에 대해 검토와 비판이 제기될 필요가 있다. 실제로 몇몇 연구들은 20대와 30대가 된 개인들을 청년이라는 광범위한 묶음으로 분류하는 것과 그들에게 신자유주의와 자기 통치가 전달되는 방식들에 대해 주목하고 있다.

이 글 또한, 공간과 청년이라는 키워드에 주목하여 미디어에 재현되는 공간적 특성과 이를 통해 호명되는 청년들의 모습에 대해 분석하고자 한다. 이는 〈경성 판타지〉와 〈그곳에 청년이 산다〉라는 지상파 방송 프로그램에서 나타나는 신자유주의적 전위, 이를 충실하게 체현하는 공간으로서의 '서울'이 재현되거나 상상되는 방식을 살펴보는 것을 통해 밝히고자 한다. 나아가 이곳에서 살아가는 청년들의 현실과 삶의 경험, 그리고 프로그램이 청년들에게 전달하는 메시지의 전달과 수용, 충돌 등에 관해서도 다루고자 한다. 특히, 청년들이 '서울'이라는 공간을 경험하면서 느꼈던 모순적이고 부조리한 관념들, 예컨대 과열된 경쟁에의 자발적, 혹은 선택적 참여, 개인이 체험하는 부담과 불안, 이로 인해 갖게 되는 압박과 스스로 행하는 자기 검열과 통치 등이 합리화되는 과정에 주목하고자 한다. 나아가, 그 안에서 계층과 계급, 그들이 처한 사회 구조적 차이에 따라 개인들이 공유하는 경험과 정동, 혹은 그 차이와 균열 등에 대해서도 조명하고자 한다.

# 도시 속 청년을 재현하는 미디어





이 장에서는 울산 MBC에서 기획된 프로그램 〈경성 판타지〉와, EBS에서 기획된 다큐 프라임 〈그곳에 청년이 산다〉를 선정해 분석하고자 하였다. 〈경성 판타지〉는 지역민들이 생각하는 '서울 판타지'에 대해 서술하고 이를 이루기 위한 여행기를 담는 프로그램으로, 관찰형 예능 장르를 취하고 있었다. 이 프로그램은 울산 MBC에서 제작된 방송이지만 '서울'이라는 도시를 중점적으로 담고 있다는 특징을 가지고 있었다. 나아가 '서울'이라는 지역에 대한 판타지적 담론에 대해 다루며 서울이 가지는 공간적 특성과 다층위적 이미지를 서술하고 있었고, '꿈'과 '노력'이라는 키워드를 강조하는 측면이 존재했다.

이를 위해 〈경성 판타지〉의 여러 회차 중에서도 1회차와 2회차를 중심으로 분석하였다. 1회차의 경우 프로그램이 처음 방영되는 회차로 해당 콘텐츠가 가지는 취지와 특징에 대해 자세하게 설명하고 있고, 프로그램이 전달하고자 하는 내용 또한 선명하게 드러나기 때문이다. 2회차의 경우 1회차에서 이어지는 이야기로, 청년들이 서울 여행을 기획한 이유가 더욱 구체적이고 세밀하게 드러나는 회차이기 때문에 선정하였다. 프로그램에서 출연자들의 여행기는 4회차로 구성되었다. 그러나 한 회차가 약 50분 동안 방영된다는 점, 이야기의 서술 과정이 동어반복적인 형태를 지닌다는 점 등을 감안하여 네 개의 회차 중에서도 프로그램의 소개와 정보가 함축적으로 구성된 1회차와 2회차를 선정하였다. 한편, 〈경성 판타지〉는 울산 MBC에서 편성된 예능이며 첫 방영 이후 호평을 받아 서울 MBC로 역수입되어 2018년 11월을 기점으로 전국으로 송출되었다. 제작진은 한국PD연합회가 선정하는 2018년 6월 이달의 PD상을 수상했다(구보라, 2018.8.9). 이는 프로그램이 시청자들에게 많은 호응을 받은, 성공적인 기획이었음을 보여주는 것이자 분석적 가치를 가지는 지점이라 할 수 있다.

〈그곳에 청년이 산다〉는 EBS에서 기획한 다큐멘터리 프로그램으로, 〈행복한 주거〉라는 타이틀 아래 3회차로 구성된 콘텐츠 중 1회차에 속한 콘텐츠이다. 이는 2017년 6월 19일 방영되었다. 2회차와 3회차에는 다양한 인물이 등장하여 주거와 관련된 각자의 고충을 이야기하는데, 이 글에서는 그중 1회차를 선택해 분석하고자 하였다. 〈그곳에 청년이 산다〉는 도시의 주거 문제를 조명한 프로그램이었으나, 청년들에 대한 집중은 1회차에서만 보였기 때문이었다. 나아가 1회 방영분은 모든 회차를 아우르는 전반적인 프로그램의 기획 의도가 포함되며, 프로그램에 대한 정보가 가장 많이 제공되는 회차였으므로 이를 선별적으로 선택하여 보고자 하였다.

〈그곳에 청년이 산다〉는 '꿈'을 위해 서울로 올라와 살게 된 청년들의 실제 주거 공간에 주목한다. 구체적으로 이 프로그램은 서울에서 살아가고자 하는 청년들의 노력, 그럼에도 바뀌지 않는 열악한 현실이 어떠한 방식으로 청년들을 노력하게 하는지에 대해 보여준다. 한편, EBS의 다큐 프라임은 2017년 3월 27일을 기준으로 개편이 진행되며 다큐멘터리 프로그램을 강화하고 '온 가족 공감 채널'이 되기 위한 목표를 세운 바 있다(남지은, 2017.3.23). 〈그곳에 청년이 산다〉를 포함하고 있는 〈행복한 주거〉 3부작의 경우 사람들의 생활과 밀접하게 연결되는 주거 공간에 대한 성찰을 담은 기획이다(구보라, 2017.6.20). 이러한 제작 기획의 배경은 오늘날 한국 사회에서, 특히 서울이라는 공간 안에서 일어나는 주거 문제가 많은 이들이 공감할 만한 '보편적인 문제'가 되었음을 함축한다. 따라서 이에 대한 비판적 고찰이 필요한 시점이기에 이 글에서 주목할 만한 가치가 있다고 판단되었다.

한편, 이 두 콘텐츠의 방영 시기는 2017년과 2018년으로 이 글이 쓰여진 시기와 시간적 간극이 존재한다. 그러나 담론 형성을 위한 기사나 뉴스 형태의 단편적 콘텐츠를 제외하고 지상파 채널에서 청년들에 주목한 프로그램이 부재했다는 점, 그리고 그들이 보이는 사회적 움직임, 가령 도시로의 이주나 도시에 대한 상상을 탐구하는 프로그램은 찾아보기 어려웠다는 것을 고려할 때 이 글이 선정한 제작물은 몇 안 되는 재현의 사례 중 하나였다. 이는 사회적으로 어려움을 겪는 청년들의 문제에 미디어가 무관심하거나 적극적으로 개입하지 않는 인식론적 공백을 보여주는 측면으로, 이례적으로 이 문제를 조명한 프로그램들에 대해 학술적 분석이 필요한 지점이라 판단하였다.

이에 이 장에서는 위의 두 프로그램을 대상으로 텍스트 분석과 심층 인터뷰를 진행하고자 하였다. 방송프로그램은 그 특성상 구성, 재배열, 결합되는 특징을 지닌다. 이 과정에서 제작진은 의식적으로든, 무의식적으로든 다양한 틀과 관념, 편견들에 의존하거나 활용해 해당 프로그램의 이야기를 풀어내게 된다. 이와 관련해 송아현과 백선기(2018, 151쪽)는 미디어가 대중문화의 현상에 대해 주목하고, 그러한 현상들이 지니는 의미와 영향들에 대해 다양한 방식으로 담론을 생성한다고 언급한다. 때문에 결합된 담론의 구성체인 미디어 프로그램을 다시 심층적으로 살펴보는 과정에 있어 그것을 해체하고 다양한 관점에서 고찰할 수 있는 텍스트 분석 방법은 미디어 프로그램 분석에 있어 적절한 방법론이라 할 수 있다. 이 글에서는 텍스트 분석을 통해 프로그램에 등장하는 이미지와 자막, 인터뷰의 구성을 다각도로 분석함으로써 출연자들을 통해 프로그램에서 재현되는 청년세대 담론에 대해서 논의하고, 청년을 호명하고 있는 과정과 이데올로기가 작동하는 방식을 분석하고자 하였다.

**표 1** 〈경성판타지〉, 〈그곳에 청년이 산다〉 출연자 정보(2020.5.24, 16:14 기준)

| 프로그램 | 소제목 | 출연자 정보(이름/정보/나이) | 방영 정보 |
|---|---|---|---|
| 〈경성 판타지〉 | 울산 삼인방의 서울 상경기 | 신병국 (공무원 시험 준비생/27)<br>이지원 (대학생, 취업준비생/27)<br>정재현 (대학생, 취업준비생/25) | 1회차: 2018.4.30<br>2회차: 2018.5.14 |
| 〈EBS 다큐 프라임〉 | 행복한 주거 1부<br>: 그곳에 청년이 산다 | 김다은 (대학생/20)<br>김진목 (인디밴드 리더/32)<br>안준민(31), 임지수(29) (예비 신혼부부)<br>신유진 (사회초년생/28) | 1회차: 2017.6.19 |

동시에 이 장에서는 심층 인터뷰를 진행하였는데, 이는 텍스트에 드러나는 재현과 개인들의 구체적 경험들을 비교해 현실에 대한 고증과 함께 개인들이 형성한 공간의 이미지를 다면적으로 분석하기 위함이다. 신혜란(2007, 60쪽)은 심층 인터뷰는 면담 대상자와의 유연한 대화를 통해 사건에 대한 그들의 인식을 알아볼 수 있는 유용한 방법이라고 설명하며 이는 다른 방법론보다 풍부하고 생생한 연구 결과를 도출할 수 있다고 언급한다. 이에 이 장에서는 지방에서 올라와 서울에 거주 중인 20대와 30대를 대상으로 심층 인터뷰를 진행하였고 참여자들은 스노우볼 표집(snowball sampling)을 통해 모집하였다. 이들은 서울에 상경하기 전 가졌던 이미지와, 이후 서울에서 경험한 현실에 대해 증언하고 서술할 수 있는 대상이었다.

인터뷰는 2020년 9월부터 2021년 5월까지 진행되었으며 한 차례 이상 일대일 오프라인 만남으로 진행되었다. 라포(rapport)[8] 형성을 위해 30분 이상 유연한 대화를 나누었으며 이후, 인터뷰는 최소 60분 이상 이어졌다. 질문지 구성에 있어서는 반구조화된 질문지를 사용하였다. 이는 자유로운 분위기를 조성해 참여자가 편안한 분위기에서 자신의 경험을 최대한 상세하고 구체적으로 서술할 수 있게 하기 위함이었다. 대화가 진행될 때 참여자의 동의를 얻은 후 녹음이 이루어졌고, 일부 정보공개에 대해서는 참여자들의 동의를 받은 후 명시하였다. 인터뷰 참여자의 구성은 다음과 같다.

**표 2 인터뷰 참여자 정보**(2021.4.1, 13:00 기준)

| 이름 | 나이 | 성별 | 직업 | 현재 거주 공간 | 출신 지역 |
|---|---|---|---|---|---|
| A | 26 | 남 | 프리랜서 | 서울 | 대구 |
| B | 28 | 남 | 프리랜서 | 서울 | 목포 |
| C | 26 | 여 | 방송업계 종사 | 서울 | 순천 |
| D | 27 | 여 | 학생 | 서울 | 포항 |
| E | 26 | 여 | 학생 | 서울 | 화순 |
| F | 32 | 남 | 취업준비생 | 서울 | 광주 |
| G | 26 | 여 | 서비스업 종사 | 서울 | 광주 |
| H | 32 | 남 | 회사원 | 서울 | 청주 |

# 꿈과 희망의 공간 '서울', 스스로를 통치하는 청년들

## 기능하는 도시, 서울



꿈을 가진 청년들이라면 '서울'이라는 곳에서 자신의 꿈이 실현되는 순간에 대해 상상해 본 적이 있을 것이다. 〈경성 판타지〉는 이러한 상상을 서술하는 프로그램이라고 할 수 있다. 제작진은 "서울에 대한 다양한 판타지가 있다는 것을 알고 난 다음 지역 사람들이 서울에 직접 찾아가는 예능을 만들면 어떨까 싶었다"고 언급한다(구보라, 2018.8.9). 그렇다면 그 '판타지'란 무엇일까. 이는 콘텐츠의 서사를 따라가며 이를 중심으로 논의할 수 있을 것이다.

### 서울의 성공 신화, 그 재현과 상상

"경상도 청춘들의 꿈 서울살이
강원도 토박이가 말하는 기회의 도시
서울 꿈만 꾸기엔 만만치 않은 곳
충청도의 여유를 기다려 주지 않는 깍쟁이 서울

화려한 겉모습 너머 서울의 슬픈 이면
오랜 시간 쌓여온 서울에 대한 판타지
진짜 서울과 마주한 지방인들의 이야기"

위 내용은 〈경성 판타지〉 1화에서 프로그램을 설명하는 1분가량의 오프닝 부분에 삽입된 자막들이다. 프로그램을 처음 소개하는 1화의 '오프닝'에서 사용되었다는 것은, 이 프로그램의 정체성, 혹은 방향성에 대해 제시하고 있는 것이며, 또한 이는 프로그램 전체를 관통하는 담론적 구성물이라고 볼 수 있다. 그런데 오프닝에 삽입된 위의 자막들은 '서울'이라는 공간에 대해 이곳이 기회와 꿈의 도시이지만, 한편으로는 반짝이는 도시의 이면에 대한 불안이나 두려움을 보여준다. 이는 프로그램에만 드러난 정서는 아니었다. 인터뷰 과정에서 미성년자 때 이미 서울을 경험해본 F와 H[9]를 제외한 모든 참여자가 서울에 올라오기 전, 일종의 낭만화한 상상을 가지고 있었다고 응답했다.

서울에서 어떤 게 이루어지는지는 몰랐어요. 학생이니까. 근데 '소문'만큼은 확실했던 것 같아요. 서울에 올라가면 좋다. 서울에 올라가면 다 된다는, 성공할 수 있다는 주입식 교육을 계속 받아왔던 것 같아요. (A)

'왜'라는 질문보다는, 그냥 당연히 졸업하면 서울에서 일하는 게 맞다고 생각했어요. 어머니도 똑같이 생각하셨어요. (C)

이외에도 다양한 참여자들이 답변한 내용을 통해 알 수 있는 것은, 서울에 올라가는 것에 대해 '구체적인 상황'에 대한 인지는 없지만, '꿈'과 관련된 일련의 판타지를 가지고 있다는 것이었다. 이와 관련해 이후의 프로그램 구성에서 이러한 이야기들을 어떻게 풀어가고 있는지 볼 수 있다. 먼저 제작진은 서울에 가기 전 출연자에게 서울에 가면 무엇이 하고 싶은지 질문을 던진다. 이에 첫 번째 출연자 신병국은 공무원 시험을 준비하고 있기에 노량진에 대한 환상을 이야기하며 노량진에서 공부하지 않기에 불안감을 느낀다고 언급한다. 두 번째 출연자 이지원은 서울에 대한 환상은 많이 없지만, 광고 회사에 취업하고 싶다는 의사를 밝힌다. 그는 지방에 회사가 많이 없고 서울에 밀집되어 있기 때문에, "개인적으로 보고 배울 수 있는 게 많은 것 같아서" 서울에 가야 한다고 밝힌다. 세 번째 출연자 정재현은 중국 웨이신에 취업하길 희망하는데, 그는 울산에서 중국어를 "제대로 가르치는 곳이 없는 것 같더라"라고 언급하며 서울에 가야하는 이유를 밝힌다.

그런데 이들의 특징은 자신이 '무엇'을 하고 싶은지에 관해 상당한 수준의 열망과 의지, 계획 등을 갖고 있지만, 그것이 작동하는 현실이나 성취 가능성, 혹은 미래에 대해서는 단순하거나 겉으로 드러나는 현상에만 관계하는 것으로 보는 측면이 있었다. 특히, 출연자 신병국의 경우 보고 들은 것에 기대어 서울살이의 고단함 마저 하나의 '판타지'로 생각하고 있기도 했다. 이에 제작진은 서울에서 겪는 어려움을 이야기 중간중간에 삽입해 서울에 대한 환상을 일부 성찰적으로 다루거나 굴절시키지만, 바로 그 이유에서 이를 더 강화하기도 한다. '과연 서울이 최선일까'라는 메시지를 자막으로 내보내기도 하지만, 편집의 구성은 비판적으로 보기 힘든 측면이 있었다. 가령, 서울에서 이루어질 수 있는 것들에 대한 단편적인 예시(가림, 상담사를 통한 해결 방법 제시, 실제 회사 공간을 보여주고 취업 방향을 설명하는 행위 등)를 제시하고 있기 때문이다.

동시에 제작진은 지방과 대비되는 서울의 이미지를 보여주기도 한다. 울산의 시골 풍경 뒤에 삽입되는 서울의 세련된 사무실 전경과 화려한 놀이공원, '패셔니스타' 정재현이 개성을 표출할 수 있는 다채로운 공간으로 표현하기 때문이다. 이러한 일련의 과정은 공간의 축적된 이미지, 가령 꿈, 환상, 욕망 좌절 등의 그것이 출연자들에게 중층적으로 작동하고 있음을 보여준다. 특히, 좌절의 이미지마저 '판타지'로 이야기되는 것은 이의 단적인 예시일 수 있다. 이에 제작진은 곧 실제로 서울에 도착한 이들을 보여주는

데, 세 명의 여행자는 프로그램 내에서 계속 어려움을 겪는 것을 볼 수 있다. 출연자들은 '지하철 타기'라는 첫 관문에 부딪히는데, 표를 구매하는 것부터, 노선도를 보고 목적지까지 찾아가는 것까지의 모든 행위들은 그들에게 도전할 과제로 표현된다. 복잡한 노선도를 읽는 것이 어려운 청년 '이지원'은 도착하자마자 위축되며 말수도 줄어드는 모습을 통해 서울이 낯설고, 지하철 타는 것 하나도 쉽지 않은 공간임을 보여준다.

이를 본 참여자들은 〈경성 판타지〉 내 출연자들의 이야기에 공감하며 서울에 대한 생소한 감정을 느끼면서도 '쉽지 않은' 서울의 면모를 체험했다고 언급했다. 이들은 서울에 거주하는 생활에 대해 '생존', 혹은 '멈추면 살아남지 못하는' 공간이라는 표현을 사용하기도 했다. 서울이 생존하기 힘든 공간이기 때문에 인터뷰 참여자 중 B와 C, E는 차후 자신이 원하는 것을 얻는다면 고향이나 서울이 아닌 다른 지역으로 다시 내려가고 싶다고 응답하기도 했다. 이들은 "서울은 단지 성공을 위한 공간"이라는 점과 상대적으로 지방이 "한정된 자본을 가지고 살기에 편하기 때문"이라는 응답으로 이를 설명했다. 그럼에도 불구하고, 참여자들의 서울에 대한 긍정적 인식, 가령 이 도시가 자신의 성공을 어떻게 담보하거나, 어떤 희망으로 '지금 이곳'의 곤고한 삶을 견디고 있는지에 관해서는 다음의 진술들에서 찾을 수 있었다.



> 방송 계열에서 일하는 걸 꿈꿨는데, 서울로 취업을 하려고 생각한 건 당연한 수순이었어요. 순천에도, 여수에도 그리고 광주에도 방송사가 있어요. 그런데 업무 자체가 다양하지 않았고, 그래서 서울로 오게 된 거예요. (C)

> 저는 아무래도 지방은 취업 환경이 구축되어 있지 않다 보니까 자연스럽게 서울에서 취업을 하고 제 생활을 이어나가야겠다고 생각을 해서 서울에 올라왔어요. (E)

응답자들이 서울에 남게 된 주된 이유는 '꿈'이었다. 그런데 '꿈'이라는 한 글자의 단어 안에는 무수히 많은 의미가 포함되어 있었다. 그것은 경제적 성공, 전문성 취득, 자아의 실현, 주변의 기대에 대한 부응 등과 같은 것들이었다. 이는 모든 인터뷰 참여자들의 응답을 관통하는 키워드였으며 〈경성 판타지〉가 서술하고 있는 내용과도 연결되고 있었다. 〈경성 판타지〉의 여행 2일 차에서는 '서울'이라는 공간이 꿈과 연결되는 공간임을 구체적으로 보여준다. 이튿날 출연자들은 대림동과 노량진을 여행한다. 두 장소는 각각 다른 공간으로 보이지만, 꿈을 구체화할 수 있는 공간으로 제시되고 있다는 점에서 공통점을 지닌다. 먼저 출연자 정재현을 위해 이들은 대림동에 가는데, 그곳은 출연자들에게는 무법천지와 같은 영화 속 이미지로 각인되어 있는 모습을 보인다. 그러나 실제 시장 투어를 통해 이들은 자신의 고향 시장과 비슷하다고 언급한다.

이렇게 인터뷰와의 교차 편집을 통해 제작진은 공간에 대한 환상과 실제가 어떻게 다른지 보여준다. 이는 미디어에 재현되는 공간의 이미지가 대중들에게 체화되어 일상에서도 그것이 부지불식간에 영향을 미치고 있음을 보여주는 사례이다. 주지할 것은 이러한 일련의 메시지가 이른바 '실제'를 보여주는 듯하지만, 이 또한 제작진들의 선택과 배제, 절충을 통한 가공물인 이유에서 기존의 서울에 대한 환상과 크게 어긋나는 시점이 존재하지는 않는다는 점이다. 이를테면 프로그램은 청년들의 꿈을 구체화할 수 있는 공간으로 대림동과 노량진을 제시하고, 동시에 '그곳'이 결코 '쉽지 않다'는 것을 강조한다. 이러한 장치는 프로그램의 오프닝에 자막으로 말했던 "서울, 꿈만 꾸기에는 만만치 않은 곳"이라는 문구를 통해 서울에 대한 동경과 선망을 외려 강화하는 사회적 상상의 일종으로 기능하기도 한다.

이후, 이들은 시장에서 강남 학원가로 장소를 옮긴다. 정재현은 과거에 배웠던 학원의 선생님을 찾아가 입시 상담을 받는다. 중국 기업에 취업하고 싶다는 그의 의견에 선생님은 중국어 실력이 탁월해야 한다고 조언한다. 특히, 어학 실력을 향상하기 위해 중국인 여자 친구를 사귀라고 권유한다. 이와 같은 개인의 능력에 대한 필요성은 신병국의 이야기에서도 이어진다. 공무원 시험 준비생인 '신병국'은 학원에서 상담을 받고자 노량진으로 향한다. 프로그램에서는 "공무원 시험을 준비하는 공시생의 메카 노량진", "거리마저 면학 분위기로 가득한 곳"이라는 자막을 통해 노량진을 설명한다. 노량진의 한 학원에 들어간 신병국은 그곳의 상담사에게 상담을 받는다. 상담사는 노량진은 선의의 경쟁자를 만나는 곳이라고 설명하며, 노량진에 올라와서 공부할 경우, 경쟁의식을 통해 더욱 열심히 할 수 있다고 설명한다. 상담사는 "아침 7시에 일어나고 밤 11시부터 통제하는" 기숙사를 신병국에게 제안하는데, 그는 이를 긍정적으로 생각하고 있다고 대답한다. 노량진이라는 공간이 무연한 꿈을 위해 많은 것이 통제되고 고립된 채 살아가는 공간임을 보여주는 부분이다. 그리고 이러한 언술에 호명된 청년 주체들은 이를 수용할 뿐 아니라 자발적이며 능동적으로 도시가 표상하는 열정과 노력, 나아가 성공 신화와 그러한 담론에 자율적으로 참여하고자 함을 알 수 있었다.

학원에서 나온 출연자들은 컵밥을 먹기 위해 이동하는데, 프로그램에서는 컵밥에 대해 "저렴한 가격, 신선한 조리", "바쁜 수험생과 직장인의 최고의 한 끼"라고 설명한다. 고기와 부추, 양념밖에 들어가지 않은 밥 한 끼가 '최고의 한 끼'로 추천되는 노량진은 식사도 빨리 해결해야 할 만큼 여유가 없는 경쟁 사회의 공간임을 보여준다. 컵밥을 먹은 후, 이들이 향한 곳은 고시원이다. 고시원은 책상과 책꽂이, 침대가 있는 비좁은 공간이다. 고시원에는 창이 있는 방과 없는 방 두 가지로 나누어지는데, 집주인은 "창이 있는 방은 창밖에 눈이나 비가 내리면 잡생각도 나서" 좋지 않다고 주장한다. 이는 노량진, 그리고 그 안의 고시원이라는 공간은 날씨를 보고 느낄 수 있는 감정조차 허용되지 않는 혹독한 경쟁의 공간임을 보여줌과 동시에, 이러한 것들이 당연시되는 공간으로 인지되고 있음을 보여준다. 결국 과열된 경쟁의 공간인 노량진은 그곳에 당도하는 순간, 기본적인 권리도 목표를 위해 포기해야 하는 공간으로 특정되고, 이는 청년들에게 일종의 자기검열로 작동하여 경쟁에 참여하게 하며 기본권의 포기를 자연스럽게 만드는 측면이 있었다.

그런데 이는 실제 서울에서 생활하는 청년들의 현실, 이를테면 서울에서 생활하기 위해 2년 동안 새 옷을 구매할 수가 없었다는 F, 밥 한 끼도 얼마로 치환되는지 생각해보고 오천 원 이상은 고민을 하고 소비했다는 참여자 G의 응답과 연결되는 부분이었다. 즉, '꿈'을 위해, 혹은 '취업'을 위해 서울에 올라온다는 점, 그리고 그 공간이 서울이기 때문에 현재의 편안함이나 여유보다는 '열심히', '경쟁하며' 지내는 것을 당연시해야 한다는 점 등은 위 프로그램의 재현과 인터뷰의 응답이 교차하는 지점이었다. 이외에도 인터뷰 참여자 A는 프로그램에 나온 것과 같이 경쟁을 통한 성장을 위해 '러닝 메이트', 즉 경쟁자를 두고 노력한다고 서술하기도 했다.

이러한 인터뷰 참여자들의 진술과 〈경성 판타지〉에서의 서사는 서울이라는 도시의 특성에 따라 움직이는 대상들의 경험담을 담고 있는 측면이 있었는데, 이는 전술한 르페브르의 재현 공간이 함의하듯, 특정 공간의 이미지와 상징, 혹은 기표들이 그곳에 사는 사람들의 구체적 경험을 통해 정당화되는 과정이라고 볼 수 있다. 나아가 '꿈'과 '성공'을 위해 수반되어야 하는 노력과 경쟁을 당연시하거나, 기본권에 대한 포기를 기꺼이 감수하는 이들은 이러한 과정의 정당화를 넘어 이에 능동적이며 적극적으로 참여하고 있는 것으로 보이기도 했다. 이와 관련해 유승호(2013)는 각 시대는 그 시대의 통치술을 갖고, 대중들의 삶의 방식을 지도하는데, 이는 대중들이 모여 살아가는 도시라는 공간 속에서 가장 잘 작동한다고 언급한다. 즉, 서울의 이미지 자체가 하나의 통치술이자 이념을 정당화하는, 표면적으로는 이상을 구현하는 공간이지만, 그 이면에는 신자유주의의 논리를 실현하는 일상적 공간이 되었음을 알 수 있다.

## 자본이 된 공간 속, 소외되는 청년들

인터뷰 진행 과정에서 '서울살이'에 있어 '꿈', '경쟁'과 함께 자주 언급된 것은 주거 문제에 대한 것이었다. 이는 〈그곳에 청년이 산다〉의 내용과도 연결되는 부분인데, 프로그램은 서울살이에 대한 어려움을 토로하는 대사와 "지친 몸과 마음을 쉴 수 있는 나만의 공간, 있을까요?"라는 내레이션으로 이야기를 시작한다. 다큐멘터리라는 장르적 성격 때문인지 〈경성 판타지〉와는 다른, 차분한 음악과 대사가 두드러지는 부분이다. 동시에 이 프로그램 서두에서 던지는 '나만의 공간이 있을 수 있는가'라는 질문은 의미심장하면서도 비판적 논조가 보이는 지점이다. 이어지는 출연자들의 사례는 제작진이 전하려는 메시지를 더 명확하게 드러낸다.

첫 번째 등장인물은 대학생 '김다은'이다. 해당 인물은 대학 생활을 시작해야 하지만, 기숙사에 떨어지고 고시원에서 살게 된다. 그러나 그는 고시원이 지닌 여러 단점, 가령 단체생활이라던가 소음, 환기의 문제 등으로 인해 한 달 만에 이사를 하게 되는 상황에 놓인다. 설상가상으로 다음 방을 구하는 것도 쉽지 않았고, '김다은'은 결국 햇빛을 포기한 채 반지하에서 생활하게 되는 모습을 보여준다. 주지하다시피, 이는 '김다은'이라는 개인의 문제라기보다, 이미 많은 대학생이 겪고 있는 문제로 볼 수 있다. 프로그램에서는 이를 상기시키듯 수도권 대학 기숙사 수용률을 보여준다. 프로그램 내에서 보여주는 기숙사 수용률은 15%밖에 되지 않는데, 지역 주민과의 갈등으로 인해 기숙사 신축도 어려운 상황이다. 학교 밖에서 월세를 부담해야 할 상황에 놓인 대학생 '김다은'은 일주일에 5일 이상 아르바이트를 하며 월세를 충당한다고 설명하며 생활고를 겪고 있음을 이야기한다. 이에 〈그곳에 청년이 산다〉에서는 스웨덴의 크리스티안스타드 대학교를 보여주며 주거 문제에 대한 개선 방안을 제시하기도 한다. 크리스티안스타드 대학교는 "지방정부와 협력해서 학생들을 위한 아파트와 주거시설을 짓는다"고 언급한다. 이는 프로그램 내에서 좋은 사례로서 제시됨과 동시에 서울에 사는 청년들의 열악한 현실에 대한 비판을 더욱 강조하는 기능을 하고 있었다.

〈그곳에 청년이 산다〉의 두 번째 사례는 인디밴드의 리더 '김진목'이다. 옥탑방에 거주하고 있는 '김진목'은 예술 활동을 위해 집을 구했지만, "집을 가짐으로써 밖에서 일하는 시간이 더 많아졌다"고 이야기한다. 그런데 김진목의 사례는 김다은이 겪는 문제와 크게 다르지 않다. 이들은 다양한 상황의 청년들을 대표하는 캐릭터로, 하나의 문제, 즉 꿈을 위해 서울로 이주했지만, 생계에 들어가는 비용을 메꾸느라 자신이 '하고 싶은 일'을 할 수 있는 시간이 없는 청년들의 현실을 보여주는 역할을 하기 때문이다. 제작진이 보여준 이러한 사례는 도시가 가지는 환상을 통해 공간의 정치가 성공했음을 보여줌과 동시에, 정치나 제도가 공정이나 평등의 가치로부터 멀어졌음을 보여주는 부분이라고 할 수 있다. 서울은 '한강의 기적'이라고 불릴 만큼 빠르게 변화한 화려한 도시로 대변되지만, 출연자들이 사는 곳은 그런 이미지와는 사뭇 대비되는 반지하와 옥탑방이라는 점, 그리고 그러한 집이라도 유지하기 위해 적잖은 노력을 경주해야 한다는 현실이 드러나기 때문이다.

〈그곳에 청년이 산다〉는 사례에 이어 구체적인 수치를 제시한다. 그들은 전국 청년 주거 빈곤율이 29%, 서울 청년 빈곤율이 40%이고, 고시원과 같은 주거 공간은 국토교통부가 정한 1인 가구 최소 주거 면적에 전혀 부합하지 않고 있다는 비판을 제기한다. 따라서 〈그곳에 청년이 산다〉에서는 서울이 '꿈'을 이루기 위한 공간으로 제시되고 있지만 실제로는 주거권조차 보호되지 않기 때문에, 하루하루 살아내기에도 열악하기만 한 환경임을 날카롭게 지적한다. 이들이 비판한 문제는 인터뷰 참여자들의 응답에서도 볼 수 있었다.

> 서울에 처음 왔을 때 집을 알아보는데 … 전세 같은 경우는 몇 억씩 하더라고요 … 가진 돈이 너무 적어서 그걸로 찾아보는데 너무 안 좋은 집만 나오는 거예요 … (E)

부모님이랑 집을 같이 구한 게 아니어서 금액 비용 이야기를 하면, 더 싸게 하라고 하셔서 힘들었어요. … 지금도 제 월급 중에 가장 많이 나가는 비용이 주거 비용이에요. (C)

(학생 때는) 제가 서울에 올라오는 것 때문에 가족들이 많이 싸웠어요. 제가 학생이고 직장인이 아니니까 월세를 내가 못 내잖아요. 근데 부모님들이 월세를 내주기에는 … 한 달에 60만 원씩 나가 버리니까 … (G)

주거 문제를 해결하기 위해 일을 끊임없이 해왔던 응답자 F는, 그 과정에서 진로가 변경되어 처음 서울에 온 목적 자체가 상실되었다고 털어놓기도 했다. 물론, 이를 겪지 않은 인터뷰 응답자도 존재했다. 참여자 A와 H는 서울에 상경할 때 각각 회사, 부모님이 집을 전세로 제공해주었기 때문에 주거 문제에 대한 큰 어려움이 없었다고 서술했다. 그러나 A의 경우 회사를 나오면서 본인이 주거의 비용을 부담하게 되었을 때 큰 압박을 느꼈다고 기술했다. 꿈이라는 밝고 희망찬 이미지 이면에 존재하는 현실을 보여주는 대목이었다. 한편, 이를 해결하기 위해 정부에서 제시한 주거복지 혜택을 경험한 참여자의 응답도 존재했다.

주거에 대한 부담감이 확 줄었죠. … 근데 LH 청년 주택에 거주 하면서 모순을 많이 느낀 것 같아요. 서울에서 국가 혜택을 받으려면 정말 '못' 살아야 한다는 거에서요. 돈이 없어야 해요. 일을 해도 몇 시간 이상 근무하고 있는 사람은 안 되고, 차도 없고 집도 없어야 해요. (B)

최근 청년들을 위한 주거복지 정책이 확대된 것은 긍정적인 측면이지만, 위의 응답자처럼 복지 혜택을 받더라도 국가적 지원이 언제 끊길지 모른다는 불안한 현실이 드러났다. 게다가 응답자 C와 F는 매년 신청하지만, 아직 혜택을 받아보지 못했다고 진술했다. 그마저도 지원 자격에서 제외되어 신청하지 못했다는 인터뷰 참여자도 존재했다. 이는 〈그곳에 청년이 산다〉에서 제기한 문제와 맞닿는 지점이다. 고시원에서 살던 사회초년생 '신유진'은 국가의 도움을 받아 거주 문제를 해결하고 삶의 질이 높아졌다고 언급한다. 그렇지만 이러한 혜택은 2,200대 1이라는 비현실적인 경쟁률이 보여주듯, 극소수의 청년들만이 수혜자가 될 수 있다. 수도권에 일자리와 정보가 집중되어 있다 보니 이 사회를 살아가는 청년들은 어쩔 수 없이 꿈을 이루기 위해 서울로 향하게 되지만 당장 '살 곳'이 없는 그들의 현실은 녹록치 않다.

이에 B는 '내 집'을 사려면 적어도 40대가 되어야 한다고 언급했는데, 이는 한국 청년들의 현실이기도 했다. 실제 국토교통부에 따르면 2019년 기준, '첫 내 집 장만' 나이가 평균 43세로 밝혀졌다는 자료는 이를 뒷받침한다(황의준, 2019.6.24). 청년들이 살아내기에 열악한 상황이 되어가는 도시공간이 '꿈'으로 포장되기에는 버거운 현실임을 보여준다. 이러한 사회 분위기 속에서 최근 2030 세대가 '욜로(YOLO)'[10] 대신 집을 살 수 있는 '빚투'[11]에 이끌리는 것은 결국 이와 같은 문제에서 파생된 결과라고 할 수 있다(김범수, 2020.11.24). '2030 동학 개미 운동' 또한 이러한 비슷한 맥락에서 살펴볼 수 있다. 20대들의 주식투자는 "혼자 힘으로 집을 살 수 있는 거의 유일한 방법"이기 때문이다(양소희, 2020.8.8).

물론, 이는 잘 알려진 바와 같이 한국 사회의 지난한 경제적, 계급적 문제이기도 하다. 그런데 공간에서 파생하는 자본의 격차와 그로 인한 주거, 결혼, 출산, 교육 등의 연관된 사회적 문제들, 나아가 정서적 상실감을 극복하기 위해 더 많은 노력을 경주한다는 인터뷰 참여자들의 진술은 부동산 소유주나 지주, 개발업자, 금융 자본가 등에 의해 개인의 권리가 포기되고, 자본가들을 위한 프로젝트에 맞게 개인을 개조하는 대리자(Harvey, 2005b/2008, 141쪽)가 되는 과정을 상기시킨다. 그들은 사회에서 치밀하고 완강하게 작동하는 경제 논리를 내면화해 자기계발, 또는 이와 유사한 정동적 실천들을 다양한 방식으로 모색하고 있었기 때문이다. 또한, 그들은 이러한 각자도생의 노력을 통해 꿈과 성공 신화를 이루어 서울에 안정적으로 정착하고 경제적 여유를 누릴 수 있는 자본가 계급으로의 이동을 원하는 모순적 모습을 보이기도 했다.

이상의 논의들을 종합해 보면 서울은 꿈을 이루기 위한 공간이면서 두려운 공간, 경쟁의 공간, 주거의 기본권도 챙기지 못하는 열악한 공간이다. 이러한 현실은 두 제작물과 인터뷰 응답자들의 생생한 목소리를 통해서 볼 수 있었다. 출연자들과 인터뷰 참여자들은 서울을 자신이 이루고자 하는 목표에 대한 기회의 공간으로 상상하고 거기에 가면 무언가 이루어질 것이라고 기대하지만, 그들의 상상은 단단한 현실의 벽과 마주하고 있었다. 그런데 이를 충분히 예상하거나 경험함에도 여전히 서울에 모여들고 정착하려는 현상은 개인의 노력에 따라 성공할 수 있다는 신자유주의의 신화가 공간의 문화정치를 통해 청년들에게 꽤 성공적으로 작동했음을 알 수 있는 부분이었다. 동시에, 이들의 각박한 현실은 도시의 모순과 소외를 증명하는 사례로 보이기도 했다. 서울이 발신하는 이미지, 혹은 환상에 이끌려 그곳으로 이주하고 또 치열하게 노력하지만, 그들이 존재할 수 있는 공간은 월세방, 그마저 여의치 않다면 반지하와 옥탑방으로 내몰리기 때문이다.



## 도시성의 모순과 청년들의 자기 통치

### 신자유주의 성공 신화에 갇힌 청년들의 노동과 일상

> 서울까지 왔는데, 돈도 많이 벌고 성공하고 싶다고 생각했어요. … 그리고 이런 과정이 결국 그 결과까지 이어지지 않는다면, 그 과정이 의미가 있을까? 하는 생각을 해요. 그래서 더 노력하게 되는 것 같아요. (E)

지방에 있을 때보다 경제적으로 들어가는 비용이 차이가 나잖아요. 그래서 경제적인 쪽으로 투자를 하니까 뭐라도 돼야 한다는 … (D)

인터뷰 참여자들의 응답은 '서울'이 단지 상상적으로 '열심히 해야 하는 곳'이 아닌, 내가 열심히 살면 성공할 수 있는 곳이기 때문에, 그만큼의 투자를 해서 성공을 하고 싶다는 내용이었다. 이러한 응답은 '꿈을 실현하는 공간'으로서의 이미지와 현실의 경험이 더해져 청년들을 노력하게 하고 있음을 보여주었다. 특히, 참여자들은 이러한 공간 안에서 경제적 투자가 이루어지기 때문에 그것을 미래의 성공을 통해 회수하려고 노력하고 있었다. 그리고 그 과정에서 들어가는 '노력'과 '경쟁'이라는 신화는 다시 자기 통치의 논리로 연결된다.

이는 〈경성 판타지〉에 등장하는 공시생인 '신병국'의 사례와도 이어진다. 그는 공무원 시험을 통과하기 위해 노량진의 학원에 방문하여 상담을 받는다. 그런데 학원의 상담사는 신병국에게 목표를 위해 서울로 올라올 것을 권유하면서 "지방 수험생을 위해 기숙사를 운영하는 반도 있고, …아침에 일어나는 것과 밤에 나가는 것을 통제하는 생활 개념만 지키면 좋겠다는 취지에서 운영하고 있다"고 언급한다. 이러한 대화는 경쟁 환경 속에서 스스로 통제하지 못한다면 기꺼이 타자에 의해서라도 통제를 가할 수 있다는 것을 보여준다. 또한, 노량진의 공간적 특성이 청년들로부터 조바심을 느끼게 하여 그들이 스스로 통제와 고립의 공간에 자발적으로 참여하게 하고 있음을 보여주고 있었다. 주목할 것은 이러한 통제와 규율을 프로그램이 일면 정당화하듯, 병국이 집에서 공부할 때 집중하지 못하고 돌아다니는 모습을 자료화면으로 삽입한다는 점이었다.

한편, 이러한 신병국의 이야기는 일견 상충되는 부분이 존재하는데, 그것은 그가 공무원이 되려는 이유였다. 그는 제일 싫어하는 직업이 공무원이었지만, 공무원이라는 직업의 특성이 안정감이 있기 때문에 이에 도전하려 한다고 언급한다. 이에 상담사는 "많은 청년이 공무원을 준비하고 있지만,

얼마 동안 지원을 해줄 것이니 다른 일을 할 것이냐고 묻는다면, 50-60%는 다 그만둘 것이다. …수험생은 사회의 그런 부분을 역류할 수 없으니까 따라가는 것이다"라고 언급한다. 자본주의 사회의 불안과 경쟁을 회피하고자 공무원을 꿈꾸지만, 그 과정은 어느 곳보다도 경쟁이 과열된 사회이며, 합격에 대한 확신을 가질 수 없는 불안정한 상황이다.

그런데 이러한 모순적인 현실에도 불구하고 많은 청년들은 공무원 시험을 준비한다. 이와 관련해 김남인(2018, 58쪽)은 청년들은 사회적 장벽을 마주하며 기성세대가 정립해 놓은 발자취를 따라가는 능률적 노동자가 되고자 한다고 언급한다. 청년들은 대안을 찾아 경쟁에 합류하지만, 그 대안은 가장 과열된 경쟁의 공간이자, 시험에 합격하기 전까지는 그 무엇도 보장되지 않는 현실이 드러나는 지점이다. 이에 도시는 해결 방법처럼 보이는 것, 이를테면 개인의 노력과 열정, 혹은 상담사가 제시한 서울로의 이주와 통제의 방식 같은 처방전을 제시하고 이것을 믿게 하여 모순을 해결하는 측면이 있었다. 그런데 기성세대의 영향은 인터뷰 참여자들이 서울에 올라오게 된 이유, 특히 부모님 세대의 기대나 반응과 연결되었다.



> 부모님이 서울에서 사는 걸 바라세요. '내가 너를 대학까지 보내고, 서울까지 올려 보냈는데, 다시 지방으로 내려온다고? 그럼 지금까지 내가 쏟아 부었던 지원은 뭐가 되냐'는 입장이셔서 … 서울에 있는 건 성공한 거니까 … (C)

> 지방으로 내려가고 싶다고 이야기한 적도 있는데, 부모님이 단호하게 "오지마"라고 하시더라고요 … 동생도 서울로 보내시는데, 동생이 내키지 않아 하니까 설득과 권유를 통해서라도 서울에 보내려고 하셨어요. (D)

이러한 인식은 젊은 세대까지 이어지는 지점이 있었다. 참여자 E는 다음과 같이 언급했다.

지방에서의 성공과 서울에서의 성공은 그 치열함이 다른 것 같아요. 친척 중에 누가 서울에서 일하고 있다고 들으면 잘되길 바라고, 그 친구가 만약 지방으로 다시 내려갔다고 하면 뭔가 패배자 같다는 생각이 들고 … 개인의 노력에 대해서는 말할 수 없겠지만, 서울과 지방의 차이가 있긴 있는 것 같아요. (E)

또 다른 인터뷰 참여자 C의 경우 고향으로 내려가서 주거권이 보장된 '아파트'에서 살고 싶지만, 부모님의 반대에 그럴 수 없다고 자신의 상황을 이야기했다. 그는 서울에 있는 것이 '성공한' 것으로 인식되기 때문이라는 말도 덧붙였다. 결국 이들은 서울의 이미지인 '성공'이라는 것에서 멀어지는 것을 '실패'로 여기기 때문에, 서울 생활에 어려움을 느끼더라도 버티기 위해 노력하는 모습을 보이고 있었다. 응답자들에게 서울의 이미지는 곧 '그곳'에 거주하는 자신의 이미지가 되는 것이었다. 바꿔 말해, '그곳'에서 멀어진다는 것은 그들에게 낙오자, 실패자 등의 이미지가 덧씌워진다는 사실을 의미했다. 도시라는 공간이 참여자들로부터 성공을 스스로 갈구하게 만들기도 하지만, 서울에 대한 주변인들의 인식과 시선으로부터 압박을 경험하고 더욱 스스로를 소진시키는 통치의 기제가 되는 것이었다. 이는 모순적인 측면이 존재하는데 즉, 이들은 공간에서 실현되는 정치나 문화적 실천의 능동적 참여자가 되지만, 엄밀하게 말해 서울이란 공간에 안착하지는 못한 채 유동하는 존재들이기 때문이다. 역설적이게도 이들은 자신의 고향에서는 서울에 안착한 하나의 모범 사례 혹은 성공 신화로 여겨지고 있었다.

이러한 지역의 이미지와 성공에 대한 압박은 이어지는 대화를 통해 이어졌다. 인터뷰에서 참여자들은 서울에 와야만 했던 이유에 대해 "모든 것이 지방보다는 발달된"(F), "지방에서는 할 수 없는"(G), "문화적인"(H) 공간이기 때문이라고 설명했다. 이는 곧 자신의 고향과는 다른, 또, 다른 도시와도 뚜렷하게 구별되는 지역, 혹은 색다른 로컬(local)의 이미지를 염두에 두고 있음을 보여주는 대목이었다. 참여자들에게 지역은 문화가 발달하지 못한,

그래서 기회가 없는 곳이었다. 이에 반해, 서울은 기회의 공간이고, 자신이 노력만 하면 목표를 이룰 수 있는 공간으로 인식되었고 이러한 인식은 스스로의 노력을 끌어내는 배경이 되고 있었다. 그런데 대상자들의 응답에서 특정 도시의 이미지가 '긍정적으로' 윤색될수록, 주변 도시나 지역의 이미지는 하향되는 측면은 흥미로운 지점이었다. 이는 국가적 차원의 거대 도시 계획이 서울이라는 도시를 키웠지만, 그것이 성공적일수록 그곳에 문화와 자본, 인적 네트워크 등이 쏠리게 함으로써 지리적 불균등이 실재하는 물리적 조건이자, 정서적, 문화적 구성물이 되어 감(becoming)을 보여준다.

한편, 이들이 겪는 상황에 대해 A와 F, H는 '즐기고 있다'고 표현했다. 응답자들은 서울에서 지내는 것에 대한 피로보다 좋은 점이 더 많다고 진술하며 특히, F의 경우에는 부담에서도 자유로웠다고 언급했다. H는 힘들긴 했지만, 그것이 자기를 발전시키는 기제가 되어 좋다고 서술했다. 서울에 와서 한 번도 일을 쉬어본 적이 없던 이들이 말하는 '좋은 점'이란 자신을 발전시킬 수 있다는 것, 그리고 문화를 향유할 수 있다는 것이었다. 그런데 이들이 언급한 긍정적인 측면은 오히려 자율적이고 자유롭게 자신의 삶을 계획하고 관리하고 경영해야 한다는 은밀하면서도 강력한 규율처럼 보이는 측면이 있었다. 이들은 자신의 삶을 영위하기 위해 경제적 활동과 목표를 위한 실천의 과정에 근면한 모습을 보였기 때문이다. 가령, 응답자 F는 서울에 온 이후 경제 활동을 쉬어본 적이 없었고, H는 세 개의 직장을 동시에 다니고 있었으며, A는 자신의 꿈을 위해 일을 하면서 평일 저녁과 주말에 자기계발을 했다. 이는 즐기고 있다고 응답한 이들도, 생활고를 겪고 있다고 응답한 참여자들도 스스로 통치하는 과정을 겪고 있었으나, 자기 경영과 계발의 원리에 적용되는 윤리적 정당성이 적용됨에 따라 합리화되는 측면이 있었다(문강형준, 2012, 125쪽). 물론, 여기서 제시된 사회적 시선과 경제적 압박 외에도 응답자들을 옥죄는 요인은 여전히 존재했다. 이는 주거 문제와 관련된 부분이었다.

### 자본과 계급 표상으로서 주거 공간, 상승을 꿈꾸는 청년들

〈그곳에 청년이 산다〉에서는 실제 서울에 거주 중인 청년들의 모습을 통해 더욱 구체적인 현실을 보여준다. 특히, 제작진은 대학생 김다은의 사례를 통해 수도권 대학가의 월세 시세를 제시하고 기숙사의 수용률이 15%밖에 안 되는 것을 지적한다. 서울로 집중된 자원—문화, 취업의 기회, 인적 네트워크 등—때문에 도시로 이주하지만, 거주지를 쉽게 찾을 수 없는 대학생들의 현실을 보여주는 것이다. 그런데 이러한 비판적 시각을 담은 프로그램에도 '꿈'을 강조하며 청년을 노력의 담론으로 통합시키는 측면이 존재했다. 프로그램에 등장한 LH 토지주택연구원은 "(주거 공간은) 꿈을 꿀 수 있는 공간이 돼야 하는데 그 비좁은 집에서 높은 월세를 내면서 과연 꿈을 꿀 수 있겠느냐 … 청년을 자원으로 생각하고 상당히 투자해야 하는 상황이다"라고 주장한다. 꿈을 실현해야 할 청년에게 성장권을 보장하기 위해 주거를 해결해 주어야 한다는 논리인데, 이는 그것을 성취하기 위한 청년들의 노력이 전제 조건이 된다. 동시에 청년을 "자원으로 생각"한다는 연구원의 언급은 그들을 개별 주체가 아닌, 사회의 도구나 부품으로 보는 차가운 자본주의의 논리를 극명하게 보여준다.

물론 자원, 혹은 자본이 된 것은 청년만이 아니었다. 땅을 내어주는 것을 '투자'로 보는 것은 공간 또한 자원으로 순치된 것을 의미하고 이는 인터뷰에서도 드러났다. 참여자들은 '원래 서울 태생인 친구들'과의 격차를 느끼는데, 서울이라는 공간 자체가 그들이 갖지 못한 자본이기 때문이었다. 이에 응답자들은 그들에게 '토대'가 되는, 자신들이 '갖지 못한' 공간이라는 자본의 격차를 메우기 위해 스스로를 더욱 소진시키고 있었다.

> 보면 부러운 게 있죠. 월세라는 부담을 떼어놓고 보더라도, 가족이 있는 집이 있고, … 그래서 서울에서 태어난 친구들이랑 이야기를 하면 서울에서 산다는 게 부럽기도 해요. 다른 출발점이구나 생각한 적은 있어요. (E)

> 서울에서 태어난 것도 요즘 시대에는 재력이구나를 느꼈어요. … 올라와서 이렇게 열심히 하는 게 무슨 소용이 있을까, 쟤네들은 저렇게 잘 사는 데에 비해 저는 이렇게 더 열심히 살아야 하는 건데. 그런 생각에 악바리가 되기 시작된 거 같아요. 일단 올라왔으니까 뭐든 해야 하잖아요. (G)

> 차이를 느끼죠. 인적 네트워크에서 그걸 많이 느꼈던 것 같아요. … 인적 네트워크가 그들끼리 잘 되어 있다 보니까, 저는 부족함을 많이 느껴요. 그래서 일을 계속 하려는 것도 있었죠. (H)

그들이 과거에 태어나 살았던 공간인 지방과 서울 사이에 분명하게 존재하는 일종의 계층적 차이와 간극을 느끼는 것은 흥미로운 지점이다. 인터뷰 참여자들은 서울 태생인 친구들보다 문화적 경험, 인적 자원, 주거 공간 등 삶의 질(質) 전반에 있어 부족한 것이 많다고 느끼고 있었다. 이러한 지점은 서울과 지역의 환경과 인프라의 차이가 빈부를 나누는 기준이 된다는 것을 알 수 있는 부분이었다. 주거 문제가 해결되지 않은 이들은 이를 더 절감하고 있었다. 공간을 자본으로 사고 팔 수 있게 됨에 따라 그곳에서 경험하는 것들이 물적이면서 동시에, 정서적, 문화적 가치가 되고, 그곳을 '살 수 있는' 사람과 '없는' 사람 간의 좁혀지기 어려운 격차가 나타나는 것이다.

이런 면에서 부동산으로 대변되는 주거 문제는 이미 우리 사회에 깊숙이 착근한 계급적 문제이다. 일례로, 최근 초등학생들 사이에 '휴먼거지', '월거지', '전거지' 등의 은어가 생겨나고 있는데, 휴먼거지는 LH의 아파트 브랜드인 휴먼시아에 사는 거지를 줄인 단어이다. 월거지, 전거지는 월세에 사는 대상, 전세에 사는 대상을 칭하는 은어이다. 학생들은 사는 곳에 따라 등급을 매기고 자신들의 특권의식을 누리는 것이다(박승룡, 2021.4.18). 이는 결국 주거와 공간의 문제가 사는 곳에 따른 계급과 특권의식을 강화하는 기제가 되고 있으며 그것이 서울로 이주해 온 청년들에게도 예외 없이, 혹은 더 강력하게 작동한다는 것을 보여준다. 이처럼 공간에서 생기는 자본의 격차를 극복하기 위해 더 노력해야 한다는 참여자들의 이야기는 전술한 자본주의적 패러다임과 통치성에 부합하는 방식으로 개인을 개조하는 과정이었다.

그런데 두 프로그램에 재현된 도시의 이미지와 가능성, 그리고 그곳에서 체험되는 개인들의 경험은 하나의 체계처럼 순환되는 측면이 존재했다. 개인들이 체험한 물리적 경험이 도시 공간의 특성으로 수렴되고 있었고, 이는 다시 공간의 이미지가 되고 있었기 때문이다. 이는 글로벌화한 시대에 이율배반적으로 보이는 측면이 있는데, 왜냐하면 급속하게 발전한 교통과 통신, 자본의 이동 등 기존의 시공간의 제약을 극복하게 하는 자유로운 국제(내) 자본, 정보, 이념 및 사람의 이동이란 글로벌 정경이 수도권 일극 경제화를 완화하는 대신, 그 반대로 도시 유입과 지역 유출을 심화하기 때문이다(전영수, 2021.7.10). 이와 관련해 서울에 대한 판타지로 인해 '그곳'으로 이주한 이들의 이야기가 또 다른 지방 거주민, 특히, 청소년들에게 성공 신화가 되는 것, 그리고 누군가는 그것을 바라고 수도권으로 향하게 되는 순환의 고리는 추상적, 이념적이면서도 동시에 현실에서 기민하고 완강하게 작동하고 있다. 이는 인터뷰 참여자들 F, G, H가 서울에 오게 된 계기이기도 했다. 그런데 그 과정에서 주거나 과열된 경쟁의 문제 등이 망각되는 것은 르페브르가 말했듯 재현 공간, 즉 서울에 삽입된 상상과 이미지의 기능이 꽤 성공적으로 작동한 결과라 볼 수 있다.

그러나 모든 문제가 자연스럽게 사라지는 것은 아니었다. 특히, 경제적 격차는 인터뷰 참여자들에게는 현실의 모순을 잠시나마 자각하게 만드는 측면도 보였다. 참여자들은 원래 서울에 거주하던 친구들과의 경제적 격차를 느꼈다는 경험, 그 당시에 현실이 절실하게 느껴졌다는 답변을 했기 때문이다. 그런데 주목할 점은 이러한 자각이 하비가 제언한 상징적 의미에 대한 저항, 혹은 비판으로 이어지기보다 자신의 능력을 향상하여 자본주의 사회에서 성공을 다시금 상상하게 하는 기제로 작동한다는 점이었다. 이와 관련해 그러한 현실을 극복하기 위해 더 많은 노력을 했다는 참여자들의 답변을 그 사례로 볼 수 있었다. 이는 공간이 특정 이념이나 믿음을 정당화하는 측면이 존재하며 이러한 기제가 꽤 지속적이며 안정적으로 작동하고 있음을 보여주는 지점이다. 또한, 이는 하비의 주장과 같이 사람들이 체현되지 않은 것을 상상하기 어렵고 기존에 만들어져 있는 제도적 세계와 환경에서 벗어나기 어려운 것임을 보여준다.

이 글에서 분석한 두 프로그램은 출연자들을 주로 대학생, 취업준비생, 결혼을 앞둔 예비부부, 예술인 등으로 구분해 그들의 삶을 심층적으로 조명했다. 다만, 사적인 부분보다는 직업적 특성에 따른 생활양식과 함께 애환을 보여주는 형식이었는데, 이는 유사한 상황에 놓인 시청자들을 호명하는 효과적인 기호로 작동했다. 이들은 지역, 젠더, 직업, 주거지 등 표면적으로는 개성적이고 다양한 개인들이었지만, 프로그램 내에서는 위와 같은 카테고리(category)로 분류해 출연자들의 일상을 보여주고 일반인들의 공감을 극대화하는 요소로 활용한 측면이 강했다. 가령, 주거지의 불안정성, 서울살이의 어려움, 폭등하는 집값 등은 개인적인 경험과 체감은 물론, 그 해법이나 대안의 차원에서 이질적임에도 불구하고, 이에 대한 통합적, 거시적 비판과 사회적 논의를 제시하려 했다는 측면은 이를 뒷받침한다. 실제 인터뷰 참여자들은 주거 문제 외에도 다양한 경제적, 정서적 이유들, 예컨대 가족의 압박, 극심한 경쟁과 과정에서의 불안함, 주위 시선으로 인한 부담감 등 다양한 원인에 대해 언급했다.

# 맺는말

이 장은 〈경성 판타지〉와 〈그곳에 청년이 산다〉를 통해 현대 사회에 형성되어 있는 도시 담론을 검토하고, 그 내용이 청년들에게 어떻게 적용되고 있는지를 살펴보았다. 특히 서울이 청년들로부터 어떻게 자기 통치를 끌어내고 있는지에 대해 밝히고자 했다. 그 결과 〈경성 판타지〉에서는 서울이 꿈이 실현될 수 있는 가능성의 공간이자 미지의 두려운 공간으로 표현되고 있었으며 출연자들의 고향인 울산과 대비되는 공간으로 나타났다. 또한, 이들이 꿈을 실현하기 위해 강남과 노량진을 방문하는 과정에서 서울이 타인과 경쟁하는 공간이자, 그 경쟁에서 살아남기 위해 상당한 수준의 고립과 통제, 내핍생활을 자발적으로 선택해 이를 적극적으로 수행하고 있는 공간이기도 한 것을 알 수 있었다. 또한, 원룸이나 고시원 등의 열악한 주거 환경은 무한 경쟁에서 이기거나 생존하기 위해 감정조차 제한되는 공간임을 보여주었다. 〈그곳에 청년이 산다〉 역시 비판적이고 성찰적 시선으로 서울이라는 도시 공간을 바라본다. 특히, 서울에 거주하는 청년들의 열악한 주거 환경과 힘겨운 일상의 민낯을 보여주며, 서울이라는 공간에서 분투하는 그들의 삶과 의지, 희망과 불안에 관해서도 보여준다.

이 글에서는 텍스트 분석과 더불어 20대와 30대를 중심으로 진행한 심층 인터뷰를 통해 보다 구체적이고 생생한 진술들을 확보할 수 있었다. 일례로, 인터뷰 참여자들은 〈경성판타지〉와 〈그곳에 청년이 산다〉에 공감하는 가운데 자신들이 경험한 내용을 서술했다. 이는 서울에서 경험하고 느꼈던 경쟁에서의 분투, 소진, 불안, 분노, 회의 등의 부정적 감정과 더불어, 언젠가 '성공'해 더 나은 삶을 살 수 있을 것이라는 희망과 용기 등의 다층적이며 상호 모순적 감정들이 혼재되어 있었다. 다시 말해, '서울'이라는 공간의 특성은 청년들을 무한경쟁에 능동적으로 참여하게 만들기도 하고, 이 과정에서 스스로를 다채로운 방식으로 통치하거나 이러한 체계에 순치하면서도 한편, 이를 창의적으로 수용하려는 측면을 볼 수 있었다는 점이다. 그 사례로, 공간이 자본으로 치환되면서, 인터뷰 응답자들은 도시에 거주하지 못하는 것에 상당한 수준의 경제적, 문화적 격차와 더불어 정서적, 심리적 간극, 혹은 불안을 느끼고 그러한 상황을 극복하기 위해 끊임없이 노력하는 측면을 보이기도 했다.

나아가 이러한 경험과 인식, 감정으로부터 비롯한 사회적 상상 및 상응하는 실천은 안정적인 도시 정주민의 자격을 갖추는데 요구되는 능력과 역량의 확보 및 그러한 삶을 살아나가기 위해 경주해야 할 일상의 다양한 실천과 자기계발 등으로 연결되고 있었다. 또한, 이는 종종 현실과 이상의 간극을 명징하게 하는 계기가 되기도 하지만, 동시에 이는 대부분의 경우, 은밀하면서도 복합적인 자기정당화나 변형된 형태의 자기통치적 양상으로 드러나기도 했다. 이는 공간의 소유에 기인하는 다양한 물적, 정서적 격차가 청년들의 관념과 정동 속에서 주목할 만한 지배적 권력이 되었음을 보여주는 것이었다. 그러므로 개인적, 사회적 차원에서 진지한 숙의를 통해 지속적으로 환기하고 문제 제기를 통해 극복하고 또, 대안적 전망을 예비해야 할 일련의 통치적 요소로 작동하고 있음을 알 수 있게 하였다.

이 장에서 '서울'이라는 글로벌 도시의 이미지와 청년들의 삶에 주목했다면, 다음 장에서는 '지역'의 이미지에 관해 논하고자 한다. 특히, 미디어에서 지역 공간을 어떻게 재현하고 있는지, 지역 청년들은 이러한 미디어의 메시지를 어떠한 방식으로 수용하는지에 대해 논의하고자 한다. 이것은 삶의 터전이 특정한 방식으로 재현 및 담론화되어가는 과정을 추적하고 그곳을 살아가는 청년들의 경험을 공유하는 작업이라 할 수 있다.

## 주

1 〈경성 판타지〉는 울산 MBC에서 방영된 여행 관찰 예능이다. 이는 서울에 대한 판타지를 갖는 지역민들이 여행을 통해 환상과 마주하는 내용이다. (출처: 울산 MBC 홈페이지. URL: https://www.usmbc.co.kr/programme/V7sZKqPuW1UAp3r)

2 〈EBS 다큐 프라임: 행복한 주거 1부 그곳에 청년이 산다〉는 EBS에서 방영된 다큐멘터리 프로그램이다. 그중에서도 1부는 서울에 올라온 청년들의 생활에 대해 조명한다. 이 프로그램은 이후 〈그곳에 청년이 산다〉로 약칭한다. (출처: EBS 홈페이지. URL: https://docuprime.ebs.co.kr/docuprime/vodReplayView?siteCd=DP&courseId=BP0PAPB0000000005&stepId=01BP0PAPB0000000005&lectId=10694688)

3 공간적 실천은 생산과 재생산, 특화된 장소, 응집력을 유시키는 사회적 훈련이 필요한 고유 공간의 총체를 아우른다. 특히, 이 개념은 사회적 공간과 사회 구성원이 맺는 관계에 대해 설명한다 (Lefèvbre, 1988, 80쪽). 즉, 이는 구체적 메시지에 주목하기보다 인간이 공간 내에서 사회화되는 과정과 사회적 공간의 구성에 주목한다. 또한, 이는 고유 공간의 총체를 아우르는 개념이라는 점에서 상대적으로 포괄적인 측면이 강하다. 이 같은 특성으로 이 장의 분석 대상과 메시지를 효과적으로 다루기에는 추상적이고 확장된 개념이라 판단해 제외하고자 하였다.

4 공간 재현은 인지된 공간, 이를테면 학자들, 계획 수립자들, 도시 계획가들과 같이 공간을 구획짓고 배열하는 과학성을 추구하는 예술가들의 공간이다(Lefèvbre, 1988/2011, 80쪽). 도시 계획에 근거하여 생겨난 공간 구획과 건축물, 상징적 건물과 같은 전시적인 공간 구획을 의미한다(홍준기, 2011, 171쪽). 이 글에서는 계획된 도시의 배열된 공간의 특성보다, 상상되고 인지되는, 그리고 체험되는 측면과 그 안에서의 상호작용에 대해 보고자 하였기에 이 개념은 제외하였다.

5 인터뷰 참여자 G의 응답 인용

6 인터뷰 참여자 B의 응답 인용

7 절대적 공간이란 고정되고 표준화된 격자로 지정된 공간이며, 상대적 공간은 대상들 사이의 관계로서 이해되는 공간이다. 관계적 공간은 대상이 다른 대상들과의 관계를 포함하고 나타내고 있는 한에서만 그 대상이 존재한다고 말할 수 있다고 보는 관점이다(Harvey, 2005b/2008).

8 두 사람 사이의 공감적인 인간관계. 또는, 그 친밀도. (출처: 국립국어원. URL: https://opendic.korean.go.kr/dictionary/view?sense_no=140615&viewType=confirm)

9 이들은 대외활동과 주위 경험자들의 조언을 통해 무엇을 할 수 있을지 제시받았기 때문에, 서울에 대한 구체적 가능성을 상상했었다고 회상했다. 그러나 이들이 상상하게 된 계기는 꿈과 관련된 무언가를 갈구하였던 것에서 시작되었고, 이를 이루기 위해 상경했다는 것은 다른 인터뷰 대상자들과 공유되는 지점이었다.

10 '인생은 한 번뿐이다'를 뜻하는 You Only Live Once의 앞글자를 딴 용어. 현재 자신의 행복을 가장 중시하여 소비하는 태도를 말한다. (출처: 네이버 지식백과. URL: https://terms.naver.com/entry.nhn?docId=3548848&cid=43667&categoryId=43667).

11 '빚을 내서 투자'의 줄임말. (김범수, 2020.11.24. URL: http://www.segye.com/newsView/20201123518714?OutUrl=naver).

## 참고 문헌


고재연 (2018.10.4). X세대…Z세대…복잡한 세대 분류 어떻게?. 〈한국경제〉. URL: https://www.hankyung.com/society/article/2018100430361

구보라 (2017.6.20). 청년들의 주거 민낯...다큐프라임 '행복한 주거'. 〈Pd JOURNAL〉. URL: http://www.pdjournal.com/news/articleView.html?idxno=60733

구보라 (2018.8.9). "지역의 서울 판타지, 달콤 씁쓸하죠". 〈Pd JOURNAL〉. URL: http://www.pdjournal.com/news/articleView.html?idxno=62298

김남인 (2018). 〈미디어의 청년세대 호명에 대한 비판적 분석: 청년들의 심층인터뷰를 중심으로〉. 한국외국어대학교 대학원 석사학위 논문.

김대근 (2019). 전후 한국영화에 재현된 자본주의적 공간의 형성: 데이비드 하비의 도시이론을 중심으로. 〈씨네포럼〉, 34권, 149-179.

김범수 (2020.11.24). 코로나의 역설…2030 '영끌 빚투' 열풍 [심층기획]. 〈세계일보〉. URL: http://www.segye.com/newsView/20201123518714?OutUrl=naver

김선기 (2014). 세대연구를 다시 생각한다: 세대주의적 경향에 대한 비판적 검토. 〈문화와 사회〉, 17권, 207-248.

김은준 (2015). 초기 힐링 담론의 자기 통치 프레임과 담론효과. 〈한국언론정보학보〉, 74호, 38-71.

남지은 (2017.3.23). 교육방송 "온 가족 공감 채널 되겠다". 〈한겨레〉. URL: http://www.hani.co.kr/arti/culture/entertainment/787738.html#csidxaebcbee35d7207d8f9f4f33e7d45aad

딩종리 · 류웅재 (2020). 중국 청년세대의 토크쇼 프로그램 수용에 관한 연구: 〈강연합시다〉와 〈기파설〉을 중심으로. 〈문화와 정치〉, 7권 1호, 540.

문강형준 (2012). 자기계발의 시대, 미세하고 부드러운. 〈문화과학〉, 69호, 121-130.

박상완 (2018). 텔레비전 드라마 슬기로운 감빵생활에 나타난 신자유주의 시대의 생존법. 〈한국극예술연구〉, 60권, 165-203.

박승룡 (2021.4.18). 기자수첩/ '휴먼거지'를 아시나요?. 〈동양일보〉. URL: http://www.dynews.co.kr/news/articleView.html?idxno=626291

박재홍 (2001). 세대연구의 이론적 · 방법론적 쟁점. 〈한국인구학〉, 24권 2호, 47-78.

방희경 · 유수미 (2015). 한국 언론과 세대론 전쟁(실크세대에서 삼포세대까지): '위기론'과 '희망론' 사이에서 아슬아슬한 줄타기. 〈한국언론학보〉, 59권 2호, 37-61.

송아현 · 백선기 (2018). 미디어에서 재현되는 청년세대의 현실과 위기. 〈한국콘텐츠학회논문지〉, 18권 11호, 146-160.

신혜란 (2007). 심층 인터뷰 연구방법론: 타인에게 배우는 데이터수집분석 기법. 〈국토〉, 통권 307호, 60-68.

양소희 (2020.8.8). 미국행 '이승만호' 탄 2030 동학개미 아시나요?. 〈오피니언 뉴스〉. URL: http://www.opinionnews.co.kr/news/articleView.html?idxno=37687

오민석 (2018.6.9). [삶의 향기] 공간의 재생산. 〈중앙선데이〉. URL: https://news.joins.com/article/22699333

유승호 (2013). 후기 근대와 공간적 전환. 〈사회와 이론〉, 23호, 75-104.

윤민재 (2017). 〈민주화 이후 한국 사회와 신자유주의〉. 서울: 도서출판 오름.

윤상우 (2009). 외환위기 이후 한국의 발전주의적 신자유주의화. 〈경제와 사회〉, 83호, 40-68.

윤형중 (2019.3.2). 언론은 청년을 어떻게 바라보고 있는가. 〈미디어 오늘〉. URL: http://www.mediatoday.co.kr/news/articleView.html?mod=news&act=articleView&idxno=147049

이동연 (2004). [기획: 공간의 문화적 분석] 공간의 역설과 진화: 홍대에서 배우기. 〈문화과학〉, 39권, 180-193.

이승희 (2019.9.7). "모든 걸 청년문제로 규정하는 건, 진짜 청년문제 접근 차단". 〈인천 투데이〉. URL: http://www.incheontoday.com/news/articleView.html?idxno=115367

임성훈 (2014). 근대적인 공간과 장소성의 문제에 대한 이론적 고찰. 〈대한건축학회 논문집- 계획계〉, 30권 6호, 185-192.

임운택 (2010). 한국 사회에서 신자유주의의 발전단계와 헤게모니 전략에 대한 이념형적 분석. 〈경제와 사회〉, 88호, 300-337.

전상진 (2008). 자기계발의 사회학 : 대체 우리는 자기계발 이외에 어떤 대안을 권유할 수 있는가?. 〈문화와 사회〉, 5권, 103-140.

전상진 (2019, 6월). 〈세대 프레임의 쓸모〉. 2019년 비판과 대안을 위한 사회복지학회 춘계 학술대회, 3-13.

전영수 (2013). 〈이케아 세대: 그들의 역습이 시작됐다〉. 서울: 중앙북스.

전영수 (2021.7.10). 인구와 경제: 주식투자 열풍 뒤엔 '인구변화' 있었네. 〈한국일보〉. URL: https://www.hankookilbo.com/News/Read/A2021070808340005691?did=NA

정두순 (2018). 춤과 춤꾼의 도시에 대한 권리(le droit la ville)와 자주관리(autogestion)를 통한 공간실천의 가능성. 〈문화와 정치〉, 5권 1호, 239-268.

정명중 (2017). 신자유주의와 자기서사. 〈인간환경미래〉, 19호, 3-28.

조영한 (2012). 한국사회에서 신자유주의 읽기. 〈커뮤니케이션 이론〉, 8권 2호, 22-64.

최성민 (2012). “청년” 개념과 청년 담론 서사의 변화 양상. 〈현대문학이론연구〉, 50호, 227-248.

표예인 (2017). 청년을 둘러싼 재현의 정치학. 〈미디어, 젠더 & 문화〉, 32권 1호, 125-166.

한선 (2013). 네트워크 시대 경제적인 것 되기 (becoming)의 통치술. 〈한국언론학보〉, 57권 3호, 431-454.

홍성현 · 류웅재 (2013). 무한 경쟁 시대의 글로벌 인재 되기. 〈커뮤니케이션 이론〉, 9권 4호, 4-57.

홍준기 (2011). 르페브르의 공간 및 도시공간 이론에 대한 정신분석적 고찰. 〈현대정신 분석〉, 13권 2호, 163-182.

황의준 (2019.6.24). ‘첫 내 집 장만’ 나이 평균 43세... 집값 38%는 대출. 〈MBC〉. URL: https://imnews.imbc.com/news/2019/econo/arcticle/5375982_29138.html

Cahill, D. & Martijn, K. (2017). *Neoliberalism*. 최영미(역)(2019). 〈신자유주의〉. 서울: 명인문화사.

Elden, S. (2004). *UnderstandingHenriLefebvre:Theoryandthepossible*. 전국조 (역) (2018). 〈앙리 르페브르 이해하기: 이론과 가능한 것〉. 서울: 경성대학교출판부.

Harvey, D. (1990). *Theconditionofpostmodernity*. 구동회 · 박영민 (역) (1994). 〈포스트모더니티의 조건〉. 서울: 도서출판 한울.

Harvey, D. (2000). *Spaceofhope*. 최병두 외 (역) (2001). 〈희망의 공간: 세계화, 신체, 유토피아〉. 서울: 도서출판 한울.

Harvey, D. (2005a). *A briefhistoryofneoliberalism*. 최병두 (역) (2007). 〈신자유주의: 간략한 역사〉. 파주: 한울아카데미.

Harvey, D. (2005b). *Spaceofneoliberalization:Towardsatheoryofunevengeographicaldebelopment*. 임동근 외 (역) (2008). 〈신자유주의 세계화의 공간들: 지리적 불균등발전론〉. 서울: 문화과학사.

Lefévbre, E. (1967). *Laviequotidinnedanslemondemoderne*. 박정자 (역) (1990). 〈현대세계의 일상성〉. 서울: 기파랑.

Lefévbre, E. (1988). *Laproductiondel’espace*. 양영란 (역) (2011). 〈공간의 생산〉. 서울: 에코리브르.

Tuan, Y. (1977). *Spaceandplace:Theperspectiveofexperience*. 구동회 · 심승희 (역) (1995). 〈공간과 장소〉. 서울: 대윤.

제5장

# 대중문화 콘텐츠가 재현하는 지역과 청년들

## 드라마에 대한 텍스트 분석과 심층인터뷰를 중심으로

김민승

# 들어가며



소수의 구성원들이 다수의 특권을 과점하고 보통 사람들은 동등한 기회를 갖지 못한 채 경쟁의 출발점에서부터 뒤쳐진다는 인식이 오늘날 한국 사회를 유령처럼 지배하고 있다. 이는 1990년대 말, IMF 체제 이후 '정부 축소', '시장 자유', '규율 완화', '민영화 확대', '공정 경쟁' 등 경제적 변화가 한국 사회 전반, 즉 정치, 사회, 제도, 교육, 문화, 개인의 정서 등에 광범위하게 영향을 미치게 된 계기와 관련이 있다. 실제로, 이러한 현실은 오늘날 청년실업, 비정규직과 같은 고용의 불안정을 비롯해 비혼, 저출산, 학력과 능력주의의 부상, 사회 구성원들의 상시적 불안과 소진 등의 사회문화적·심리적 현상들을 초래했다. 이를 보여주듯, 2000년대 중반 이후 '88만 원 세대'를 비롯한 각종 '세대론'은 가시적인 사회적 담론으로 등극했다. 이후, 청년들을 표상하는 기호는 부정적 어휘들로 다종다양하게 확대 재생산되며 이들을 호명하고 있다.

이를테면, 개인의 노력보다 부모의 경제적 능력에 따라 계급이 나뉜다는 '수저계급론', 살기 힘들고 희망이 없는 대한민국을 풍자한 '헬조선', 어려운 경제적, 사회적 상황으로 인해 결혼이나 취업 등 여러 가지를 포기해야 하는 세대를 뜻하는 'N포 세대' 등과 같은 단어는 잘 알려진 바와 같이 한국 사회에 큰 화두를 던졌고 이는 일정한 양상으로 지속적으로 생성되고 있다. 2023년 6월 국무조정실에서 발간한 〈2022년 청년 삶 실태조사〉 결과[1]에 따르면, 2022년 7월부터 8월까지 만 19~34세의 청년을 포함하는 15,000가구, 즉 14,966명을 대상으로 한 방문 면접조사에서 청년들은 미래를 비관적으로 전망하고 있었다. 가령 부모와 함께 살고 있는 청년 중 67.7%는 아직 독립할 구체적인 계획이 없다고 응답하였다. 독립을 계획하지 않는 이유로 '경제적 여건을 갖추지 못해서'라는 응답이 56.6%로 가장 많은 것으로 나타났다. 특히, 압도적인 수치(90.1%)로 청년들은 미래에 영향을 미치는 사회적 요소에 있어 '불평등'이 가장 큰 영향력을 발휘하는 요소라 응답하였다(정세정 외, 2023, 430쪽).

교육과 직업 선택, 결혼과 출산 등 많은 분야에서 자유와 평등, 공정한 경쟁을 보장한다는 전제를 가진 민주주의의 역사적, 제도적 진전과 무관하게, 그 실질적 내용과 작동 방식의 괴리와 퇴행은 오늘날 다수의 청년들이 일상적으로 체험하는 삶의 조건들이다. 동시에 청년들은 불평등이 구조화한 모순적 현실 속에서도 최선을 다해 노력하면 언젠가 목표를 이룰 수 있다는 희망을 담보로 많은 것을 유예한다. 꿈을 이루기 위해 현실에 매진하는 청년들은 실현 가능성에 진입조차 하지 못하는 경험을 통해 사회를 더욱 불신하게 되고 큰 좌절감을 맛보게 된다. 청년세대가 경험하는 불안은 무엇보다 정치적, 경제적 변화와 원인에 직간접적으로 기인하지만, 기술 진보라는 문맥에서 이전 세대와 구별되는 성장 환경, 사회적 분위기, 다양한 관계 맺기의 방식 등 다층적 요소들이 복합적으로 작용하는 데에서도 찾을 수 있다.

요컨대 새로운 기술과 문화의 등장은 도처에 편재한 스마트 기기의 존재와 활용, 대인 관계의 변화, 이로 인한 가상 세계와 미디어 문화의 경험 등을 불가피한 것으로 만들었다. 또한, 그 변화는 전통적인 의미의 인간관계, 생활세계나 공사의 구분, 원본과 진품성 등의 개념을 재규정해야 하는 계기를 마련하였다. 이후 변화된 환경은 구성원들의 개인화, 파편화를 이끌었고, 개인과 공동체 사이의 거리를 넓혔다. 그 결과, 공적 영역에서 발화되는 민주주의나 정의, 평등, 연대 등 선언적, 당위론적 구호들과는 별개로 많은 청년이 병리적 현상들을 상시적으로 체험하는 현상으로 이어졌다. 이러한 환경에서 주체의 지친 몸과 마음을 위로하는 힐링과 소비문화가 일종의 심리적·문화적 대체재나 각박한 현실을 견뎌내는 삶의 지혜로 등장했고, 이는 역설적으로 변형된 형태의 소비 및 자기계발 문화가 확산되는 계기를 마련했다.

한편 미디어와 문화연구의 전통에서 일련의 TV 장르나 포맷이 재현하는 계층과 젠더, 세대 갈등을 포함한 한국 사회의 다양한 모순들을 통해 현실을 비판적으로 분석하고 통찰하는 연구들이 축적되고 있다. 그러나 드라마라는 장르를 통해 특정 지역, 혹은 로컬을 기반으로 하는 청년세대의 일상과 분투에 관해 다면적이거나 중층적으로 분석한 연구는 상대적으로 희소하다. 유사한 주제를 다룬 기존 연구들 중 특정 드라마의 내용과 서사를 중심으로 분석한 연구가 두드러진다. 한 예로 기존의 연구들은 텍스트 분석을 통해 드라마나 영화의 주제, 서사, 그리고 등장인물의 정치적·인종적·젠더적·문화적 상징성에 주력하거나, 통합체·계열체·담화분석 등 관행화된 분석단위에 기반한 구조화한 서사분석이 주류를 이루었다. 때문에, 특정 텍스트의 내용에 대한 평면적이고 동시대의 정서를 분석하는 시도만으로 경제적·계층적 차이와 여러 욕망을 함축하고 있는 다양한 청년세대에 대한 사회 심리적·문화적 담론과 동향, 전개를 일반화해 논의하기에는 일정한 인식론적 한계를 드러낸다.

이러한 문맥에서 이 장에서는 오늘날 한국 사회에서 지방을 배경으로 하는 청년들의 서사를 다룬 드라마를 대상으로 스튜어트 홀(Stuart Hall)의 '부호화-해독(encoding-decoding)' 모형과 심층인터뷰를 유기적이면서 유연하게 접합하고 활용해 분석하고자 한다. 홀의 위 개념은 대중문화가 어떤 과정을 통해 수용자에게 수용되는지를 독창적으로 분석한 것으로 이를 통해 유의미한 사회현상으로 발현되고 있는 오늘날 청년세대[2]의 문제와 관련된 사회적 · 구조적 원인을 진단하고자 한다. 나아가, 미디어에 재현된 로컬리티(locality)와 주체들의 관계, 그들이 살아가고 있는 지역이 지니는 의미를 현실과의 관계, 미디어 재현의 문제, 청년들의 인식을 중심으로 탐구하고자 한다.

# 이론적 배경

## 로컬리티, 청년, 미디어 재현



오늘날 기계와 기술 복제를 통해 대량으로 문화상품을 생산하는 시대로의 이행은 물질과 미디어를 결합해 상품화하였다. 이는 필연적으로 다양한 정보와 이미지의 생산과 활용을 전제로 하며 미디어는 이에 기반해 물질에 기호와 상징을 부여한다. 이러한 환경에서 인간은 자신의 자유의지에 반해 상업화, 획일화, 평준화한 대량 문화를 일상적으로 소비하며 살아간다. 또한, 시장의 확대로 상품성이 강조되어 표면적으로는 문화산업의 산물들이 다양성을 유지하며 끊임없이 변화하고 있는 것 같지만, 실제로는 놀라우리만치 유사하거나 동일한 것들이 지속적으로 반복되고 있다.

이처럼 문화산업의 산물은 일정한 '틀' 안에서 규격화, 획일화되어 대량 생산되며, 경제적 논리에 의해 이윤추구를 목적으로 대중의 사유를 마비시키고 동일화한다(류희선 · 진소연, 2012, 170쪽). 그러므로 미디어 생산자들은 '시청률과 대중들의 관심, 이윤 확대'라는 공식을 체화하게 되고 대중들의 취향과 시선을 사로잡기 위해 노력하게 된다. 그 과정에서 생산자들은 문화적 창의성을 발휘하기도 하지만 다시금 결과물을 복제하게 됨으로써 상업화에 일조하게 된다(전용주, 2017.7.31). 바꿔 말해, 제작자의 주관과 취사선택의 과정을 거쳐 만들어진 드라마의 경우, 구체적인 시청자 층을 염두에 두고 그들이 좋아할 만한 기존의 소재를 활용해 마치 '새로운', 혹은 '창의적인' 것처럼 재생산한다. 여기에서 소재의 참신함, 줄거리의 창의성, 등장인물의 개성 등은 이러한 도식이나 신화를 지속하기 위한 장치로 활용된다.

한편, 특정한 장소성에 주목하는 것을 '로컬'(local)이라 지칭한다. 또한, 특정 장소에 기반한 집단, 혹은 정주민들이 자신이 속한 장소에 대한 애향심이나 애착을 가지는 것을 '로컬리티'라 일컫는다. 이때, '로컬리티'는 '지금 이곳'을 살아가는 정주민들의 삶을 포함하는 개념이다. 이렇듯 장소성에는 기억과 재현이 영향을 미치는 것을 알 수 있는데, 이는 곧 특정 장소를 중심으로 사건이 어떻게 재현되는가에 따라 장소성의 의미가 생성되는 것으로 이해할 수 있다(옥한석, 2010, 248쪽). 이와 관련하여 한국의 사례를 살피는 것은 위 개념들을 이해하는데 도움이 될 수 있다. 일례로, 한국은 근대화 과정에서 자본주의 경제 체제를 확고히 함과 동시에 중앙 중심적인 사회로 변모하며 중앙과 지방의 격차를 심화시켰다. 그 결과, 물적, 인적 자원이 급격하게 중앙화되면서 지방은 낙후되어 갔고, 근대화가 완성되지 않는 주변부로 폄하되면서 중앙의 내부 식민지가 되었다(김명혜, 2012, 115-116쪽).

따라서 근대화 이후, 성찰적 탈근대화가 진행되는 과정에서 중앙과 지방의 경계를 허물고자 하는 시도들이 이어졌고, 지방을 자생적 가능성의 공간으로 자리매김하기 위한 노력이 지속되었다. 그러나 중앙과 지방의 양자대립적 경계는 오늘날에도 공고히 유지되고 있으며, 이는 부동산, 교육, 문화생활 등 민감한 생(生) 정치적 문제와 연관된다. 이러한 외적 조건과 내적 인식을 바탕으로 미디어가 매개하는 로컬리티는 연관된 사회적 인식의 강화, 변화, 혹은 유지를 견인하고, 나아가 인간의 사회경제적 활동에도 영향력을 행사한다.

최근, 인터넷을 포함한 뉴미디어와 하이퍼텍스트(hypertext)들이 증가하면서 다양한 재매개 현상들이 생성되고 있다. 특히, TV를 포함한 유력한 미디어는 대자본과 축적된 노하우, 규모의 제작시스템을 바탕으로 끊임없이 로컬리티의 질료(質料)들을 제공한다. 그중, TV프로그램은 강력한 프레임 효과를 발휘하여 이를 소비하는 대중에게 현실에 대한 지각과 이해를 제공한다. 동시에, 인지된 현실의 특정 부분을 강조해 커뮤니케이션 과정에서 이와 같은 특징을 뚜렷하게 드러나도록 한다. 이 단계에서 TV는 특정 로컬과 로컬리티에 관한 유의미하고 강력한 프레임을 형성하고 매개한다(김현식, 2013, 109쪽). 이처럼 미디어를 비롯한 대중문화는 우리가 살아가고 있는 사회의 전반적 구조와 밀접하게 연관된다. 일련의 시대적·사회적 변화에 따라 대중문화를 구성하는 요소들 또한 변화하며, 이 관계들 역시 변화를 겪는다. 이러한 변화는 우리의 일상적인 삶과 정서에도 변화를 일으킨다(김창남, 2010, 35쪽).

상술한 문맥에서 이 장은 미디어가 재현하는 지역(local) 청년들의 문제와 의미를 조명하고자 한다. 동 세대의 사람들은 자신의 삶에서 유사한 삶의 경험을 공유한다는 점에서 유효한 사회과학적 분석단위로 의미를 지닌다. 뿐만 아니라, 동세대 내의 다양한 주체들은 다양한 계층과 젠더, 직업을 포함하는 삶의 경험에서 적잖은 이질성을 지닌 개별적 주체들이다. 이러한 동질성이나 차이를 해석, 서술하는 과정에서의 부주의는 지방 청년을 수도권 청년들과 유사하거나, 혹은 완전히 내비되는 존재로 뭉뚱그려 파악할 수 있다는 점에서 주의가 필요하다(권수빈, 2020, 61쪽). 그러므로 이 글은 드라마에 재현되고 있는 비수도권 청년들의 삶과 로컬리티를 그들의 구체적 경험과 인식을 중심으로 면밀하게 파악하고자 한다. 나아가, 문화산업의 생산자들에 의한 미디어 재현이 현실과 어떠한 유사성과 차이를 보이는 그 원인에 대하여 심층적으로 논의하고자 한다.

## 홀의 '부호화-해독' 모델

문화란 개념은 개인, 민족, 국가 등에 따라 광범위하고 난해하며 이를 이해하는 방식 또한 다양하기 때문에 한 마디로 명확히 정의하기란 쉽지 않지만, 한 사회의 개인이나 집단이 자연을 변화시켜온 물질적·정신적 과정의 산물로 정의할 수 있을 것이다. 이는 레이먼드 윌리엄즈(Raymond Williams)가 정의한 '문화'의 개념과 맞닿아 있다. 그는 문화를 넓은 의미에서 세 가지로 분류하였는데, 문화는 '지적·정신적·심미적' 능력을 계발하는 과정이고, '한 인간이나 한 시대, 혹은 한 집단의 특정한 생활방식'이며 '지적 산물이나 지적 행위, 특히 예술 활동'을 가리킨다고 언급한다(Storey, 1993/1999, 13쪽). 이것은 일일 연속극, 팝뮤직, 만화, 뮤지컬, 연극 등과 같은 의미를 생산하는 텍스트, 혹은 문화적 행위를 가리키는 것이자 구조주의자들이 주장하는 '의미를 나타내는 실천행위'와 유사하다. 이에 문화주의자들은 '공유된 의미'의 중요성을 강조하면서 문화의 고정성, 즉, 구조가 아닌 문화의 형성·경쟁·변화에 초점을 두고자 하였다(원용진, 2010, 247쪽). 이를 통해 그들은 사회의 맥락과 코드에 따라 생성된 다양한 의미들을 해석하고자 하였다.

이러한 맥락에서 스튜어트 홀(Stuart Hall)과 폴 듀 게이(Paul du Gay) 등은 한 문화, 혹은 문화현상이 지닌 독특한 의미 체계에 따라 한 사회의 규칙과 관습, 기준을 규정한다(김대행, 2001, 3쪽)는 시각에 주목해 그들은 소니(Sony)에서 제작한 워크맨(Walkman)[3]을 분석하였다. 이 연구에서 이들은 '문화의 회로' (the circuit of culture) 모델을 제시했는데, 이는 구체적으로 재현(representation), 생산(production), 소비(consumption), 규제(regulation), 정체성(identity) 등의 요소로 구성되어 있다. 물론, 그 요소들이 홀의 '부호화-해독' 모델과 동일한 것은 아니다. 다만, 양자가 기존 문화연구의 텍스트 분석 전통의 미디어 재현 연구에서 수용과 생산을 강조하는 비재현적 연구로 이행하는 과도기에 등장한, 혹은 이러한 흐름을 견인하는데 일정한 역할을 담당한 측면을 지닌다고 볼 수 있다. 즉, 두 모형이 함의하는 다양한 구성 요소들은 유기적으로 연결되어 상호작용한다. 따라서 거시적으로는 국가와 사회를, 미시적으로는 개인과 지역의 변화나 권력관계를 연구함으로써 복잡하고, 불안정하며, 모순적인 구조를 밝혀 문화와 현상에 대한 풍부한 이해를 제공한다(Keats, 2013, pp. 6-8).

홀의 '부호화-해독' 모델은 일군의 연구자들에 의해 유용한 대중문화 분석의 도구로 활용되었다. 이 모델은 현대의 다양한 미디어 콘텐츠, 가령, 영화, 드라마, 대중음악뿐 아니라, 브이로그, 유튜브 등과 같은 플랫폼에도 적용되어 유력한 미디어 문화를 이해하는 데 중요한 개념으로 활용될 수 있다. 이러한 문맥에서 이 글은 홀의 모형이 상정하는 복수의 요소들 간의 복합적 상호작용을 고려하는 가운데, 특히, '드라마'라는 대중문화 생산물의 중층적 해독을 통해 재현과 수용, 문화적 실천 등을 탐색적으로 논의하고자 한다. 드라마는 다양한 재현 특성을 지니고 있고 이것이 어떠한 방식으로 생산, 수용되는지, 그 이면에서 작동하는 사회구조적 메커니즘(mechanism)이 무엇인지에 대한 총체적 분석은 미디어의 수용을 포함한 광의의 사회문화적 분석을 위한 마중물로 기능할 수 있다. 가령, 부호화(encoding) 과정에서 다양한 미디어를 통해 매개 및 재현되는 메시지와 기호들은 일련의 '지배적' 이데올로기를 생산함으로써 수용자들의 인식과 정체성 형성에 특정한 방식으로 작용할 개연성을 내장한다. 동시에, 수용자는 그러한 텍스트와 이것이 지니는 메시지에 대한 창의적이며 저항적인 '타협적' 해독(decoding)을 시도함으로써, 다양한 삶의 경험을 반영하는 해석과 실천을 통해 텍스트를 수용하고 소비하는 능동적인 주체로 기능한다.

이는 전술한 홀의 '부호화-해독' 모델이 겨냥하는 지점으로, 텔레비전 프로그램이 그 자체로 하나의 '고정된' 의미를 갖는 것이 아니라 이를 수용하는 사람에 의해 다르게 읽혀질 수 있는 열린 텍스트(김수정, 2010, 29쪽)이면서, 동시에 프로그램으로부터 생성되는 의미와 사람들의 사회적 상황 사이에 일련의 상호관계가 있을 것이라는 점을 의미한다. 대중들의 문화적 행위로부터 의미를 생성하는 구조와 체계가 있음을 가정한 홀은 구조주의 방법론을 차용해 TV, 사진, 영화 등과 같은 시각적 문화 생산물의 텍스트 구조를 분석했다. 홀은 전술한 '부호화-해독' 모델을 통해 미디어와 대중의 커뮤니케이션 과정을 살펴봄으로써 미디어 생산물이 각각의 주체 혹은 집단들에 의해 다양한 해독이 이루어진다고 언급한다.

다시 말해, 그는 대중의 자발성과 능동성을 강조함으로써 무엇이 문화를 구성하는지, 이데올로기적 기능이 어떻게 작동되는지 설명하고자 했다. 이와 관련해 홀은 텔레비전 담론을 해독하는 세 가지의 가설인 지배적-헤게모니적 해독(dominant-hegemonic reading), 타협적 해독(negotiated reading), 대항적 해독(oppositional reading)을 제시하였다. 지배적-헤게모니적 해독은 해독자가 프로그램이 전달하는 의미를 그대로 받아들이고 지배 질서가 정당화시킨 틀에 따라 해독하는 경우를 의미한다. 반면, 타협적 해독은 해독자가 지배적 의미 규칙에 따라 정의되고 의미 부여된 것을 부정하지 않으면서 동시에 그것을 저항하는 순응적 요소와 저항적 요소가 혼재되어 나타난 경우를 뜻한다. 대항적 해독은 해독자가 텔레비전이 생산하는 지배적 의미를 인식하고 이에 대하여 대항하는 경우를 의미한다(Hall, 1996/2015, 432-436쪽).

이러한 논의들을 기반으로[4] 이 글은 첫째, 사회문화적으로 일정한 화제와 화두를 던진 일군의 드라마가 오늘날 한국 사회의 청년들을 어떻게 재현하고 있는지 확인하고자 한다. 둘째, 드라마의 생산과 수용 과정의 일부를 비판적으로 살펴봄으로써 드라마를 포함한 미디어 콘텐츠 시장의 구조적 층위에서 생산자의 의도나 관행이 어떠한 방식으로 수용자에게 영향을 미치거나 상호작용하는지 탐구하고자 한다. 셋째, 실제 지역에 거주하는 청년들이 지역을 재현하는 드라마를 어떻게 수용하고 있는지, 그 과정을 분석하고자 한다. 즉, 지역 청년들이 드라마를 자신들의 일상에서 어떠한 의미로 수용, 전유, 재구성하는지 다면적이며 비판적 이해를 목표로 한다. 나아가, 드라마 재현의 한계와 이 과정에서 드라마가 현실과 괴리를 보이는 원인을 살펴보고, 이것이 어떤 사회문화적 효과를 낳는지에 관해서도 논의하고자 한다.

# 연구 대상 및 방법



최근 청춘의 사랑과 고민, 애환 등을 스토리텔링의 주요 소재나 서사로 활용한 드라마가 증가하고 있다. 이 드라마들의 공통점은 각자도생의 시대를 살아가는 청년세대의 삶과 일상을 사실적으로 묘사해 대중의 공감을 불러일으켰다는 점이다. 실제로, 이와 관련된 내용의 드라마 대본집을 구매하거나 요청하는 수용자들이 많아졌다는 것은 이러한 인기를 대변한다. 이러한 드라마들은 과거와 달리, 등장인물들의 나이를 구체적으로 설정하고, 현실의 삶과 일상에서 종종 경험하거나 일어날 법한 젊은 세대와 관련된 사회 문제들을 다루는 것을 특징으로 한다. 이때, 사회 문제가 의미하는 것은 취업과 생활비 문제, 미래의 꿈을 향한 갈망과 과정에서의 어려움 등을 포함한다.

이처럼 지난 몇 해 동안 한국 사회에서 청년세대 담론의 확장과 함께 청년에 대한 미디어와 대중문화의 새로운 표상과 재현은 주목과 폐기가 무수히 반복되었고, 이와 동시에 청년세대를 향한 연구도 증가했다(권수빈, 2020, 54쪽). 또한, 이러한 드라마를 즐기고 선호하는 수용자층이 증가하고 있다는 사실은 '지금 이 곳'을 살아가고 있는 대중들이 드라마라는 미디어 콘텐츠와 자신이 일상에서 마주하는 삶의 경험들을 동일시하거나 그러한 재현에 공감하는 정도가 높다는 것을 의미한다. 더불어 이는 각박한 상황에서 자신의 목표를 향해 나아가는 과정에서 사랑과 관계를 욕망하면서, 이와 함께 그것들을 이루기 어려운 현실에서 효과적인 대안적 삶의 전망을 유보한 채 살아갈 수밖에 없음을 의미한다(박희아, 2021.3.2). 다만, 이 드라마들은 주로 수도권을 중심으로 하거나 구체적인 지역을 명시하지 않은 채 서사를 진행하고 있다는 점에서 비수도권 청년세대의 삶과 일상에 대한 사회적 논의와 문화적 재현에 있어 일정한 공백을 남긴다. 그러므로 이 글은 드라마 서사의 배경을 지방, 혹은 구체적 지역으로 명확하게 제시한 드라마 중, 한때 수용자들의 관심과 호응을 얻었던 KBS2 드라마 〈동백꽃 필 무렵〉, KBS2 드라마 〈쌈, 마이웨이〉, tvN 드라마 〈톱스타 유백이〉를 대상으로 분석하였다.

이 장은 상술한 바와 같이 영국 버밍햄 학파(Birmingham School)를 중심으로 한 미디어와 문화연구 전통의 '부호화-해독' 모형을 활용하고자 한다. 이를 통해, 인물의 대사, 독백, 행동, 배경음악, 촬영기법 등 드라마를 구성하는 텍스트적 요소들, 나아가 이의 재현을 비롯한 소비와 정체성 등의 문제를 연계적으로 분석하고자 하였다. 이 모델을 기반으로 한 분석은 현실을 적극적으로 매개하거나 재구성하는 재현의 속성을 지니는 미디어가 생산과 유통, 혹은 통제와 배제의 과정에서 어떤 지배적 이데올로기를 생성, 강조 및 확산하는지에 대한 이해를 제공한다. 그리고 수용자들이 이를 어떤 방식으로 소비하거나 수용하는지, 혹은 능동적인 저항과 절충, 타협과 전유를 통해 어떻게 자기 인식과 정체성 형성에 기여하는지에 대한 분석을 가능하게 한다. 따라서 이 글에서는 그간 사회문화 분석의 출발점이자 유용한 질료가 되어온 텍스트 분석의 장점을 활용하고자 하였다. 그리고 이와 함께 제기되었던 분석적 불완전성, 자의성 등의 한계를 보완하기 위해 홀의 '부호화-해독' 모형을 적용하고자 하였다. 특히, 홀의 '부호화-해독' 모델의 지배적·타협적·저항적 해독의 요소와 수용자 심층인터뷰를 유연하게 결합해 엄밀하고 정교한 텍스트 분석을 수행하고자 하였다.

이를 통해, 인기 있는 드라마가 재현하고 있는 청년들의 일상과 로맨스를 비롯해 그들이 경험하는 다양한 관계성에 관해 알아보고자 하였다. 이는 드라마 장르를 포함하는 텔레비전이 여전히 현대사회의 중요한 문화적 기억을 소통하는 매개 역할로 기능하고, 과거에 대한 집단적 기억을 되살려 유지하는 재현의 작업(이기형, 2010, 67쪽)을 적극적으로 수행하는 매체이기 때문이다. 텍스트 분석을 위해 각 프로그램의 독특하면서도 공통적 서사 구조를 찾아내고, 이야기 속에서 등장인물의 인적사항, 거주지가 어떻게 재현되고 있는지, 주요 인물이 주변 인물들과 어떠한 인간관계를 맺고 있는지, 재현된 청년상과 실제 청년들이 삶을 영위하는 환경의 비교 분석을 진행하고자 한다. 이를 통해, 그 안에 존재하는 유사성과 차이, 그리고 각 공간이 서사를 구성하는데 어떠한 의미를 함의하는지 등을 사회 문화적 맥락 속에서 살펴보고자 하였다.





위의 의식들을 바탕으로 드라마에 내재된 의미를 분석함으로써 이에 대한 지역 청년들의 수용 및 해독과 어떠한 유사성과 차이점을 보이고 있는지 확인하였다. 분석을 위한 세 프로그램의 시청은 텔레비전과 OTT 플랫폼을 활용하였다. 해당 콘텐츠를 2-3회 이상 반복 시청한 후, 시놉시스(synopsis)를 포함해 인물들의 대사, 행동, 장면 전환, 배경 음악, 촬영기법, 드라마를 관통하는 정서, 분위기 등에 초점을 맞추어 해석하였다.

**표 1 세 드라마의 주요 내용, 공통점과 차이점**

| | 〈동백꽃 필 무렵〉 | 〈쌈, 마이웨이〉 | 〈톱스타 유백이〉 |
|---|---|---|---|
| 주요 내용 | 타인(他人)의 시선으로부터 자유롭지 못한 여성 청년들이 일상에서 경험하는 지역 공동체, 거기에서 생성되는 고정관념을 극복하고 주체적인 개인으로 변화함. | 지역 출신의 청년들이 서울로 상경하면서 경험하는 일상의 고통과 어려움을 극복하는 가운데 개인들이 꿈꾸던 이상과 목표를 실현함. | 서울 출신의 청년이 지역에서 경험하게 된 공동체적 삶 속에서 지역의 문화와 일상을 향유하면서 개인주의를 추구했던 과거의 자신을 성찰적으로 사유함. |

| | 〈동백꽃 필 무렵〉 | 〈쌈, 마이웨이〉 | 〈톱스타 유백이〉 |
|---|---|---|---|
| 공통점 | 1. 열등감과 트라우마 등 내면의 상처를 안고 있는 청년들과 타인의 시선으로부터 자유롭지 못한 그들의 삶과 일상성의 재현.<br>2. 불공정, 불평등이 만연한 한국 사회의 일면을 재현하고 이에 대해 외부로부터의 권력이나 시선을 극복함으로써 개인의 이상과 목표를 실현할 수 있다는 서사의 차용.<br>3. 자신과 타자, 혹은 공동체 사이에서 갈등하거나 거리를 두는 청년들을 재현함으로써 각자도생이 만연한 현대사회의 문제점을 다루려고 함.<br>4. 공동체적 연대와 지역의 자연친화적 측면을 낭만화해 다룸으로써 각박한 현실로부터 일시적 해방과 위로를 제공함. | | |
| 차이점 | 지역의 가부장적 요소와 오늘날 사회가 요구하는 신자유주의적 요소를 지역 여성청년들의 삶에 국한시킴. | 서사의 주요 배경을 중앙으로 설정함을 통해 지역 출신 청년들의 어려움과 애환을 강조함. | 중앙과 지역의 대비를 통해 지역을 경쟁과 개인주의, 나아가 오늘날 청년들이 직면하고 있는 사회적 문제와 고충으로부터 비교적 자유로운 곳으로 묘사함. |



한편, 영상 텍스트 분석은 깊이 있고 중층적인 의미를 도출하는 것에 분석적 한계를 지니기에, 이를 보완하고자 심층 인터뷰를 병행하였다.[5] 심층 인터뷰를 활용한 이유는 기존 텍스트 분석의 한계와 수용자의 능동성을 사회성으로 옮기지 못했다는 수용자 분석의 결함을 보완해 주고 체계적인 분석을(원용진, 2010, 58쪽) 가능하게 만들어주기 때문이다. 특히, 심층인터뷰는 자연스러운 상호작용을 통해 인터뷰 대상자들의 삶에 대한 생생한 경험과 사전 준비된 질문에서 벗어난 내용, 그들의 내밀한 느낌과 정서, 정해진 질문 외의 관련 정보들에 대한 심층적 답변, 그리고 미디어에 반영된 가상과 실제에 대한 비교와 맥락화한 이해를 포착하는 데 유용하다 여겨 이를 상보적으로 활용하였다.

인터뷰 참여자는 지인의 소개를 통해 모집하는 눈덩이 표집 방법(snowball sampling)을 활용해 총 6명의 비수도권 청년들과 인터뷰를 진행하였다. 이때, 지역마다 고유하고 특수한 사회적 환경, 전통, 분위기 등이 인식과 가치관에 영향력을 발휘할 수 있다는 점을 염두에 두고 각각 다른 지방 거주자들을 대상으로 인터뷰를 수행하고자 하였다. 그 결과, 경상북도 1명,

경상남도 2명, 전라남도 1명, 충청북도 1명, 광역시 1명이라는 인터뷰 대상자를 확보했다. 아울러, 현재 취업 준비 중인 청년 2명, 학생 2명, 직장인 2명이란 직업군은 다양한 청년들의 생각을 살펴봄으로써 드라마의 소비와 수용을 보다 확장된 시각으로 현실과의 상관관계 속에서 분석하는 데 적합할 것으로 판단하였다.

이는 각 개인들이 그들만의 독특하고 구별되는 경험과 환경, 성장 배경 등을 통해 이질적인 일상과 문화를 향유하는 주체라는 전제 하에 경험적, 문화적 다양성에 기반한 다각적인 관점에서 미디어 텍스트의 메시지를 섬세하면서도 심층적으로 이해하는 데 도움을 줄 수 있을 것이다. 이와 관련해 이오현(2002)은 미디어를 소비하는 수용자들은 개인이 겪은 사회적 경험을 통해 능동적으로 지배 메시지에 대해 저항할 뿐 아니라, 미디어 텍스트에 내재한 생산자의 지배적 메시지 또한 강화하기도(이오현, 2002, 123쪽) 한다고 지적한다. 이러한 맥락에서 이 글 또한, 다양한 거주 지역, 나이, 성별, 직업에 종사하는 수용자들을 확보하기 위해 노력했다. 즉, 특정 텍스트에 대한 수용자들의 다양한 해독이 텍스트가 의미하거나 전달하는 지배적 이데올로기와 어떻게 조응하거나 타협하고, 혹은 이에 저항하거나 전유하는 가운데 소비와 정체성 형성에로 연결되는 과정을 탐구하는 데 효과적일 것이라 판단하였다.

인터뷰는 2021년 5월 초부터 2021년 8월 말까지 진행되었고, 평일에는 대부분 직장 및 학원, 개인사정 등으로 인한 변수로 주로 주말에 인터뷰가 이루어졌다. 인터뷰는 팬데믹 상황에서 대면 만남의 어려움과 물리적 거리로 인하여 줌(zoom), 혹은 화상통화로 진행했다. 인터뷰는 짧게는 1시간에서 길게는 1시간 40분가량 진행되었으며, 모든 인터뷰 내용은 메모 및 참여자의 동의 후 녹음의 형식으로 기록하였다. 일부 인터뷰 참여자들은 연구진과 오래전부터 친분을 형성하고 있는 상태였기에, 인터뷰는 일상의 대화로부터 시작해 자연스럽게 질문과 대답으로 이어졌다. 반면, 친분이 형성되지 않은 참여자들의 경우에는 한국 사회의 다양한 정치, 경제, 사회, 문화

분야의 현안에 대한 공감대를 형성해 원활하게 인터뷰를 진행하였다. 대부분의 참여자들은 플랫폼을 통해 유통되는 이미지나 짧은 길이의 영상을 접한 후, 본격적으로 드라마를 시청했다고 진술했다. 그중, 친구나 주위의 지인들로부터 드라마에 대한 리뷰와 추천을 통해 이를 접했다는 진술이 많음을 확인할 수 있었다.

인터뷰 전, 참여자에게 인터뷰의 목적을 명확히 제시하였으며, 참여자의 동의가 이루어진 후 인터뷰를 진행하였다. 원활한 진행을 위해 사전에 드라마에 관한 청년들의 인식, 드라마에 재현된 청년세대 및 한국 사회의 문제에 대한 그들의 시각과 생각, 나아가 그러한 요소들을 현실에서 어떻게 수용하거나 체화하는지, 혹은 거부하거나 창의적으로 전유하는지, 또한 그들이 살아가고 있는 삶의 공간과 관련된 내용을 바탕으로 반구조화 질문지를 작성하였다. 인터뷰는 전반적으로 미리 작성된 반구조화 질문지를 바탕으로 진행하였으나, 시간의 경과에 따라 참여자들의 답변이 적극적이면서 유연해짐을 판단하고 사전 질문지에 구애받지 않고 자유로운 대화 형식으로 심도 있는 질문과 대화를 이어나갔다. 심층인터뷰에 관한 분석결과는 참여자의 경험과 사실성을 잘 드러내는 서술 방식으로 기술되었으며, 인터뷰 참여자에 관한 기본 자료는 아래의 〈표2〉와 같다.



**표 2 인터뷰 참여자 기본정보**

| 구분 | 참여자 | | | |
|---|---|---|---|---|
| | 직업 | 나이 | 성별 | 거주 지역 |
| A | 취업 준비생 | 28 | 여 | 경상북도 포항 |
| B | 산림조합 직원 | 27 | 여 | 충청북도 청주 |
| C | 학예 연구원 | 28 | 여 | 경상남도 김해 |
| D | 취업 준비생 | 27 | 남 | 경상남도 함안 |
| E | 대학생 | 25 | 남 | 부산광역시 |
| F | 대학생 | 27 | 남 | 전라남도 화순 |

# 〈동백꽃 필 무렵〉
# : 드라마 속 지역과 젠더, 그 재현 공간으로서의 옹산





〈동백꽃 필 무렵〉은 타인의 시선으로부터 자유롭지 못한 청년의 모습, 현 사회에서 여전히 부정적으로 인식되고 있는 미혼모 청년 등의 모습을 통해 현대 한국 사회와 청년세대의 문제점들을 현실적으로 보여준 드라마로 세대를 초월해 공감을 얻었다. 드라마의 배경이 되는 '옹산'이라는 지역은 한국이 급격한 산업화, 도시화로 인해 상실한 고향의 모습, 예컨대 친숙하고 정겨운 시골의 정경이나 소박한 전원의 이미지를 기성세대에게 제공한다. 반면, 디지털화된 환경에 익숙한 밀레니얼 세대에게 오늘날 일상화한 미디어 스펙터클과는 대조적으로 '옹산'은 이색적인 공간으로 다가간다. 특히, 청정한 자연을 활용한 시각적 요소들은 로맨스 장르와 조화를 이룸으로써 보다 효율적인 미적 효과를 성취한다. 그러나 옹산 안에 있는 한 피부 관리실 주인이 누군가에 의해 피살당하면서 이 공간은 오프닝과 상반된 공간으로 변화한다. 이는 시청자들로 하여금 '옹산'이라는 곳을 순박하고 낭만적인 공간에서 비밀스럽고 불안함이 공존하는 곳으로 인식하게 한다.

자연친화적 요소를 강조해 지역이 순수하고 낭만적인 공간임을 암시하지만, 동시에 이곳은 예외 없이 차별과 배제, 폭력과 불안이 내재하는 공간으로, 여성들이 권력과 외부의 힘에 의해 희생되거나 소외되는 것을 지역적 환경과 관련지어 묘사한다. 그런데 이와 같은 재현은 특정 지역이나 지역성의 경계를 넘어 오늘날 여성 청년들, 나아가 경제적·사회적 우위를 점하기 위한 경쟁에서 밀려난 청년들의 삶과 폭넓게 연결된다. 이를테면, 과거 중앙이 강조되고 지역은 주변화되었던 발전주의 패러다임에서, 중앙은 경제적·사회적 우위를 점하거나 이러한 수혜를 과점하는 가운데 이에 부합하는 조건과 이미지를 지닌 청년들로 상징된다. 반면, 지역은 사회 안전망으로부터 일탈하거나 결핍된 여성 청년과 불완전한 청년들로 재현된다. 이 같은 대조는 현실로부터 다양한 차별과 배제를 경험하고 소외와 결핍의 정서를 일상적으로 경험하고 있는 동시대 청년들의 삶을 보다 광범위한 차원에서 반추하게 한다.

또한, '옹산'은 사회적 권력이 일상적으로 행사되고 있는, 또 다른 부정적 요소가 존재하는 곳이다. 이는 능력주의와 학벌주의가 팽배한 수도권과 마찬가지로 평화롭고 낭만적인 섬에도 심각한 불평등과 권력관계가 작동하고 있음을 의미한다. 외려 그곳은 슬픔과 우울감, 그리고 권력에 순응하는, 이른바 가진 자와 없는 자의 구별이 뚜렷한 대비를 보여준다. 이러한 특징은 신자유주의화한 한국 사회의 구조적 모순의 한 단면을 드러낸다. 한 사례로, '옹산'은 건물주의 강압적인 언행과 세입자를 자신에게 순응하게 하려는 행동, '고아'를 향한 무시와 차별, 배제의 시선, '빽' 있는 옹산의 무법자의 사건 무마 등이 일어나는 공간이다. 이를 바탕으로 드라마 속 '옹산'을 다시 바라보면 그곳은 추억을 회상하는 낭만적 공간이자 원초적인 권력관계가 내포된, 정서적 불편함을 느끼게 하는 이중적 공간으로 재현된다. 이러한 재현은 텔레비전이라는 미디어가 여전히 서울 밖의 지역은 모두 '촌'으로 표현(김명혜, 2012, 131쪽)하고 있음을 보여준다.

1960년대 국가주도적인 방식으로 급속하게 진행된 한국의 근대화는 중앙과 지역의 차이를 심화했고, 그 결과 지방은 낙후되고 발전되지 못한 곳이라는 사회적 인식이 강화되었다. 이후, 1990년대 국토의 균형 발전을 위해 지방을 자생적이고 발전 가능할 수 있는 지역으로 바꾸기 위한 국가정책이 시행되었고, 각 지자체는 많은 노력을 쏟아 부었다. 그러나 경제와 문화 생산의 클러스터화란 자본의 논리에 따라, 지역의 거점 도시들이 등장하면서 지역 발전의 성과 역시 전문화된 서비스, 노동력에 대한 접근이 용이하고 창의적인 환경을 제공해주는 장소에 집중적으로 형성되는 경향을 보이고 있다. 즉, 기업들은 상당한 이익을 얻을 수 있는 최적화된 도시나 지역으로(문상현, 2013, 15쪽) 집적됨으로써 지방과 중앙의 불균형을 더욱 가속화시키고 있다.

이러한 문맥에서 드라마에 재현된 지역 공간은 현대적 시각과 발전주의적 패러다임에 충실한 듯 보이지만, 그 이면에 작동하는 논리와 주변 환경은 1960-70년대의 그것에서 크게 벗어나지 못한다는 한계를 지닌다. 하나의 예시로, 텔레비전 텍스트를 통해 표현되고 있는 공간의 단면들과 분위기는 전반적으로 지역의 긍정적 이미지를 표현하지만, 그 재현은 여전히 중앙 중심적 이데올로기를 함의한다. 동시에, 미디어에서 지역을 다룰 때는 도시와 달리 바쁜 일상에서 휴식과 재충전을 가능하게 만드는 공간으로서 이를 통해 일상 회복을 가능하게 하는 치유의 공간으로 재현한다. 이와 같은 지역 담론은 결과적으로 특정 지역과 장소성, 관련 상품들을 소비하게 만드는 소비의 일상화로 연결된다. 이렇게 전달된 일련의 가치들은 수용자들로 하여금 지역이 복잡다기한 구조적 모순과 결핍을 상징하기보다, 일상으로부터의 도피나 작은 일탈을 위한 낭만적인 공간으로 인식하게 한다. 나아가, 지역과 관련한 기존의 평화롭고 소박하며, 자연친화적인 고정관념의 강화와 더불어 지역의 구성원들, 특히, 청년세대가 직면한 사회문제의 구조적 복잡성과 심각성을 망각하게 하는 기폭제로 작용한다.

한편, 젠더적 관점에서 과거 로맨스 드라마의 남성은 남성 중심적 서사 전개의 수혜를 받으며 모든 측면에서 완벽한 인물로 묘사된 반면, 여성은 남성보다 부족하고 보호받는 존재로 그려졌다(최지운, 2021, 138쪽). 그러나 몇 년 전부터 드라마 속에서 기존의 전형적 젠더 역할이 전도되어 나타나고 있는 경향을 보인다. 예컨대, 여성은 물적, 정신적으로 뛰어난 능력의 보유자로 과거에 비해 사회적 신분이 상승되는 경향이 나타나고 있다. 이와 달리, 남성은 상대적으로 외면적 매력은 물론, 물질적·정신적인 결핍이나 부재를 강조하며 드라마 내 여성의 위상과 존재를 부각한다. 〈동백꽃 필 무렵〉의 여성 또한 남성보다 우월한 존재로 표현되는데, 이는 상술한 최근 드라마 속 여성상과 부합한다. 이 같은 표현은 여성의 인권 및 지위 향상과 드라마의 주 소비층이 20-30대 여성이라는 점과 결합하면서 남성에게 보호받지 않고 자립할 수 있으며, 남성과 대등한 위치에 있는 주체로 과거와 구별되는 현대적 여성상을 반영한다.

이와는 대조적으로 여성이 부각된 공간 속에서 여전히 약자로서의 젊은 여성의 모습이 그려지고 있기도 하다. 즉, 카리스마 있고 남성보다 우위에 있는 여성의 경우 40-50대의 중장년층인 반면, 20-30대의 여성은 여전히 약자로 위치 지워져 있고 남성에게 귀속된다. 드라마에서 활용되는 '예쁘다'와 '다이애나'라는 언어적 표현은 여성에 대한 외모 위주의 평가가 이루어지고 있는 가부장적 문화를 반영한다. 더불어 '젊은 여성'에 대한 차별과 편견의 구조 속에 유동하는 여성의 위치를 재맥락화하는 고정적인 성역할을 반복한다. 예를 들어, 예쁘고, 지적이고, 기품 있는 여성이 이상형이라는 용식과 승엽의 대화, 동백의 연애를 인지한 후, 보복을 행사하는 규태의 행동은 여전히 여성의 외모가 남성의 시선을 위해 존재하는 것임을 보여준다. 이처럼 미디어에 재현된 여성의 이미지와 담론은 지역의 가부장적 구조와 세대 간 인식 차이로 인한 갈등이 더해져 보다 확장된 의미로 한 참여자의 진술에 드러나고 있었다.

> 〈동백꽃 필 무렵〉뿐만 아니라 일반적으로 지역을 배경으로 하는 드라마들을 보면 교통이 불편하거나, 혹은 주위에 편의시설이 없는 것처럼 표현하더라고요. 솔직히 그런 것들을 보면 기분이 너무 나쁘기도 하고 전혀 불편함 없이 살아가고 있는데 '왜 저렇게 표현하지'라는 생각이 들곤 해요. 그런데 어르신들께서 옛날 사고방식을 강요하던 부분은 많은 공감이

갔어요. 그 장면들을 보면서 저희 부모님이 생각이 나더라고요. 저희 부모님께서도 연세가 있으신데 계속 저에게 여성으로서의 적합한 행동들을 강요하시더라고요. 어머니는 외적인 부분뿐만 아니라 좀 더 공부하는 것을 권유하시면서 꼭 서울에서 하길 원하시더라고요. 처음에는 그냥 듣고만 있었는데 계속 이야기하시니까 반대되는 생각을 말했는데 오히려 언성만 높아졌어요. 확실히 지방은 중장년층 세 대 위주로 사회가 구성되어 있기 때문에 아무래도 가부장적, 남성적 마인드에 사로잡혀 있는 경향이 큰 것 같아요. (참여자 B)

사회적 위치가 높은 홍자영 또한 동백에 대해 경계를 보이는 내용과 참여자 B의 인터뷰를 조합해 보았을 때, 이와 같은 재현은 두 가지 측면에서 설명될 수 있다. 하나는 자신의 남성성을 다른 여성으로부터 빼앗기지 않기 위해 신체적 폭력을 불사해야 한다고 믿는다는 점에 있어 지방 '옹산'은 빈곤 지역임과 동시에 비문명화된 지역으로 그려진다. 앞서 살펴보았듯, '옹산'의 기성세대 여성은 남성과 뚜렷하게 구별되어 사회적·경제적 우위를 점하고 있었지만, 신세대 여성은 연약하고 취약한 계층으로 표현된다. 이 외에도 여성의 묘사에 있어 중앙과 지방을 이항대립적으로 구분하는 모습으로 재현되고 있다. 가령, '지방'보다는 '서울 여자', '서울 여자는 잡지 못하냐'는 물음, 그리고 '지방 사람들끼리 통한다'는 용식의 언급에 '서로서로를 알아본다'라는 변 소장의 답변은 지방 여성이 수도권 여성에 비해 교육, 지성, 태도, 외모 등 모든 면에서 열등한 주체라는 의미를 내포한다.

또한, '중장년층 세대 위주로 구성되어' 구축된 '가부장적·남성적 마인드' 사회라는 언급처럼 이는 세대 간 인식차이에 기인한 갈등으로 편의적으로 치환된다. 이에 기성세대는 경제, 사회적으로 안정적인 주체인 반면, 청년세대는 경제와 사회적 층위뿐 아니라 이들의 일상과 정체성, 삶까지도 불안정한 주체라는 인식과 담론을 형성한다. 달리 말해, 기득권 주체를 기성세대로 환원해 기성세대는 청년세대가 적대시하거나 배척해야 하는 대상이라는 프레임을 부여한다. 이 흐름은 복잡한 사회구조적 모순과 실질적인 기득권 계층을 은폐하고 문제를 단순화해, 궁극적으로 조망해야 할 사회구조와 계급적 사유를 제한하는 언술로 기능한다.

위와 같은 문제는 한국의 역사적·문화적 맥락을 통해서도 살펴볼 수 있다. 오늘날 서울 지역은 오래전부터 '한강'을 지배하기 위한 싸움이 빈번하게 일어나던 곳으로 교통, 경제, 문화 등이 모두 한양을 중심으로 각 지방으로 유통되었다. 이러한 시스템은 근대화시기를 거치며 중앙집중적 사회를 더욱 견고히 하였고, 이후 교통이 발달함에 따라 물적·인적자원들이 중앙으로 집결하게 되는 양상을 낳았다. 그 결과, 막대한 규모의 이윤을 창출할 수 있는 환경이 형성됨에 따라 모든 인프라가 중앙으로 집중되어 생산과 생활을 기반으로 하는 교육, 문화, 경제, 통신, 건물 등의 집적은 중앙지역의 생활수준을 향상시켰다. 또한, 외래문물을 빠르게 접할 수 있는 지리적 특성 때문에 중앙을 중심으로 문화가 선도되었다(문상현, 2013, 27쪽). 이와 같은 특징은 각종 미디어를 통해 빠르게 확산되었고, 중앙과 주변부 거주민들로 하여금 이른바 '서울 로망'과 '중앙 우월성'을 확산시켰다.

> 수도권은 문화적인 부분에서 누릴 수 있는 것이 다양하고 많아요. 그에 비해 비수도권은 늘 한 박자 느려 뒤처지는 경우가 많고 혜택이 적은 것 같아요. 대부분이 수도권 중심으로 돌아가는 것 같아요. (참여자 C)

> 수도권과 비수도권의 차이가 너무 커요. 비수도권에 살기에 수도권만큼의 메리트도 없는 것 같고, 또 일자리에 대해 고민하고 열심히 노력하지만 일자리의 양과 질, 모두 수도권이 우세하기 때문에 누구나 수도권을 꿈꾸면서 스펙을 쌓게 되는 것 같아요. (참여자 D)

다수의 참여자들은 수도권은 늘 앞서 나가고, 바쁘게 살아야 하며, 경쟁이 상시화한 복잡한 곳, 또는 모든 것이 발달된 곳, 흥미롭고 다채로운 것들이 많은 곳인 반면, 지방은 교육 여건이 낙후되어 있고 문화적 체험에 한계를 지닌 개발도상국 같은 곳이라 표현한다. 이들 대부분 서울을 포함하는 수도권이 모든 면에서 지방보다 우월한 위치에 있다고 인식하고 있었다. 즉, 참여자들 대부분은 미디어가 전달하는 지역에 대한 고정관념을 재생산하는 메시지에 순응하는 듯한 태도를 보였다.

또, 일부 참여자는 지역 청년으로 살아가는 삶의 경험을 토대로 지역의 삶과 정주 환경에 대해 모순적이며 중층적인 측면을 비판적으로 인식하고 있었다. 일례로, 참여자 C의 경우, 많은 청년들이 희망하는 이상적인 직업을 가지고 있음에도 불구하고, '지역 청년들은 모든 상황에서 뒤처지거나 혜택이 적다'라고 언급하였다. 근래 국가균형발전의 맥락에서 다수의 행정기관과 산업체들이 지방으로 이전하고 있고 그에 따라 중앙과 유사한 양질의 일자리가 증가했음에도 불구하고 이러한 응답이 대다수를 차지한 것은 흥미로운 지점이었다. 이는 미디어가 특정한 방식으로 재현하는 지역과 지역에서의 삶에 대한 특정한 이미지와 의미 체계가 내면화되어 있는 것이라 할 수 있다.

그러나 미디어가 담지하고 있는 메시지의 문제적 측면과 그 이면에 드리운 이데올로기를 정확하게 포착하고, 이를 다면적인 측면에서 사유하며 나아가 이를 새로운 시각에서 재구성할 수 있는 타협적 해독의 가능성이 엿보이는 응답도 있었다. 예컨대, 중앙의 우월성과 지방의 낙후성이란 이항대립적으로 고착화된 인식과 달리, 참여자 F는 미디어가 함의하거나 강조하는 지역의 이미지와 의미에서 벗어나 다른 시각에서 자신이 경험한 사례를 바탕으로 드라마를 수용하고 있었다.

> 제가 아르바이트도 많이 하면서 큰 문제는 없었지만 그런 건 있었어요. 전라도. 아시잖아요. 저는 처음에 장난치는 건줄 알았어요. 진짜로, 진지하게 전라도 싫어하시는 어른 분들이 계시더라고요. 감정적으로 이야기하시는 분들도 있었지만 겉으로 티는 안 내도 '재 전라도였어?'라고 하시

는 분들도 있더라고요. 그리고 군대를 지방으로 간 친구들 이야기 들어 보면 알보칠이라고... (중략) 또 학교 다니는 친구들 보면 대부분 전라도 친구들이라 경상도 학생들은 찾아보기 힘든데, 제 친구가 경상도 친구들 사이에서 놀다가 경상도 한 친구가 제 친구가 전라도 사람이라는 사실을 알고 있음에도 불구하고 '나는 전라도 애들이 그렇게 싫더라'라는 말 때문에 싸웠다고 하더라고요. (참여자 F)

앞선 인터뷰들은 지역 청년들의 중앙의 우월성, 지방의 낙후성에 대한 일반화한 인식을 보여준다. 가령, 한 참여자의 진술을 통해 타 지역에 대한 일부 지방 청년들의 왜곡된 인식을 볼 수 있었다. 여기서 주목할 지점은 중앙을 제외한 지역들의 관계가 서로 신뢰와 존경, 공감, 그리고 협력적이기보다, 상호 긴장과 대립 관계를 이루고 있으며 뿌리 깊은 지역주의가 작동하고 있다는 점이었다. 실제로, 한국 사회에서는 각 지자체의 경제발전을 위해 종합병원, 시민공원, 박물관, 미술관 등의 유치를 위한 지역 간의 갈등이 심화되고 있는 것을 볼 수 있다. 대표적으로, 2021년 '국립 이건희 미술관' 유치를 두고 지방자치단체들의 과열 경쟁은 지역 이기주의가 지역발전이란 논리와 미명 하에 그 이면에서 상징적으로 드러난 사례라 할 수 있다.

이런 문맥에서 지역 간 관계성에 주목한 참여자 F의 진술은 한국 사회의 지역에 대한 뿌리 깊은 고정관념이나 이데올로기에 대한 문제의식과 정서적 불편함을 보여준다. 즉, 그의 언급은 기존의 미디어와 대중문화 콘텐츠가 관성적으로 활용해온 납작한 서사가 제시하는 지배적 담론으로부터 벗어난 관점을 제공한다. 때문에, 개인들의 구체적 경험들을 기반으로 지역 간 관계성과 문제들을 비판적으로 인식하고, 문화산업이 도식처럼 활용하는 클리셰(cliche)에 대한 불편함 및 이를 둘러싼 저항적 해독의 가능성을 보여준다. 이뿐만 아니라, 참여자의 진술은 지역성, 자기 인식, 주체와 타자와의 관계 등에 대해 새롭고 창의적인 대안적 해독으로 나아갈 수 있는 가능성에 열려 있다. 이것은 미디어가 재현하는 지역과 장소에 대한 일반화한 이미지와 메시지를 성찰적으로 전유할 수 있는, 홀이 제시한 저항적/대항적 해독의 개념에로 연결될 가능성을 보여주는 부분이라 볼 수 있다. 이를테면, 미디어가 지배적으로 표상하는 지역에 관한 스테레오타입(stereotype)이 아닌 그 속에서 좀처럼 다루어지지 않는, 지역과 지역 간의 관계성에 대한 새로운 문제의식으로 이어질 수 있는 개연성을 포함한다.

한편, 〈동백꽃 필 무렵〉은 '중앙 우월성'을 여성에만 국한시키지 않고 있었다. 예를 들어, 용식과 승엽 또한 '중앙 우월성'으로부터 벗어나지 못하는 인물들로 그려지고 있다. 이 외에도, 그들이 '지적이고 기품 있는' 여성상을 열망하는 데에서 그들 또한 신자유주의적 무한경쟁과 자기계발 논리로부터 자유롭지 못한 청년들로 표현되고 있었다. 여기서 남성 참여자들은 드라마가 신자유주의적 이데올로기를 담지하고 있다는 사실을 분명하게 인지하지 못하고 있었지만, 드라마 속 젊은 여성의 처지와 자신을 동일시하고 있었다. 특히, 취업 준비 중이거나 대학생인 남성 참여자들은 개인이 이전에 경험했거나 현재 경험하고 있는 상황들을 기반으로 드라마를 수용하고 있었다.



> 아무래도 학벌이나, 스펙, 금전적인 요소가 열악한 환경에 위치하고 있다고 생각해요. 예를 들면 자본주의 사회에서는 사랑 역시 돈 없이 하기란 녹록치 않은데, 드라마에서 극 중 인물들이 경제적인 문제로 인해 갈등을 겪는 모습들이 저에겐 크게 와 닿았어요. (참여자 D)

> 주위 친구들만 봐도 어느 정도 경제적으로 집이 여유로운 친구들은 부모님께서 수도권으로 보내거나 아니면 스스로 성공을 위해 수도권으로 상경하곤 하더라고요. 실제로 취업에 유리한 과로 전과하는 친구들이 반 이상이었고, 자퇴하고 공시 준비하는 친구들도 많았어요. (참여자 E)

이처럼 남성 참여자들은 드라마가 은폐하고자 했던 메시지를 성찰적으로 인지하고 재해석 하기보다, 자신의 경험을 위주로 평면적으로 진술하고 있다는 점에서 드라마의 표층적 의미나 생산자의 의도에 순응하는 듯한 모습을 보인다. 이들의 해석은 성공을 추구하는 과정에서의 미시적 전략과 목표, 이에 이르는 개별적 행위들이 다를 뿐, 지역의 청년들 역시 수도권 청년들과 동일하게 세속적 성공이라는 가치를 공유하는 것을(최종렬, 2017, 285쪽) 보여준다. 이러한 맥락에서 오늘날의 청년들은 특정 지역과 무관하고 또, 남녀 구분 없이 미래를 위한 주도면밀한 자기계발과 준비, 기획과 학습을 끊임없이 경주해야만 하는 시대정신이나 정상성을 내면화한 채, 자신 또한 신자유주의적 논리로부터 자유로울 수 없는 주체임을 보여준다. 이와 같은 특성은 오늘날의 청년세대가 시대가 호명하는 성공, 행복, 사랑, 삶의 질 등으로 명명되는 조건들에 특정한 방식으로 반응하고 이와 공존할 수밖에 없는 주체임을 가감 없이 보여준다.

무엇보다, 생산자가 의도한 목적과는 다른 방식으로 드라마를 수용하는 측면을 보여주고, 부지불식간에 신자유주의적 요소를 내면화하고 있다는 점에서 이들은 절충적이거나 타협적 해독의 측면을 드러낸다. 아울러, 참여자들의 진술에서 '스스로의 성공을 위해', '부모님의 강제에 의한 상경' 등의 언급은 지역 청년들 또한 미래의 성공을 욕망하고 있음을 보여준다. 이들의 언급은 경제적으로 부유한 지역의 엘리트들이 탈(脫)영토화되어 중앙-지역 불평등 구조의 협력자, 혹은 방관자 태도를 취한다는(이상봉, 2018, 120쪽) 논의와 맞닿아 있는 지점이다. 즉, 서울로 상경할 수 있는 환경에 위치하고 있는 청년들의 성공에 대한 열망은 개인주의 강화 및 지역 내 계층적 차이에 의한 소외가 확산될 수 있는 가능성을 암시한다.

# 〈쌈, 마이웨이〉
# : 재현된 실제로서 청년들의 삶의 공간





드라마 제목에 포함된 단어 '쌈'은 한국에서 은어로 '쌈 = 싸움'을 뜻하며, 마이웨이는 영어 'my way'를 한국어로 표기한 것으로, 직역하면 '싸움, 내 갈 길 간다'라는 것을 의미한다. 즉, '남들이 뭐라 하던 싸움의 길로 간다'라는 뜻이다. 이러한 맥락에서 〈쌈, 마이웨이〉는 서울로 상경한 청년들이 이른바 스펙과 실력을 쌓고 개인의 경쟁력을 강화하는 과정에서 타인의 시선이나 평가에 일희일비하기보다 자신의 갈 길을 묵묵하게 가는 청춘들의 이야기를 담은 드라마이다.

이 드라마는 다른 두 드라마와 달리 서울을 배경으로 한다.[6] 드라마 속의 공간적 배경 역시 '수도권'과 유사하지만, 실제 이곳은 '부산에 위치한 호천마을'이다. 이 특징을 반영해 드라마에서는 캐릭터를 통해 청년들의 처지를 비유적으로 재현하고 있다. 그들이 '서울로 상경했다'라는 내레이션과 자막은 그들이 지방에서 벗어나 중앙으로 진출했다는 것을 분명하게 명시한다. 그러나 중앙 도시의 특징이 드러나는 그들이 일하는 공간과는 대조적으로 거주 공간은 마치 다른 세계에 있는 것처럼 묘사된다. 이는 그들이 어린 시절에 자라난 고향의 모습과 장면들을 그들의 거주 공간 앞에 배치해 '중앙'과 '지역'의 이미지를 병치하고 중첩시킨다.

중앙과 지역의 이미지를 병치해 지역 출신의 청년들의 모습을 재현한 이 드라마는 역설적으로 주거뿐 아니라 취업, 생활비 등 특정 지역과 무관하게 오늘을 살아가는 청년들의 보편적인 생존의 문제를 다루거나 수용자가 이에 관해 사유할 수 있는 계기를 제공한다. 또한, 이 드라마는 오늘날 청년세대가 사회적 구제나 해법 대신 개인화한 노력과 경쟁, 각자도생이 팽배한 사회에서의 불안정한 주체임을 암시하고 있다. 이들은 누군가와의 관계 맺기를 유보하고 더 나아가 자신의 행복까지 유예함으로써 경제적·사회적으로 안정적인 위치에서 삶을 꾸려나가고자 현재를 저당 잡힌 채 고군분투하는 오늘날의 청년세대를 그린다.

이를테면, 수없이 펼쳐진 계단을 통해야만 도착할 수 있는 그들의 거주 공간, 1980년대를 연상하게 하는 주변 건물들은 이 공간에서 삶을 영위하는 다섯 명의 청년들과 그들의 삶을 표상한다. 낡고 옹색한 공간은 불안정한 직업과 생계, 경제적 어려움에 직면한 현시대 청년들의 모습을 상징적으로 보여준다. 그러나 열악한 환경에서도 등장인물들은 외부에서 받은 상처를 이곳에서 치유 받고 다시 일상으로 복귀하는 모습을 보여준다. 그들은 개인적인 고민과 고난, 사회적 편견을 서로 보듬고 격려함으로써 이곳을 인간적이며 안락한 공간으로 생성해 나간다. 또한, 아름다운 호천마을의 야경, 집으로 향하는 계단에 위치한 꽃, 루프탑을 연상하게 하는 옥상의 '남일바', 그리고 주변의 가로등 조명과 배경음악 등 다양한 요소들의 조화는 실재하는 고통과 어려움, 이를 극복하려는 노력과 작은 성취가 공존하는 이중적인 성격을 가진 공간으로 재현된다.

위와 같은 공간의 재현은 사회통신망과 미디어를 통해 소개·확산되면서 대중들이 마치 드라마 속 인물이 된 것 같은 기분을 느끼고 이를 인증하기 위해 '호천마을'을 찾게 했다. 이렇듯, 미디어가 매개하는 특정 지역의 이미지와 사회적 상상은 사람들이 미디어와 콘텐츠, 여행을 포함하는 문화를 보편적으로 향유하는 데 일조한 측면이 있다. 그러나 미디어의 효과가 큰 이윤으로 이어질 수 있다는 기업들의 전망과 미디어 생산자의 욕망이 만나면서 여행과 관광은 상품의 형태로 출시되고 있다. 즉, 기업들은 인간의 과시적 욕망이나 불안 심리를 활용해 일련의 유행 문화를 선도하고, 생산자들은 이러한 요소를 충족할 수 있는 해결책을 미디어를 통해 생산, 유통해 소비자들의 일상과 라이프 스타일에 영향력을 행사한다. 실제로, 드라마 시청 후, 촬영 장소에 대한 호기심에 그곳을 방문한 참여자들이 상당수 있음을 알 수 있었다.

> 〈쌈 마이웨이〉가 촬영된 장소가 부산으로 알고 있는데 제가 거주하고 있는 곳이 부산 근처라서 흥미롭게 보았고, 실제로 전역 후에 촬영지에 찾아가 보기도 했어요. (참여자 D)





참여자 D의 경우, 드라마를 통해서 이곳에 대한 정보를 얻을 수 있었으며, 거주지와 근접하고 예쁘게 보여 실제 이곳을 방문하였다고 언급했다. 그는 자신이 시청한 드라마 촬영지를 직접 다녀온 것으로부터 오는 희열로 인해 전반적으로 큰 만족감을 느꼈다고 진술한다. 그러나 이와 반대로 부산 지역과 근접한 지역에서 거주하고 있는 참여자 C와 해당 지역과 먼 거리에 거주하고 있는 참여자 B는 이와 상반된 내용을 제기한다.

> 개인적으로 왜 비수도권을 배경으로 촬영하려 했는지 연출자의 의도가 궁금했어요. 비수도권을 배경으로 한다 해서 그 지역만의 특색을 살린다고 보기엔 또 부족해 보이고 … 단순히 촬영하기에 괜찮은 장소였던 것이 아닐지? 라는 생각이 들었어요. (참여자 C)

> 드라마 시청 후 촬영지 관광을 하고 왔어요. 그런데 그곳을 방문한 후 생각보다 드라마에서는 해당 지역의 특색이 거의 느껴지지 않았던 것 같아요. (참여자 B)

특히, 참여자 C는 지방을 촬영지로 선정한 이유에 대한 궁금증을 제기했다. 구체적으로, 그는 드라마에 지역적 특색이 전혀 등장하지 않으며, 촬영지로 선정된 원인으로 수도권에 비해 낙후된 지역이기 때문일 것이라고 언급한다. 참여자 B와 C가 느낀 의구심의 이면에는 재현된 장소가 본래의 모습이 아닌 연출의 결과로 '사실과 다르게' 미화되거나 과장되게 구현되었음을 보여준다. 따라서 참여자 B와 C의 진술은 대중문화인 드라마가 자본의 가치를 충분한 성찰성 없이 추구한 결과, 미디어 생산자가 선택한 선별적이며, 탈색된 재현이 '호천마을'이 지니는 장소성과 역사성을 소거할 수 있다는 우려와 맞닿아 있다.

한편, 참여자 D의 진술은 경쟁이 일상화된 피로사회 속 삶에서 일말의 활력과 의미의 발견, 지역에 대한 긍정적 인식으로 나아갈 수 있음을 암시한다. 동시에, '특색이 느껴지지 않았다'와 같은 참여자들의 지적은 그동안 미디어 재현을 통해 오랫동안 축적되어 온 지역 이데올로기, 중앙 우월성 등과 같은 지배적 메시지로부터 벗어나 지역에 대한 희망적 담론이 형성될 가능성을 함의한다. 부연하자면, 드라마가 특정하게 재현한 공간이 주체 경험의 동력으로 작용했다는 점은 미디어 생산자들의 의도에 순응한 것으로 볼 수 있다. 다른 한편으로, 이들의 발화는 청년들이 자기 비판적 인식과 함께 일련의 기대와 희망을 담지하는 상상의 공간, 그리고 자주적인 주체로서의 삶과 새로운 정체성을 발견할 수 있는 타협적 해독이 이루어지는 공간이라 할 수 있다.

송아현과 백선기(2018)는 1980-90년대를 배경으로 하는 드라마와 같은 영화들은 청년세대를 저항적인 모습과 소비지향적인 모습, 자유로운 모습으로 재현했으나 2000년대 이후로는 높은 취업난과 사회적 편견에 좌절하고 고민하는 청년들을 재현한다고 주장한다. 이를 대변하는 사례로, 오늘날 정치 상실의 시대와 노동 개혁, 그리고 세월호 참사는 청소년들과 대학초년생들로 하여금, 국가의 '비정상성'에 관해 인지하는 기회를 제공하였다. 이는 국가 시스템과 정부가 더 이상 자신들을 위해 작동하지 않을 것임을 직시하는 계기가 되었다(이광석·윤자형, 2018, 88쪽).

이러한 시대를 살아가는 청년들의 모습은 〈쌈, 마이웨이〉에 서도 유사한 톤으로 드러나고 있다. 드라마 속 인물들은 학창 시절 다양한 목표와 꿈을 가지고 있지만, 이를 추구하는 과정에서 현실의 벽에 굴복하거나 체계에 순응하며 살아간다. 자신의 꿈과 희망을 완강하게 억압하는 사회 구조와 모순 속에서 경제적·사회적 어려움이 일상화한 이들의 모습은 높은 현실의 벽과 이를 극복하기 위한 시도조차 어려워진 오늘날 청년들의 자화상을 보여준다. 그 재현은 노동과 생산으로부터 배제된 청년들이 경제와 사회로부터 차별과 불평등을 겪고(이성균, 2009, 579쪽) 있는 현실을 반영해 청년들을 위한 실제적이며 효율적인 국가적 정책의 필요성을 보여준다.

전술한 바와 같이, 각박한 사회임에도 불구하고 드라마 속 인물들은 각각 보류하거나 포기했던 꿈을 실현하는 것으로 그려진다. 한국 사회가 상정한 전형적인 인재상과는 거리가 있음에도, 이들은 용기를 바탕으로 세상을 향한 도전을 지속함으로써 결국 꿈과 연애라는 두 마리 토끼를 잡은 위너(winner)로 재현된다. 그러나 이와 달리 한 참여자는 지역 출신임에도 불구하고 드라마가 서울에서 성공적으로 자신의 목표를 달성한 청년들을 재현하는 방식에 대해 복잡하고 이중적인 시각으로 이를 수용하고 있었다.





> 서울로 상경해야 무언가를 할 수 있는 기회가 많이 주어진다는 것에 공감하면서 봤어요. 지금 공무원 공부를 준비하고 있는데 학원을 조사해 보니 확실히 서울에 유명한 학원들이 많이 있더라고요 … 제 진짜 친한 친구들은 서울로 올라가고 싶어 하지만 쉽게 올라가지 못하더라고요. (참여자 E)

드라마에서는 등장인물들이 서울로 상경한 구체적 동기나 이유가 설명되고 있지 않음에도, 극의 초반부에서 인물들이 자신의 꿈을 강조했던 장면들과 이후 서울에서 생활하고 있는 장면들의 병치, 그리고 이에 대해 (서울이) 경제적 활동을 할 수 있는 선택의 다양성을 보여준다. 이러한 점은 드라마가 함의하는 중앙 우월적 이데올로기에 순응하고 있는 태도나 심리로 볼 수 있다. 이는 참여자 E의 경우와 같이 서울로의 상경은 다양한 기회를 누릴 수 있다는 중앙 우월적 이데올로기가 내면화되어 있는 지배적 해독의 측면을 지닌다.

이 맥락에서 드라마가 전달하는 메시지 중 '대책 없이 도전하는 청년들의 열정과 객기', '원하는 것을 해봐라, 무엇이든 할 수 있다' 등은 그들의 문제들을 단순화하거나 기존 사회가 특정한 방식으로 기호화한 청년들을 일련의 상징조작을 통해 재생산하려 함을 나타낸다. 물론, 드라마를 비롯한 문화산업은 조밀하게 작동하는 선전·선동 기구는 아니고, 생산과 소비의 과정에서 현실과 허구의 조각난 측면을 섞어가며 상업적 목적을 극대화하려 한다. 이 과정에서 때로는 전복적이거나 비주류의 재기발랄한 상상력과 그 가능성을 담아내기도 한다. 이런 문맥에서 참여자 E는 드라마가 내포하는 메시지를 수용하는 태도를 보인다. 동시에, 그는 자신의 경험을 들어 드라마가 전달하고 있는 메시지들이 절대적인 것은 아니라 진술함으로써 지배적 해독에 대한 순응과 저항적 해독을 통한 전유가 공존할 수 있는 가능성을 보여준다. 또한, 한 참여자는 드라마에 재현된 지역 및 청년들과 관련된 자신의 생각을 현실의 사회구조적인 측면에서 비판적으로 전유하고 있었다.



> 수도권 쏠림 현상이 심각해서 기회가 되면 모두가 수도권에 가길 원하지, 연고지에 대한 애착은 많이 떨어진다고 생각해요. 저 또한 여기에 해당되는데, 제 생각으로는 (이것이) 이미 뿌리 깊게 박힌 우리 사회의 근본적인 문제이기 때문에 드라마가 이런 문제들을 해결하기에는 어렵다고 봐요. (참여자 D)

즉, 참여자 D는 수도권 집중화 현상에 대한 문제를 사회구조적인 측면에서 비교적 정확하게 진단하고 인지하지만, 결국 수도권에서의 삶을 희망하는 이중적 태도를 보인다. 그의 태도는 국가 엘리트들이 국가에 대한 권력 행사 및 운영의 측면에서 우위를 점하고 있다는 시각으로, 지역 출신이지만 서울 기득권에 동화되거나(강준만, 2015, 121쪽) 이에 편승해야 보다 우월한 사회적 지위를 점할 수 있다는 논리를 보여준다. 이러한 맥락에서 참여자는 드라마에 대한 회의적인 시각을 견지하면서도, 이를 전반적으로 부정하거나 냉소하기보다, 일정한 거리감을 두고 드라마를 선별적으로 수용하거나 창의적으로 전유하고 있었다.

그간 언론과 미디어는 청년세대를 지칭해 현실의 구조와 체제에 순응할 수밖에 없는 약한 존재라는 식의 담론을 생산했다. 나아가, 그들이 현실에 적절하게 대처하거나 이를 바꿀 수 없는 주체라는 인식을 재생산해 왔다. 그러나 경제적·사회적 어려움과 이의 장기화 국면에서도 많은 청년들은 삶을 창의적인 방식으로 영위해 나가고자 하는 인식과 실천들이 나타나고 있다. 그 실천들은 청년들이 한동안 유행했던 위로를 가장한 자기계발이나 치유 문화에서 탈피해 자신들의 목소리를 내기 시작하고 있음을 보여준다.

## 〈톱스타 유백이〉
## : 낭만화한 지역과 공동체의 재현

과거의 공동체적 향수와 낭만, 그리고 자연의 아름다움을 효과적으로 담아낸 〈톱스타 유백이〉는 억압적인 자본주의와 이것이 추동하는 사회구조에 편승해 안정적인 삶을 추구하고자 하는 개인과 집단의 욕망이 야기한 각자도생의 삶으로부터의 해방과 연결된다. 즉, 지역을 매개로 각박하고 비인간적인 현실을 극복하고 연대와 공동체적 삶으로의 회귀를 소망하는 청년들을 상기시킨다. 예를 들어, 드라마에서 '여죽도'라고 불리는 지역은 전라남도 완도군에 위치한 대모도와 청산도를 일컫는다. 그러나 실제로 대모도에는 큰 건물이 없으며, 소수의 주민들만이 공동체를 형성해 살아간다. 반면, 청산도는 이미 많은 관광 요소가 밀집해 있고 현대적인 건물들도 존재한다. 드라마에서 이곳은 자본의 영향이 크게 미치지 않은 '순수한' 곳으로 재현된다. 또한, 이 섬은 '불편하고 낙후된 촌 동네'라는 등장인물의 대사를 통해 대도시에서 멀리 떨어진 지역에 대한 부정적 인식을 보여준다. 스토리텔링과 관련한 기술적인 측면에 있어 '여죽도'와 '서울'의 교차적 배치구조는 두 지역 간의 차이와 이 섬이 문명의 이기를 누릴 수 없고 외부와의 교통 또한 제한적이라는 것을 암시한다.

한편, 이 드라마는 언어적 표현에 있어 유희적 코드와 중앙 중심적인 코드가 함께 공존한다. 드라마의 한 장면을 사례로 제시하면, '거시기'라는 사투리를 통해 소비자들에게 웃음 코드를 제공한다. 그러나 이면에는 표준어의 기준이 중앙이라는 것을 가늠케 하는 '중앙 중심적' 관점이 존재한다. 따라서 표준어를 사용하지 않는 주변부의 사람들과 의사소통이 원활하지 않다는 인식을 갖게 한다. 다시 말해, '거시기'라는 전라도 지역의 전통과 관습적 기호, 혹은 친근한 일상적 언어생활에 대한 수도권 거주민의 거부감은 단일한 문화적 기준이나 정치적 올바름을 상정하는 중앙중심적 인식이 작동하고 있음을 보여준다. 드라마에 재현된 이러한 지역적 관습과 전통을 다룬 장면에 대해 이를 시청한 대부분의 인터뷰 참여자는 불편함을 드러내거나, 이것이 극화를 위한 과장된 장치라고 지적했다. 이들은 드라마가 극적인 인물들의 라이프 스타일을 통해 지역 이미지의 일반화, 수도권 중심의 사고방식, 수도권 우월주의 등을 조장하거나 강화하는 측면에 대해 비판적인 인식을 보였다.



이와 같은 중앙 중심적 관점의 재현은 문화적 다양성을 구현하지 못하는 한계를 지닌다. 이를테면, 이 드라마는 전통적이거나 토속적인 문화들을 지역 이미지와 등치시킨다. 이러한 특성은 그동안 미디어가 지역을 재현하는 장치로 줄곧 사용되어 오며 지역이 주변부라는 담론과 다방면에서 변화가 더딘 공간이라는 사회적 통념을 강화해 왔다. 그러나 오늘날 '레트로 문화'의 인기에 따라 기술 결정론적 현대사회에서 벗어나 상상된 과거의 인간적인 삶, 아날로그적 향수와 그리움을 극대화하는 상품으로 소비되고 있다. 기술 진보가 추동하는 급격한 변화 속 옛것에 대한 그리움과 새로움을 동시에 추구하고자 하는 대중의 열망은 드라마가 표상하는 아날로그적 기호와 연동한다. 그 결과, 오늘날 사투리는 개성이나 다양성을 표상하는, 사회가 용인하는 인간적이며 문화적 코드가 되었다.

> 드라마를 보면 대부분 서울 사람들은 세련되고 스타일이 멋있게 나오지만, 지방 사람들을 표현할 때는 사투리를 심하게 사용하든지, 아니면 스

타일이 세련되지 못하고 부자연스럽게 연출되는 것 같아요. 그래서 서울과 지방 사람들을 묘사하는 방식에서부터 차이가 나타나고, 지방 사람들의 모습을 일반화하는 것 같아서 좀 아쉬웠어요. (참여자 C)

일부러 시골 요소를 많이 넣은 것 같아요. 아니, 누가 요즘 몸빼 바지를 입나요? (물음) 저희 할머니도 잘 안 입으시는데 … 심지어 동네 슈퍼 잠깐 다녀오는데도 저렇게 입고 나가면 친구들이 심한 말해요. (참여자 F)

위의 답변에서 드러나듯, 참여자 C와 F는 드라마 속 여죽도가 과잉으로 순수하고 낭만적으로 그려지고 있다고 응답했다. 또한, 이들은 드라마 속 섬이 고향의 향수나 '때 묻지 않은' 생태적 삶에 대한 그리움을 소환하는 드라마적 장치로 인지한다. 결국, 참여자들은 드라마가 재현하는 지역의 이미지를 회의적으로 바라봄으로써 제작자가 제시한 지역에 대한 지배적 의미를 거부하고 있었다. 여기서 흥미로운 것은, 인터뷰 참여자들의 태도에 분열적인 부분이 있었다는 것이었는데, 이는 참여자 C의 답변을 통해 볼 수 있다. 응답자 C의 답변 중 '사투리 사용, 패션 등 라이프스타일을 부자연스럽게 표현하고 있다' 라는 지적과 '지방을 일반화하고 있다'라는 언급은 앞서 지역이 '중앙에 비해 발전이 더디고 혜택이 적다'라는 진술과 상반된다. 이와 같은 답변은 그가 지역을 낭만화하거나 결핍된 공간으로 구성한 미디어 텍스트를 생경한 것으로 인식하고 있는 사실을 보여주는 것이자, 그들이 삶을 영위하고 있는 지역에 대한 애착과 지역적 유대감 때문에 응답한 것으로 설명될 수 있다.

물론, 미디어의 이러한 경향성은 새로운 것은 아니다. 이윤과 직결되는 시청률이나 흥행을 의식할 수밖에 없는 미디어 생산자 및 투자자들의 욕망과 전략을 반영한다. 바꿔 말해, 미디어 생산자들은 빠르게 변모하는 도시 생활에서 느끼기 어려운 과거의 낭만, 순수한 자연, 인간적인 공동체에 대한 그리움을 시청자들에게 끊임없이 제공한다. 이러한 맥락에서 미디어 생산자들은 자연을 잃어버린 소중한 것, 진정한 관계를 복원할 수 있는 어떤 것으로 상정하고, 이에 대한 향수를 자극하는 프레임과 전략을 능숙하게 활용한다. 반면, 일부 대상자는 미디어 문화가 주도하는 사회 변화 속에서 드라마의 일부 청년 재현에 있어서 공감을 표시했다. 그러나 이와 함께 미디어 재현과 현실 사이의 인식론적 간극과 그 문제점에 관해 정확하게 인지하고 있었다.

> 서울은 겉으로 보기에도 모두가 매일 매일 바쁘게 살고 치열한 경쟁 사회임이 보이는데 비수도권은 아무래도 잘 드러나지도 않고 '급하다'라는 인식이 부족한 것 같아요. 또 드라마에 등장하는 여주인공들처럼 우리도 어렸을 때는 뭐든지 다 될 수 있을 것 같다고 생각했지만, 실제로 같은 위치에서 공부했던 친구들과의 격차가 점점 벌어지는 모습을 보면서 거기서 현실 자각이나 자신의 위치를 들여다보는 점이 현실적이었어요. (참여자 A)



참여자 A는 미래에 대한 청년들의 인식이 수도권과 비수도권에 따라 극명하게 나뉘고, 다르다는 사실을 지적한다. 예컨대, 매일 바쁜 환경에서 살아가는 사람들과 일상이 치열한 경쟁에서 자유롭기 어려운 수도권의 조건은 그곳에서 살아가는 청년들에게 미래에 대해 고민하고 체계적으로 준비할 수 있는 기반을 생성한다고 응답한다. 이와 달리, 지방은 경쟁도 그리 치열하지 않고, 빠르게 움직여야 하는 생활 패턴과 이를 위한 자극이나 가시적 요소들이 많지 않기 때문에 현재에 안주하게 만든다고 진술한다. 그러나 참여자 A와 다소 상반된 시각으로 자신의 미래를 바라보는 참여자의 시각도 존재하였다.

> 저는 올 3월부터 공무원 학원에 다니고 있어요. 대학 졸업하고 1년 동안 알바하면서 문득 미래에 대한 생각이 들더라고요. 전공은 못 살리겠고...

(중략) 그런데 학원 다니는 친구들 보면 외국 대학교 자퇴한 애들부터 거의 서울 명문대 다니던 애들이더라고요. 보면서 분발해야겠다는 생각이 드는데 (그들이) 왜 지방으로 오는지 모르겠어요. 그냥 거기에 있지. 우리는 상어들 밥이에요. (참여자 D)

참여자 D의 언급을 통해, 지역에도 상당한 수준의 경쟁과 그러한 환경이 형성되어 있다는 사실을 짐작할 수 있다. 이 지점은 참여자 A가 지방의 경우 경쟁이 현저히 부족하거나 비가시적이라는 언급에 대한 반증으로 지방의 환경적 요인에 대해 개인이 처한 상황 및 삶에 임하는 태도에 따라 차이가 있다고 판단할 수 있는 근거를 제공한다. 이러한 현상의 원인으로 중앙의 과열 경쟁, 극심해진 취업 문제, 물가 상승, 집값 폭등, 제한된 기회 등을 제시할 수 있다. 즉, 수도권 집중 과열로 청년세대를 둘러싼 사회적 문제들이 심화되면서 수도권에서 지방으로 이주해 기회를 얻고자 하는 청년들이 증가했다는 사실을 알 수 있다. 수도권 청년들의 변화는 '왜 지방으로 오는지 모르겠다' 혹은 '우리는 상어들 밥'이라는 참여자 D의 발화처럼 지방 청년들의 불안감을 증폭시키고 있다.

참여자 D의 언급에서 흥미로운 점은, 그들 스스로 지방과 수도권 청년을 '구분 짓기'하고 있다는 점이다. 그는 수도권 청년들의 지방 유입이 노력의 기폭제로 작용하는 긍정적인 역할을 수행하고 있다고 말하지만, 역설적으로 지방은 지방끼리, 수도권은 수도권끼리 경쟁해야 한다고 표현한다. 참여자 A와 D는 그들이 살아가고 있는 환경에 대한 인식에 차이를 보이지만, 이면에는 상당히 유사한 논리를 감추고 있음을 확인할 수 있다. 이를테면, 그들은 미디어 생산자들이 재현한 지방과 청년들의 삶에 대해 수도권 청년들과 동질화하려는 특성을 보이면서도, 청년 문제와 관련해서는 스스로 자신들을 약자로 위치시키고 있었다. 특히, 수도권의 또래 청년들을 정서적으로 '이질적'이거나 '다른' 주체들로 인식하고, 미디어 생산자들이 재현한 청년세대에 대한 이중적 잣대를 활용하는 모순적 모습을 드러내기도 한다.

한편, 수도권 청년들에게 불안을 느끼는 다른 참여자와 달리, 한 참여자는 지역의 삶 역시 수도권에서 향유할 수 있는 문화들을 경험할 수 있다는 언급을 통해 비교적 낙관적인 관점에서 지역을 이해하고 있는 것을 포착할 수 있었다.

> 수도권이 인프라 및 문화생활 측면에서 우세한 것은 인정해요. 하지만 지역도 더디지만 수도권에 있는 상품과 문화를 충분히 누릴 수 있다고 생각해요. (중략) 요즘은 인터넷으로 주문하거나 유명한 강의도 들을 수 있기 때문에 서울에 살고 싶다는 생각은 별로 안 들어요. 저에게 서울이나 수도권은 그냥 어쩌다 한번 놀러가기에 좋은 곳이에요. (참여자 B)





참여자 B의 언급은 앞서 수도권의 삶을 추종하고 스스로 약자로 자처한 참여자들의 진술과는 상반된 시각으로, 그는 비록 수용 속도는 느리지만 지역 또한 수도권과 유사한 다양한 교육과 문화 혜택을 제공받을 수 있다고 언급한다. 그의 진술은 미디어가 사회·문화적 측면을 강조함으로써 중앙 중심적인 지배적 메시지에 대한 대항으로서 지역에서의 자신의 삶에 대한 만족감과 지역의 긍정성을 시사한다. 즉, 지역에 대한 기존의 고정관념을 해체하고, 지역을 새로운 시각에서 재해석할 수 있는 시도의 가능성을 함의한다. 그러나 인터뷰 도중 '중앙은 교통이 혼잡하고 사람도 많은데 그런 곳에서 어떻게 살아요'와 같은 발화처럼 자칫 지역주의를 조장하는 이데올로기로 작용해 중앙 혐오 혹은 중앙과의 이분법적인 시각을 강화하고 본질적인 지역의 문제를 간과하는 한계점도 존재한다.

또한, 반복되는 중앙 프레임은 지방을 세밀하고 정확하게 들여다보지 못하는 상황을 초래할 가능성을 안고 있다. 일례로, 수도권의 우월성을 내포하는 미디어 콘텐츠의 생산과 소비가 수도권 청년들에게 내면화되어 지방은 경쟁이나 불안 요소가 적은 곳, 혹은 순수하지만 미성숙한 곳이라는 고정관념을 형성할 개연성이 크다. 이러한 사례는 해당 드라마 속에서도 찾아볼 수 있다. 한 예로, '거시기'를 언급한 오강순은 서울 남성 유백이에게 이상하고, 무식하며, 조심성 없는 성격을 가진 인물로 인식된다. 이러한 그녀의 모습은 '서울 여성'과 교차 배치되어 '중앙 여성'과 '비중앙 여성'의 차이를 포함해 시골 여성에 대한 편견을 보여준다. 이처럼 극명한 대비를 통한 재현과 언어적 표현은 '중앙'과 '비중앙'의 수준 차이를 진단하는 요소로 활용된다. 이뿐만 아니라, 1950-1960년대를 연상시키는 청각적 요소와 주민들의 행동은 차이를 더욱 극대화하는 장치로 작용한다. 이러한 요인들은 수도권 지역 사람들로 하여금 '지역', 특히 '섬'에 대한 고정관념을 확대 재생산할 수 있음을 보여준다.

한편, 이 드라마는 공동체적 성격을 강조한다. 비록 혈연으로 이루어진 공동체는 아니지만 등장인물들 사이에는 대소사를 나누고 서로 도우며 살아가는 연대의식의 견고함을 드러낸다. 즉, 사회가 빠르게 변화하고, 개인이 중시되는 사회를 맞이하면서 현대사회에서 느끼기 어려운 이웃 간의 정을 '여죽도'의 이웃들을 통해 표현한다. 때문에, '자기중심적' 경향이 짙은 도시 남성 유백이는 그들의 배려에 대한 어색함과 불편함, 그리고 거절과 경계의 태도를 보인다. 그의 행동은 타인을 믿지 못하고 고군분투하는 현대인의 특성과 공동체적 유대가 빈곤한 대도시의 삶을 극명하게 보여준다. 이와 함께, 시간의 경과를 통해 유백이는 타인과의 신뢰와 믿음을 이해하고 실천하는 주체로 거듭나면서 순수하고 자연스러운 것을 추구하는 인물로 변화한다. 이후, 그는 화려하고 편리함이 가득한 서울에서 벗어나 섬에서의 삶을 꾸려나가는 모습은 여죽도라는 재현 공간이 지니는 순수한 자연과 그것이 선사하는 아름다움, 그 지역 속에서 살아가는 주민들의 견고한 관계성을 보여주는 부분이라 할 수 있다. 실제로, 참여자 A와 B는 드라마에 재현된 공동체적 유대 관계가 현실과 유사하다고 진술하는 반면, 참여자 C, D, E, F는 이에 대해 다른 관점을 제기한다.

공동체 유대관계에 대해 공감하는 편이에요. 개인만 생각하는 경향이 많

다고들 하는데 아직까지 서로 유대관계를 쌓아가고 있다는 생각이 들어요. (참여자 A)

주위만 봐도 혼자 밥 먹고 혼자 일하고 다 혼자 해요. 저도 이런 환경에 익숙해지다 보니까 혼자가 편하고요. 그냥 혼자 집에서 쉬는 것이 저에게 더 도움이 돼요. 그래서 누굴 만나고 유대를 형성하는 것을 기피하게 되는 것 같아요. (참여자 C)

여기서 주목할 지점은 대도시와 그 주변에 거주하고 있는 참가자들은 드라마에 재현된 구성원들 간의 유대관계에 대해 공감하지 않는다는 진술을 한 반면, 대도시로부터 상당한 거리에 거주하고 있는 참여자들의 경우 이에 공감한다고 응답한다. 가령, 〈톱스타 유백이〉는 공동체적 정체성뿐 아니라, 남녀 차별로 대변되는 젠더 문제, 그리고 신자유주의 논리가 존재하지 않는 이상적 공간으로 지역을 묘사해 주체적 삶을 살아가는 지역 청년을 재현한다. 그러나 응답자 C를 포함해 일부 참여자들의 '혼자 살아가는 삶이 더 익숙하고 편하다'라는 언급은 드라마가 재현하고 있는 지역의 모습과 실제 사이의 상당한 간극을 보여준다.

한편, 일부 청년들은 드라마가 재현하고 있는 공동체적 삶에 공감하거나 자족하는 태도를 보였으나, 또 다른 청년들은 드라마에서 그려지고 있는 지역적 특징이나 분위기, 드라마가 표상하는 지역 청년의 일상과 현실을 성찰적으로 해석해 복합적인 시각으로 드라마를 소비하였다. 달리 말해, 이러한 미디어 재현은 생산자의 입장에서 과도한 긴장과 갈등, 심리적 불편함을 회피하거나 우회하는 가운데 수용자들의 기대와 정서적 니즈를 염두에 둔 내러티브 전략으로 볼 수 있다. 동시에, 역설적으로 이와 같은 생산자의 의도는 일부 지역 청년들에게 심리적 저항이나 반감, 의미의 오인과 절충 등을 증폭시키는 요소로 작용한다.

# 맺는말

이 글에서 살펴본 세 드라마는 후기 자본주의 및 신자유주의의 도래와 일상화 이후, 일상에 만연한 불안으로부터 벗어나 보다 안정적인 삶을 영위하기 위한 과정에서 분투하는 청년들의 경험을 보여준다. 이를 통해 오늘날 대두되고 있는 주거와 실업, 취업 등의 사회적 문제들과 관련한 청년들의 삶을 조망하고자 했다. 이러한 문맥에서 세 드라마는 지역 경관의 자연적·미적 요소와 공동체석 연대 및 인간관계의 강조를 통해 각박한 현실로부터 벗어나 위로와 공감의 정서를 제시하려 시도하고 있었다.

이와 관련하여 세 편의 드라마를 시청했던 청년 수용자들은 흥미로운 시각으로 드라마를 보고 있었지만, 대체로 수도권이 지방보다 우월하다는 일반적인 사회적 인식을 공유하고 있었다. 그러나 한편으로 자신들의 노력 여하에 따라 지방에서의 삶과 미래가 수도권의 그것에 비해 보다 전향적인 가능성을 줄 수 있다고 보는 미디어 텍스트에 대한 타협적 해독의 모습을 보여주고 있었다. 이의 연장선상에서 비수도권에 대한 드라마의 재현 방식에 관해서는 문화산업론적 관점에서 심리적 불편함을 느끼거나 그것에 관해 문제적이라 느끼는 비판적·대항적 해독 역시 존재하거나 부분적으로 시도되고 있었다.

이와 같은 문제들에 대한 개별적 인식에도 불구하고, 그들이 드라마를 소비하는 주된 이유로 현실에서 경험하기 어려운 이상적인 가치와 재미, 힐링 등의 체험을 아름다운 배경과 분위기, 흥미로운 스토리 전개 등을 통해 소비하며 대리만족의 기제로 삼고 있었다. 이는 현실의 구체적인 모순들을 인지하면서도 이에 적극적으로 저항하기보다 미디어 콘텐츠의 소비를 통한 위로와 정서적 안정을 추구하거나, 구조적 요인들로부터 자유롭기 어려운 주체의 양가적 정서와 맞닿는 지점이다. 즉, 미디어 텍스트에 대한 지배적-헤게모니적 해독이 활발하게 발생함을 보여준다.

이 책의 마지막 6장에서는 역동적이며 창의적인 공간으로 대변되는 서울의 연남동을 탐색한다. 이 공간을 반복적으로 경험한 청년들과의 대화를 통해 연남동의 공간과 그들 간의 관계를 살펴보고, 그 속에서 나타나는 청년들의 사회적 욕망과 상상, 이에 대한 저항과 전복 등의 모습에 대해 논의하고자 한다.

## 주

1 또한, 2022년 1년 동안 청년 세 명 중 한 명 이상(33.9%)이 진로불안과 일에 대한 회의감, 일과 삶의 불균형 등으로 인해 번아웃(소진)을 경험하고 있었으며, 대부분 집에만 있는 은둔형 청년의 경우 또한 취업의 어려움(37.6%) 때문에 이와 같은 생활을 하고 있다고 답하였다(정세정 외, 2023, 16쪽; 30쪽).

2 세대라는 용어는 사회학자들이 계급이나 계층처럼 빈번하게 사용하는 개념으로 사회변화를 이해하는데 유용하지만, 동시에 여러 가지 혼란을 일으키기도 한다. 특히, 특정 시기에 태어난 사람들을 "~세대" 식으로 하나의 범주로 묶고 그럴듯한 이름을 붙여 다른 시기에 태어난 사람들과의 차이를 강조하는 이른바 '세대론'이 그렇다. 또한, 세대교체를 통한 사회변화는 대개 점진적이고 연속적인데, 이를 임의적 세대 구분의 렌즈로 보면 그 차이가 더 크고 단절적으로 보이는 착시현상도 일으킬 수 있다. 더불어, 이는 세내 내의 다양한 가치관과 이념, 취향과 성향의 차이를 은폐하는 수단으로 작용하기도 한다(임채윤, 2021.7.19). 다만, 계급이나 계층이란 분석 단위가 가진 한계를 인정하듯, 청년세대란 단어가 가진 모호함에도 불구하고 하나의 유의미한 사회과학적 분석 단위와 개념으로 이를 제한적이고 신중하게 사용하는 것의 분석적 미덕 또한 비교적 자명하다(곽영신 · 류웅재, 2021, 15쪽).

3 1979년 소니가 개발한 휴대용 카세트플레이어로 당시 혁신적인 기기로 평가받았다. 이는 집 밖에서 이어폰이나 헤드폰으로 음악을 들을 수 있게 되면서 전 세계인의 음악 감상 습관을 변화시켰다.

4 이 글은 홀의 이론적 모형과 개념들을 기존의 사회과학의 형식적이고 도식화한 '방법론'으로 사용하는 것과는 의도적인 거리를 두고자 한다. 이 개념들이 이전의 유사한 주제를 다룬 글들에서 일련의 유용성을 담보해 왔고 또, 이 글의 일부 분석에서 유의미한 분석 도구나 단위로 활용될 수 있을 것임을 이해하고 있다. 다만, 이 글은 이들을 대중문화에 접근하는 하나의 타당한 인식론적 틀이나 이상형으로 삼아 현재 한국 사회가 직면한 청년 문제와 이것이 미디어를 통해 재현, 매개, 해석되는 구체적 양상들에 관해 유연하게 적용하거나 창의적 변형을 통해 선별적으로 활용함으로써 밀도 있는 분석과 해석을 도출하는데 초점을 맞추고자 하였다.

5 이 글은 텍스트 분석과 심층인터뷰에 대한 분석을 구성과 배치, 서술 방식에서 분리해 수행하곤 했던 선행 연구들과 달리, 미디어가 재현하는 텍스트 메시지와 이에 대한 수용자의 해석이 어떠한 방식으로, 어떠한 지점에서 접합과 절충, 타협적이거나 대항적 해독을 드러내는지 입체적으로 살펴보고자 미디어 텍스트에 대한 분석과 심층인터뷰의 내용을 혼용하여 기술하였다.

6 이 글은 수도권 vs. 비수도권의 이항대립적 구도보다 로컬리티란 측면과 이에서 파생하는 자기 인식과 관계들에 주목하였다. 이러한 점에서 〈쌈, 마이웨이〉란 드라마가 등장인물들 간, 캐릭터와 생활공간과의 관계성 및 카메라와 편집 기술을 통해 청년들의 삶의 공간을 설득력 있게 보여주고 있다고 판단해 분석 대상에 포함하였다.

## 참고 문헌


강준만(2015). 지방의 '내부식민지화'를 고착시키는 일상적 기제:'대학-매체-예산'의 트라이앵글. 〈사회과학연구〉, 54권 2호, 113-147.

곽영신 · 류웅재(2021). 불평등 사회 속 공정 담론의 다차원성: 청년 공정 관련 신문사설에 대한 비판적 담론분석. 〈한국언론학보〉, 65권 5호, 5-45.

권수빈(2020). 청년세대 연구에 지역이라는 교차로 놓기: '지방대학생/지방청년'에 관한 학술 담론 분석을 중심으로. 〈문화와 정치〉, 7권 4호, 53-90.

김대행(2001). 한국의 언어문화와 방송의 역할. (2001 방송문화진흥회 포럼). URL: https://www.fbc.or.kr/pds/normalpds/Details?sq=3&page=1

김명혜(2012). 한국 텔레비전의 글로벌 로컬리티 재현. 〈언론과학연구〉, 12권 2호, 113-144.

김수정(2010). 수용자연구의 해독모델과 존 피스크에 대한 재평가: 수용자연구에 대한 비판적 성찰과 열린 논쟁을 위하여. 〈언론과사회〉. 18권 1호. 2-46.

김창남(2020). 〈대중문화의 이해〉. 파주: 한울아카데미.

김헌식(2013). 미디어의 로컬리티 매개에 관한 연구. 〈로컬리티 인문학〉, 20권, 105-146.

류희선 · 진소연(2012). 국내 아이돌 음악에 대한 청소년 인식 연구. 〈방송과 커뮤니케이션〉, 13권 4호, 167-202.

문상현(2013). 미디어산업의 지구화에 대한 통합적 분석틀의 모색, 〈언론정보연구〉, 50권 1호, 7-44.

방희경 · 이경미(2016). 종편채널의 북한이미지 생산방식: '일상'으로의 전환, 이념적 정향의 고수. 〈한국언론학보〉, 60권2호, 338-365.

송아현 · 백선기(2018). 미디어에서 재현되는 청년세대의 현실과 위기. 〈한국콘텐츠학회〉, 18권 11호, 146-160.

옥한석(2010). 사진 미디어에 의한 장소성의 재현. 〈로컬리티 인문학〉, 4권, 247-264.

원용진(2010). 〈새로 쓴 대중문화의 패러다임〉. 서울: 한나래.

이광석 · 윤자형(2018). 청년 대중서로 본 동시대 청년 담론의 전개 양상. 〈언론과 사회〉, 26권 2호, 77-127.

이기형(2010). 영상미디어와 역사의 재현 그리고 '기억의 정치학': 안중근 의사의 순국 100주년 기념 텔레비전 역사다큐멘터리들을 중심으로. 〈방송문화연구〉, 22권 1호, 57-90.

이상봉(2018). 한국사회 중앙-지방 불평등에 대한 문화적 접근. 〈로컬리티 인문학〉, 20호, 103-142.

이성균(2009, 12월). 〈한국사회 청년층의 사회적 배제〉. 한국사회학회 2009 국제사회학대회, 569-581.

이오현(2002). 텔레비전 드라마 수용자연구: 다의성(polysemy)의 문제를 중심으로. 〈한국언론학보〉, 46권 6호, 96-126.

임영호(2015). 〈문화, 이데올로기, 정체성: 스튜어트 홀 선집〉. 서울: 컬처룩.

정세정 · 류진아 · 강예은 · 김성아 · 함선유 · 김동진 · 임덕영 · 신영규 · 김문길 · 이혜정 · 김기태 · 김태완 · 이원진(2023.4.13). 〈2022년도 청년 삶 실태조사 결과〉. 세종특별자치시: 국무조정실 국무총리비서실.

최종렬(2017). '복학왕'의 사회학: 지방대생의 이야기에 대한 서사분석. 〈한국사회학〉, 51권 1호, 243-293.

최지운(2021). 로맨스드라마 속 역하렘 설정 연구: 〈사랑의 불시착〉과 〈스타트업〉을 중심으로. 〈인문콘텐츠〉, 60호, 133-149.

Keats, E. (2013). The Circuit of Culture: A Useful Theoretical Model for Studying Social Media. *AoIR Selected Papers of Internet Research*, 14, 1-4. from https://spir.aoir.org/ojs/index.php/spir/article/view/9026

Storey, J. (1993). *An Introductory Guide to Cultural Theory and Popular Culture*. 박모 (역) (1999). 〈문화연구와 문화이론〉, 서울: 현실문화연구(현문서가).

### 기사

박희아(2021.3.2). 씁쓸한 2030을 위한 요즘 로맨스 드라마들. 〈GQ〉. URL: https://www.gqkorea.co.kr/2021/03/02/씁쓸한-2030을-위한-요즘-로맨스-드라마의-특징/?utm_source=naver&utm_medium=partnership

임채윤(2021.7.19). 정치가 되어버린 세대론. 〈한국일보〉, 27면. URL: https://www.hankookilbo.com/News/Read/A2021071610210005435

전용주(2017.7.31). '문화'와 '산업'의 이해상충과 상생. 〈오피니언〉. URL: https://www.hankyung.com/opinion/article/2017073126141

제6장

# 연남동 가는 청년들

## 문화산업이 재현하는 도시 공간에 관한 탐색적 연구

류웅재

# 들어가며

오늘날 교통과 통신을 비롯한 기술의 급속한 진보는 인간, 자본, 정보, 이데올로기, 관계 등 일상에 편재한 유·무형의 많은 것들이 유동적인 환경을 조성하였다. 하비(David Harvey)의 '시·공간의 압축'(time-space compression)이란 개념으로 대변되는 후기 자본주의 시대는 정주민과 공간, 일상을 영위하는 생활양식과 문화의 영역에서 미디어가 매개하는 다채로운 문화상품과 이미지의 생산·소비·유통 등에 의해 정체성과 일상이 재구조화되었다. 사회와 문화적 영역에서의 이러한 변화들은 단순한 '발전' 혹은 '진보'를 의미하지는 않는다. 즉, 기술 진보가 생성하는 문화의 경제화와 산업화는 연관된 생산수단과 노동, 놀이, 소비 등이 자본가의 상상과 욕망, 실천과 통제에 의해 주조되고, 일견 세련되고 다양하게 보이는 인간의 개성과 창의성이 은밀한 방식으로 틀 지워지는 가운데 표준화, 획일화, 하향평준화 등의 문제들을 낳기도 한다.

현대사회에서 문화는 삶의 의미를 제공해 주는 중요한 양식이자 기제로 부상하면서 사회 구조적 조건의 부산물이나 잉여 혹은 파생물을 넘어, 삶과 사회에 필수불가결한 물질적·상징적 생산, 그리고 정치나 경제와 분리할 수 없는 것으로 이해되고 있다. 문화적 공간 역시 사회 구성원들의 인식과 행위, 사회적 관계, 상호작용과 실천의 결과물이자, 유의미한 장(場)으로서 곧 사회적 공간으로 기능한다. 역사적으로 새로운 지역과 사회를 건설하기 위해 국가는 기존의 도시공간을 와해시켰고 이를 통해 변화를 도모하였다. 한 예로, 한국의 근대사회로의 전환은 정부와 기업, 그리고 그에 복무하는 미디어가 형성한 '근대화' 담론을 통해 예찬되고 이에 대한 실천이 고양되면서 사회 구성원들의 일상은 근대화된 공간 속으로 스며들어 갔다(김승현·이준복·김병욱, 2008, 84쪽).

오늘날 도시를 비롯한 지역의 다양한 공간들은 해당 공간을 계획 및 설계하고, 이를 주도한 인간의 보이지 않는 의도 혹은 개인적·사회적 욕망들이 반영되어 있다. 일례로, 영국의 건축사학자 마크 기로워드(Mark Girouard)는 도시의 요소가 되는 공간에는 대중의 흥미를 유발하는 다양한 장치들이 숨겨져 있으며, 그 이면에는 이것들의 기반이 되는 욕구가 내재해 있음을 밝힌다(Girouard, 1987/2009, 530쪽; 598쪽). 그의 진단은 도시 공간에서 인간의 의도가 외양적인 것들, 이를테면, 건축물, 도로와 공원 등과 같은 거리의 구성을 비롯해 생산·소비·문화·정치 등 전체 공간에 반영되어 있음을 의미한다. 이는 모든 분야에 걸쳐 포스트모던화(postmodernization), 즉 탈근대화(脫近代化)가 실현되는 공간이라 할 수 있다.

이러한 문화적 공간들은 사회 구성원이 특정한 사회적 관계에 영향 받거나 소속되는 곳이고, 이 과정에서 그들은 집단적으로 공유되는 기호를 통해 공간을 인식한다. 그 인식은 공간뿐 아니라 개인의 정체성으로까지 확장되어 이를 형성 및 확인하는 기회를 제공한다. 무엇보다 현대사회의 문화적 공간은 이전보다 훨씬 더 복합적이고 다층적인 새로운 의미들을 만들어낸다. 이것은 후기 자본주의의 문화산업이 추동한 욕망이 만화경 같은 화려한 이미지와 이의 소비를 통해 쾌락과 유희를 끊임없이 추구하게 된 이유와 무관치 않다. 이를테면 포스트모더니즘 논의에서 공간은 기존의 역사결정론적 시각으로부터 해방되어 독립적·수사적·예술적 전략들을 포함하는 자율적인 체계로 간주되기 시작했다(Harvey, 1989/1994, 354쪽). 이제 공간은 개성과 창의적 표현을 허용할 뿐 아니라, 개인들의 차이를 허용하는 다차원적 공간으로 기능한다.

그러나 산업화가 야기한 자본주의의 심화는 포스트모더니즘이 자본주의와 유연하게 결합해 경제적인 면을 강조하는 관점으로 변환되면서, 상품에 기호와 코드가 부여되거나 의도적으로 기획되고 조직된 인공적인 공간이 생산되었다(김민승 · 류웅재, 2023, 12쪽). 나아가 자본이 문화의 영역으로까지 확장하면서 이 영역은 자본의 논리와 효율성을 추구하는 문화산업으로 변질되었다. 예컨대, 오늘날 초국적 미디어 산업의 지배, 할리우드 영화, 스포츠, 게임, 여가, 취미 그리고 이를 넘어 도시공간까지 자본의 이윤을 실현하는 공간이 되었다. 이와 같은 문화공간은 사회 구성원들을 자본주의 체제로 이끄는 이데올로기적 장치로 기능한다. 그 결과, 포스트모던 도시공간에서의 인공적 상징들은 건조 환경에 대한 새로운 의미와 가치를 부여하고, 현대 도시공간은 물적 기반을 넘어 상징적 경관으로서 자본 축적에 기여한다(최병두, 2015, 33쪽).

즉, 현대의 도시 공간은 자본을 추종하고 이에 상응하는 세계관과 사회 운용의 원리를 내면화한 구성원들에 의해 기획 · 배치 · 판매된다. 동시에, 사회 구성원들은 이를 새롭게 전유하거나 무언가를 끊임없이 탐색하는 일상적인 실천과 삶의 활동들을 지속한다. 가령, 그들은 자본주의적 공간에서 안정된 삶을 영위하면서도, 대안적 공간을 상상하는 가운데 새로운 방향을 제시하기도 한다. 그러므로 도시 공간은 한 시대의 개인과 집단이 요구하는 다기한 가치와 사회 문화, 정치 경제적 열망과 상상들이 만나 긴장과 경합의 과정에서 접합하고 생성된 결과물이라 할 수 있다.

이러한 문맥에서 최근 서울의 성수동, 을지로, 합정동, 망원동, 한남동, 문래동, 해방촌, 연남동 그리고 양양, 여수, 경주, 제주 등 각 지역의 공간에서 새로운 흐름들이 형성되고 있다. 특히, 연남동은 홍대의 지가와 임대료 상승으로 인해 그 주변부로 이주한 상인들이 정착하면서 기존의 소비층을 더욱 견고하게 하였다. 그 결과, 급격하게 인구밀도가 높아진 연남동은 현재 한국에서 임차인의 회전률이 가장 빠른 공간이 되었으며(홍주석, 2022, 64쪽), 화려하면서도 생존을 위한 스펙터클로 가득한 곳으로 변모하였다. 역설적으로 연남동은 오늘날 사람들에게 새롭고 창의적인 경험들을 제공할 수 있는 공간으로 기능하고 있다.

오늘날 문화산업이 생성하거나 이의 사회 문화적 자장 내에서 파생된 상품들의 메시지가 가지고 있는 속성들, 나아가 이것들이 사람들에게 어떻게 받아들여지거나 새롭게 해석되는지를 논의하는 일은 시의성을 지닌다. 한 예로, 쉼 없이 생성·변화·소멸되는 공간과 결합한 문화산업의 특성이 실제로 어떠한 사회 경제적 효과, 권력 및 문제점들을 낳고 있는지에 관한, 또 이것이 대중의 삶의 방식과 일상의 정경에 발휘되고 있는 힘과 영향력에 대한 분석이 필요한 시점이다. 그간 여행, 음식, 패션, 드라마, 영화, 음악, 관광 등에 관한 문화산업적 논의를 통해 이것들이 사람들의 일상에 미치는 사회문화적 의미들을 다룬 연구들이 축적되어 왔다.

반면, 도시의 공간이 청년들의 시각에서 어떻게 인식되고, 이러한 공간 속에서 개인들의 행위와 동기, 나아가 이것이 그들의 구체적 삶과 일상으로 연결되는지에 관한 심층적 분석은 희소하거나 충분히 축적되지 않았다. 따라서 도시 공간, 특히, 문화를 표방하는 공간은 사람들의 삶의 질을 풍부하게 하고, 휴식과 재충전의 장소가 될 뿐 아니라, 지적·정서적·심미적 만족을 제공한다는 점에서 오늘날 그 외연이 확장되고 있는 문화산업의 중요한 일부로 설명될 수 있다. 이 장에서는 문화산업론 및 공간이론과 관련된 일련의 논의들을 활용해 연남동을 방문하는 청년들을 대상으로 구축·확장되고 있는 문화적 공간이 청년들에게 어떻게 인식되고 수용되는지를 경험적이며 현장 지향적 질적 연구를 통해 면밀하게 살펴봄으로써 오늘날의 도시 공간의 정경을 성찰적으로 다루고자 한다.

# 이론적 배경



## 문화산업과 상품화된 도시 공간

후기자본주의 사회는 총체적으로 관리되는 사회로 고도의 합리적 수단을 활용한 비합리적 지배관계를 특성으로 한다. 예술의 미학과 진리의 상실은 현대사회의 비합리성과 밀접하게 관련되며, 비합리성을 주도적으로 견인하는 역할을 하는 것이 바로 문화산업이다(박정희, 2011, 108쪽). 아도르노(Theodor Adorno)와 호르크하이머(Max Horkheimer)는 문화산업이 지배하는 삶의 조건에서 모든 상품 및 대상들은 교환가치의 논리에 예속되며, 그 문화생산물을 지배하는 삶의 조건에서 모든 것들은 수동적인 존재에 불과하다는 입장을 취한다. 그들은 문화를 구매하고, 문화가 판매되는 상황, 즉, 문화가 상품화된 사회를 비판하고자 『계몽의 변증법(Dialektik der Aufklaerung)』을 통해 문화산업이라는 용어를 소개하였다.

아도르노와 호르크하이머가 대중문화가 아닌, 문화산업이란 용어를 사용한 이유는 대중들의 문화라고 명명되는 것 중 이른바 '대중'이 진정한 소유주인 경우는 거의 드물기 때문이다. 현대 문화에서 대중들의 완전한 주체성, 독창성, 저항성, 자주성, 독립성은 실현되기 어렵고, 이 요소들을 전유하거나 구체화하는 과정에서도 어려움을 겪는다. 결과적으로 후기 자본주의 사회에서 사회 구성원과 이들의 문화는 소수의 지배 권력에 의해 지배당하고 통합되며, 대중의 자발성과 독창성, 그리고 완전한 자유는 상실된다(김혜연, 2008, 162쪽). 바로 이것이 아도르노가 유년 시절 파시즘의 기억들로 점철된 독일에서 벗어나 망명한 미국의 문화산업에서 목격한 자본주의의 공포이다. 이후, 아도르노는 모든 행복이 '잠시 빌려온 것', 또는 '철회될 수 있는 것'이라고 진단하였다(Adorno, 1951/2005, 254쪽). 즉, 아도르노는 자본주의가 만들어 낸 대중문화를 또 다른 양태의 파시즘이거나 그 결과물로 인지하였다.

이처럼 산업적·경제적 논리가 추동하는 문화산업의 산물들은 화려한 스펙터클로 끊임없이 대중들을 매료시킨다. 그런데 이와 같은 논리로 생산된 상품들은 '얼마만큼의 경제적 이윤을 창출할 수 있는가'라는 독점적 가치에 의해 결정된다. 또, 사회의 모든 구성원과 요소들의 관계는 질적인 요소보다 양적인 요소가 강조되는 흐름으로 전환되었다. 따라서 이 변화는 인간의 사회적 관계뿐 아니라 정치, 경제, 사회, 문화 등의 제 영역들로 확대되었으며, 여기에서 경제를 물신화해 추구하는 현상은 구성원의 정체성으로까지 이르게 되었다(Adorno, 1978/2012, 19쪽). 여기에서 문화산업의 논리는 경제적 가치를 강조하는 후기 자본주의의 속성 및 경향과 선순환하거나 그에 일조하는 역할을 담당한다.

이와 관련해, 일군의 비평가는 마치 양의 탈을 쓴 늑대처럼, 문화산업은 자본주의의 탈을 쓰고 대중들을 자본의 논리로 지배하고자 하는 것(류희선·진소연, 2012, 173쪽)이라 주장한다. '장사(business)' 이외에는 아무것도 아니라는 사실은 문화산업이 의도적으로 만들어 낸 생산물들을 정당화하는 이데올로기로 사용된다(Adorno & Horkheimer, 1944/2001, 184쪽). 문화산업과 대중들과의 관계는 단순한 주종관계에 불과하다고 언급한 아도르노의 언급처럼 문화산업의 산물은 스스로를 대중보다 우위에 위치 지우며 대중을 단련시켜 조작된 반응을 유도한다. 이를테면 문화산업은 영화, 방송, 게임,

음악 등 다양한 대중매체를 동원해 문화산업이 생산하는 모든 산물에 대중들이 반응하고, 공감하도록 한다.

문화산업에서 발견한 공포를 파시즘적이라 지적했던 아도르노의 논의를 떠올리면, 그가 언급한 파시즘은 인간의 저항성을 모두 소진시켜 버리고 무방비한 상태에 있는 개인을 취한 권력이 모든 것을 통합하고 이를 무한한 은혜로 가장한다(Adorno & Horkheimer, 1944/2001, 154쪽). 오늘날 이러한 현상이 재현되는 대표적인 공간이 바로 테마파크, 대형 복합쇼핑몰, 백화점, 아울렛 등이다. 이 공간들은 다양한 소비, 체험, 문화, 시설, 경관을 하나로 통합시켜 대중에게 각양각색의 오락거리들을 제공한다. 그러나 이 역시 계획적이고 의도적으로 구성된 공간으로서 문화산업의 설계대로 대중들이 주어진 구성과 선택지 내에서 놀이나 소비 활동에 열중하도록 만든다.

문화산업의 권력은 일련의 공간과 장치들을 통해 은밀하고, 우아하며, 세련되게 대중에게 소비와 관련한 선택과 문화적 실천, 그리고 이를 통한 자유와 자기효능감을 선사한다. 그러므로 아도르노가 정의한 새로운 파시즘 속에서 문화산업에 대한 대중의 분별력과 비판의식은 다양한 요인들로 인해 무뎌진다. 이와 같은 문화적 파시즘은 모방과 동조, 획일성과 평준화가 범람하고, 만족의 유예와 고독에 대한 공포의 확산(김혜연, 2008, 163쪽), 나아가 공간의 권력이 사람들의 웃음과 즐거움이라는 감정을 통해 형상화되면서 견고해진다. 이처럼 상품화된 공간은 은폐된 사회 통제 수단의 한 형태로, 문화산업의 끊임없는 작용과 반복에 의해 관리되는 사회의 총체성은 더욱 촘촘해진다.

이러한 문맥에서 후기 자본주의 사회에서의 도시 공간은 탈근대(postmodern)사회의 생산양식과 부합하는 형식을 갖추고 있다. 특히, '시·공간의 압축(time-space compression)' 현상은 인간 일상의 물질적 공간을 기반으로 전 지구적 공간으로 끝없이 확장한다. 그러나 큰 공간에 대항하는 작은 공간은 신체 공간조차 해체하여 미세한 욕망의 공간까지 나눈다(Harvey, 2000/2001, 146-148쪽). 따라서 탈근대사회의 공간이 거대한 자본 활동으로 설계되고, 계층화된 삶이 전개되는 공간으로 규정된다면, 이 공간은 문화와 소비, 개인과 일상의 의미를 중심으로 분산되고 타인과 동등한 관계가 형성되는 장(場)이 된다(장세룡 · 공윤경, 2009, 340쪽). 달리 말해, 근대 이후의 도시 공간은 자본은 물론, 정보, 이미지, 코드, 기호, 관행, 습관 등과 관련된 다양한 비물질적인 것들을 중심으로 의미가 생성되는 공간이라 할 수 있다.

이와 같은 흐름에서 상품화된 공간은 그 자체로 하나의 생산 요소가 된다. 그 과정에서 물리적 공간에 존재하는 사물과 인위적인 상징들은 (재)구성되어 기존의 공간이 지닌 의미와 질서를 변화시킨다. 이러한 변화는 물질적 영역뿐 아니라 상징적 영역까지 자본의 순환과정으로 편입시켜 도시 공간 그 자체와 그 속에서 발생하는 모든 활동을 자본의 축적 과정으로 포함시킨다(최병두, 2015, 34쪽). 즉, 도시 공간에서 인간의 삶이 자본주의 논리에 흡수되었다는 사실은 인간의 신체적 활동을 비롯해 정신적 활동까지 포함된 것을 의미한다.

이처럼 도시의 모습은 최근 문화와 예술, 그리고 창조성이 결합된 형식으로 재현된다. 이렇게 구현된 공간은 새로운 상징공간을 형성하고, 해당 공간을 소비하는 사람들이 그 공간에 대한 참신한 의미와 가치를 부여하도록 한다. 그 결과, 지역민들을 비롯해 관광객과 타 지역민들이 많이 유입되는 매력적인 공간으로서 인식된다. 오늘날 도시 공간은 물질적 · 비물질적 생산이 혼합된 탈물질적 패러다임이란 특징을 가지지만, 두 유형의 상품 생산과 소비에 차이가 존재하는 것은 분명하다. 다만, 어떠한 유형이든 물질적 노동 없이 재생산은 불가능하며, 지식, 정보, 스펙터클, 문화 등 비물질적인 요소가 주요한 상품으로 생산 및 소비되는 경제라고 할지라도 물질적 생산과 완전한 단절의 상태는 아니다(최병두, 2015, 37쪽). 즉, 현대의 공간은 여전히 자본 축적의 메커니즘(mechanism)에 따라 전개되고 있다.

## 문화상품으로서의 연남동

연남동은 대중의 상상력과 문화적인 일탈, 그리고 이국적인 정서의 소비 욕구가 표출되는 특정한 장소성을 담고 있는(이기형, 2007, 44쪽) 홍대 입구의 젠트리피케이션[1]으로 인해 인근에 있던 예술가들과 상인들이 자리를 옮겨 형성한 공간이다. 2005년 경의선 지하화 사업이 시작되고 폐선에 공원을 조성하는 숲길사업이 2016년 완성되면서 많은 인구가 유입되기 시작하였다. 그 결과, 연남동은 느리게 걷는 골목의 미학이라는 구호가 미디어를 통해 형성되어 연인과의 데이트 또는 맛집 코스를 경험할 수 있는 공간이라는 이미지들이 사람들의 입소문을 타기 시작하였다.

오래전, 발터 벤야민은 프랑스 파리의 거리를 거닐며 근대성의 체험적 측면과 그것이 결부된 도시문화에 대해 설명하였다. 그 과정에서 그는 특정 공간을 이해하기 위해서는 그곳을 직접 걸어보고, 세밀하게 관찰하는 것이 기본 요건이라고 언급하였다.[2] 왜냐하면, 도시의 거리는 보행자가 각자의 목적에 따라 이동하는 기능적인 면이 강하지만, 현대 사회에서 도시의 보행로는 개인이 타자와 조우하는 중요한 공적 공간(정태종, 2024.1.29)이 되고 있기 때문이다. 또한, 사람들은 자신들이 지나간 곳에 이동과 머무름의 표식이나 흔석을 남긴다. 바로 이 흔적을 해석하는 것이 도시 공간을 연구할 때 중요한 요소이며, 이 흔적들은 문화적 기억들과 긴밀하게 연결된다(Gilloch, 1996/2005, 57쪽). 이와 같은 맥락에서 연남동의 공간을 경험하거나 그 공간의 문화적 특성을 탐색하고자 하는 사람들은 지하철이든, 버스든 홍대입구역을 지나쳐야만 한다.

여기에서 사람들이 동교동 방면 쪽으로 시선을 돌릴 경우, 중앙에는 '걷고 싶은' 거리가 펼쳐져 있다. 그리고 양쪽에는 아담한 높이의 다양한 상점들과 골목, 그 안에는 개성이 넘치는 카페들이 위치해 있다. 또한, 한식, 중식, 일식은 물론, 베트남, 태국, 이탈리아, 프랑스, 남미 등 이국적인 스타일의 음식을 맛볼 수 있는 식당들이 빼곡하게 모여 있다. 이곳은 기존에는 소주와 맥주, 통닭 등을 파는 음식점이나 호프로 분류되는 전통적인 주점이 대부분이었다. 그러나 최근에는 칵테일, 샴페인, 위스키, 와인, 수제맥주, 사케 등 다채로운 스타일의 주류를 판매하는 상점들이 들어서 있다. 한편, 홍대입구역 3번 출구를 중심으로 경의 숲길의 끝, 가좌역 1번 출구로부터 200m 떨어져 있는 연남교를 기준으로 왼쪽에 경의 숲길이 조성되어 있다. 이 주변은 청년들이 창업한 개성 있는 식당과 감각적인 카페, 이색적 공방들이 포진해 있어 즐거움을 추구하는 산책자들이 지나다니는 것을 볼 수 있다.[3]

이처럼 한적함과 개성, 자유분방함을 특징적으로 보여주는 연남동의 거리는 자본, 기술, 산업 등 외부의 요소에 얽매이지 않고, 이 공간만의 특성을 재구성·재해석하여 새롭고 활기찬 공간이란 의미를 부여한다. 이를테면 가로수길과 달리, 연남동의 구조물들은 원형의 형태를 보전해 기존의 크기를 유지하고 있는 것이 특징이다. 이러한 특성은 상점 내부의 간격이 좁아 도보 속에서도 풍경이 시시각각 변화하는 광경을 연출한다. 무엇보다 연남동은 평지임에도 불구하고, 연트럴파크 뒤에 위치한 건물들은 출입구가 각각 다른 형태를 이루고 있다. 이 같은 특징은 대중들의 시선을 분산시켜 연남동의 공간이 매우 다채로운 환경으로 조성된 듯한 인상을 준다. 즉, 연남동만의 독특하고 간결한 물리적 구성과 건물, 그리고 다른 국가들의 특성이 결합된 이색적이고 세련된 인테리어는 청년들이 모여들 수 있게 하는 감성공간을 조성한다.

또한, 연남동의 밤 풍경은 근처의 홍대, 을지로, 성수동, 익선동처럼 활기를 띠고 있다는 점에서 여타의 다른 젊음의 거리와 유사하다. 그렇지만, 건물의 외관을 압도하는 밀집된 광고판이나 홍대입구와 같은 꺼지지 않는 네온사인 등으로 시선을 압도하지 않는다. 이외에도 연남동의 공간에서는 아날로그와 디지털이 공존하는 '힙한' 스타일의 상업공간과 문화공간을 경험할 수 있다. 가령, 주변 곳곳에는 느린 우체통을 비롯해 기타 치는 소년, 사다리에 올라 책을 꺼내는 소녀상, 기찻길을 건너려는 가족과 역무원 동상 등 1970-80년대의 레트로 문화와 과거의 일상을 담고 있는 조형물들이 설치되어 있다. 또, 대중들의 관심을 이끄는 각종 포스터가 부착되어 있으며, 독립 서점, 필름 카메라, 필름 인화, 연필 등을 판매하는 '앤틱한' 상점들을 볼 수 있다. 이렇듯, 홍대입구역이 예술과 미학, 상업성이 공존하는(이무용, 2005, 215쪽) 공간으로 설명되었다면, 연남동은 홍대와는 사뭇 다른 성격의 미학과 상업성이 공존하는 공간이라 할 수 있을 것이다. 즉, 이와 같은 공간은 시대정신으로 자리 잡은 문화적 다양성을 존중하는 분위기와 감성, 그리고 창의적 취향과 개성들이 표출되는 곳이다.

동시에 최근 연남동 공간의 급속한 자본화와 상업화에 대한 성찰적 논의 또한 필요한 시점이다. 연남동에 위치한 음식점, 카페, 소품샵 등의 공간은 바로 옆에 위치한 홍대와 달리 청년세대가 일상적으로 이용하기에는 값이 비싼 편이다. 흥미로운 점은, 해당 공간에 적합한 나름의 스타일, 즉, 무언의 공유된 OOTD(Outfit of the day)[4]가 갖추어져 있다는 점이다. 이처럼 이곳에서는 직업과 세대에 따라 다채로운 착장이 관찰되면서도 자신의 경제적 능력이나 외모, 스타일 등의 요소가 유행하는 트렌드를 통해 일정한 패턴으로 발현되어야 함을 알 수 있다. 특히, 남성과 여성을 불문하고 많은 이들이 고가의 명품 가방, 시계, 액세서리를 착용한 모습은 주목할 만한 점이라 할 수 있다.

또 한 가지 흥미로운 점은, 연남동에는 다양한 음식점과 카페들이 입점해 있고 그것들의 외관 또한 독특하고 개성적이라는 사실이다. 그러나 해당 공간들이 자아내는 분위기, 음식, 디저트, 심지어 공간의 구조까지 획일화되는 현상이 진행되고 있는 것을 확인할 수 있다. 이 같은 흐름은 음식, 여가, 취미는 물론 교류와 관계 등 정서적이며 비물질적인 부문에서도 그 영향력을 발휘한다. 즉, 연남동의 공간에는 빈틈없이 들어선 무수한 상점들과 상품들이 발신하는 화려하고 촘촘한 이미지가 그 공간을 활보하는 사람들이 그것들을 '자유롭게' 욕망하고, 선택하고, 끊임없이 소비하도록 유혹한다.

그러나 이 표면적인 '자율성'은 소수 기업의 권력과 독과점에 의해, 또 문화산업의 장치를 통해 조밀하게 설계되고 조작된 것이다. 오늘날의 문화상품은 획일적이고 동일화된 것들의 무한 반복과 그 메커니즘을 통해 확산된다. 바꿔 말해, 이는 이미 만들어진 문화상품 속에서 새롭고 독창적이며 전향적 문화를 기대하기 어렵다는 뜻으로 이해될 수 있다. 이처럼 지속적으로 진행되고 있는 복제는 그리 낯선 것이 아니다. 기획되고 조직된 문화산업의 전략은 한국의 에버랜드, 롯데월드와 같은 테마파크, 백화점, 대형문화복합시설, 쇼핑몰, 아파트 그리고 심지어 오늘날의 도시 공간 전체로 확장되어 나타나고 있다. 이러한 흐름은 하비가 제시한 '건조 환경(built environment)'과 연계되며, 이는 공간에서 장소의 억압을 표현하는 새로운 지배의 수단으로 기능한다.





오늘날 많은 대도시의 인프라(infrastructure)와 도시 속 건축물들은 도시재생이라는 과정을 통해 기존의 노후화된 공간을 재개발하거나 리모델링을 진행하며 변모하고 있다(정태종, 2024.1.29). 이는 대체로 도시의 외관은 물론 도시의 공기와 분위기를 바꾸는데 일조한다. 다만 전술한 바와 같이, 이 과정에서 도시와 도시 공간, 그리고 관련 기구와 장치, 행위자들은 부지불식간에, 혹은 의도적·계획적으로 진정한 새로움을 배제해 왔다고 할 수 있다. 왜냐하면 완전히 새로운 것으로부터 느끼는 낯섦 혹은 생경함이란 감정은 대중들로 하여금 그것을 외면하거나 쉽게 포기하도록 하기 때문이다(Adorno, 1951/2005, 129쪽).

그러므로 문화상품의 소비를 위해 연남동의 공간은 모방과 동일성이라는 전략을 적절하게 활용해 새로움을 표방하는 복제품으로 가득 찬 곳이라 할 수 있다. 해당 공간을 찾는 사람들은 이를 마치 신선하고, 창의적이며, 새로운 것으로 인식하고 소비한다. 예컨대, 자본가들은 사회 구성원들이 동일한 상품에 익숙해지도록 권유한다. 만일 누군가 그것으로부터 벗어날 경우, 그는 이방인이나 낙오자로 규정되곤 한다. 이처럼 부정적 낙인과 공포에서 벗어나고자 사람들은 지속적이고 반복적으로 생산되는 동질화되고 획일화된 문화상품을 끊임없이 소비한다. 그리고 이는 곧 일상과 정체성으로 귀결된다.

오늘날 사람들은 과잉의 교환가치를 위한 문화상품을 비싼 비용을 지불하고 소비해야 한다. 여기에서 중요한 점은 권력과 이데올로기에 대한 저항이 동일성으로부터 해방되었을 경우에만 가능하다는 점이다. 그 이유는, 동일성과 모방의 팽창이 기존의 권력에 저항할 수 있는 가능성을 상실시키기 때문이다(김혜연, 2008, 166쪽). 그러므로 오늘날 포스트모던적이고 스펙터클한 문화상품들은 안정적이고 편리하게 사회 구성원들의 문화와 전통, 그리고 관행으로 스며들어 그들의 저항을 약화시킨다(Jameson, 1992/2022, 719쪽). 즉, 아도르노의 논의는 연남동처럼 상품화된 공간의 표준화와 획일화, 그리고 개성의 소실이 대중들의 비판적 사유를 방해하고 저항, 투쟁, 나아가 부정이나 전복의 의지를 무력화시킨다는 사실과 연계된다.

# 연구 대상 및 방법





이 장은 서울의 연남동 지역을 반복적으로 경험한 청년들을 대상으로 심층 인터뷰(in-depth interview)와 FGI(focus group interview)를 혼용해 진행함으로써 해당 공간을 통해 청년세대가 추구하는 사회적 상상과 집합적 욕망을 탐색적으로 논의하고자 하였다. 특히, 이를 문화산업론과 포스트모던 공간이론을 접합 및 활용해 연남동이라는 구체적 공간에서 어떤 방식으로 개인 간의 관계와 정체성이 형성, 변형, 혹은 굴절되고, 이 과정에서 일련의 새로운 사회문화적 의미를 창출하고 차이를 생성하는지에 관해 일종의 자기민속지학적(autoethnographic) 방법을 통해 탐구하고자 했다. 이는 객관적·중립적 관찰자의 시선이 아닌, 다양한 목적으로 해당 공간을 수차례 방문한 연구진의 경험을 적극적으로 활용해 자기성찰적 서술을 시도해 보고자 함이다.[5]

심층 인터뷰와 더불어 연남동을 통해 청년들이 추구하는 욕망과 그 공간 속에서 개인의 정체성이 어떻게 발현되고 있는지를 탐색하기 위해 FGI(focus group interview, 표적집단면접)를 진행하였다. 인터뷰는 계량화 및 수치화할 수 없는 개인 또는 집단의 인식과 경험들을 수집하고 분석하는 데 적합한 연구방법 중 하나이다. 질적 수용자 연구에서 표적집단면접법(또는 초점집단인터뷰)은 연구자가 직접적으로 관찰하기 어려운 인터뷰 대상자의 태도, 정서, 관념, 생각 등을 파악할 수 있게 해준다. 따라서 이 방법론은 하나의 의미를 창출하는 작업이라 할 수 있으며, 이때의 의미는 질문에 수동적으로 응답하고 유도되는 것이 아니라 적극적 상호작용을 통해 구축된다.

특히, FGI는 분석하고자 하는 연구의 기준에 부합하는 참여자들과 동일한 장소와 시간에서 그들의 다양한 의견들을 개진하게 하는데 효과적인 방법이다(강진숙, 2010, 17쪽). 무엇보다, FGI는 대상자들이 특정 현상을 어떠한 방식으로 바라보고, 이해하며, 평가하는지에 대한 파악을 목표로 한다. 그러므로 그들의 커뮤니케이션 과정에서 사용하는 단어 및 언어(Krueger & Casey, 1988/2014, 13쪽; 16쪽)에 주목해 이를 파악하는 것이 이 방법론의 주요한 목표라 할 수 있다. 즉, FGI는 복잡하고 다양하게 얽혀 있는 사회문화적 현상이 전달하고 확산하는 범위를 정하고 식별하는 것이 아니라(Lunt, 1996, p. 85), 사회 구성원들이 텍스트에 관한 질문을 통해 의미 있는 사회적 행동을 구성하는 주체로서, 그들이 현상을 이해하는 일상의 방식을 탐구하는 것이다.

이 장은 청년세대의 다양한 경험들을 통해 문화와 소비, 그리고 일상의 의미를 중심으로 이루어지는 자유롭고 개방된 탈근대 사회의 공간 속, 그들의 일상적 공간의 내부에 존재하는 욕망과 자존감, 배제와 억압, 혹은 차별화의 논리가 어떻게 관철되고 있는지 조명하고자 한다. 표적집단면접은 현재 서울에 거주하고 청년들 중 연남동을 방문한 경험이 있는 청년 7명을 대상으로 진행되었다. 인터뷰 참여자들에 대한 섭외는 연남동이 주로 청년세대를 중심으로 수용되고 있다는 점을 고려하여 3회 이상 연남동을 방문했던 청년 방문자를 중심으로 섭외하였다. 이 과정에서 2명을 제외한 나머지 5명의 참여자들은 연구진과 참여자의 지인을 통해 눈덩이 표집 방법(snowball sampling)으로 최종적으로 선정되었다. 표적집단면접 참여자들은 포토그래퍼, 경찰, 회사원 등 다양한 직업군에 종사하고 있다(〈표1〉 참조).

표적집단면접은 3명에서 5명 규모의 집담회(集談會) 형식으로, 2023년

11월에서 2024년 1월까지 약 세 달간 진행되었다. 가급적 모든 참여자들이 동시에 참여할 수 있는 일정으로 조율하고자 하였지만, 각각 다른 직업군에 종사하고 있어 모두 한 장소에 모여 FGI를 진행하기에는 한계가 있었다. 이에 대한 대안으로, 연구진은 참여자들이 참석 가능한 날짜를 전달받고 이를 취합하였다. 그리고 몇 개의 일정 중 이들이 선택할 수 있도록 하였다. 인터뷰는 대면 만남으로 이루어졌으며, 원활한 대화를 위해 주위가 조용한 장소에서 만나 각각 88분(1시간 28분), 60분(1시간) 동안 진행되었다. 인터뷰에 앞서 방문 횟수, 머무는 시간, 연남동에서 하는 활동 등 참여자들과 간단한 질의응답을 가졌다. 이는 청년들이 문화를 향유하는 방식에 대한 기초적인 정보를 얻고, 표적집단면접의 순조로운 진행과 대화를 풀어나갈 수 있는 단서를 포착하기 위해 실행하였다. 또한, 연구의 목적을 분명하게 설명하되, 주제와 다른 방향으로 이야기가 전개되거나 논의가 과열되었을 때를 제외하고 최소한으로 개입하였으며, 참여자들이 자유롭고 편안한 대화를 할 수 있도록 반구조화된 질문 형식을 활용하였다.

대화는 인터뷰 참여자들이 서울에 거주하며 현재까지 어느 지역을 방문해 보았는지에 관해 이야기하는 것으로부터 출발하였다. 그 중 연남동을 방문한 참여자들의 경우, 그 계기나 이유, 해당 공간에서 어떤 형태의 문화적 실천을 경험했는지, 그리고 그 공간에 대한 과거와 현재의 느낌, 생각 등에 관해 자유롭게 진술하는 형식으로 진행되었다. 우리는 이를 통해 이들이 연남동이란 공간을 어떤 방식으로 수용하고 또, 이 경험이 사회적으로 어떻게 매개되거나 확산되는지 이해하고자 하였다. 인터뷰 시작 전, 참여자들의 양해를 구한 후 전체 내용을 녹음하고 이를 기록하였다. 그리고 인터뷰 종료 후, 참여자들의 진술을 문서화해 이 기록을 반복해 살펴보고 그들의 욕망과 상상, 정동을 문화적 맥락에서 탐구하고자 하였다. 이와 같이 복수의 방법론의 유연한 혼용은 특정 공간에서 관찰되는 청년들의 일상과 행위, 실천 등과 관련한 다각적이며 심층적인 접근을 가능하게 해준다.

**표 1** 인터뷰 참여자 기본정보

| 구분 | 참여자 | | | | | |
|---|---|---|---|---|---|---|
| | 직업 | 나이 | 성별 | 출신 지역 | 현 거주 지역 | 거주 기간 |
| A | 포토그래퍼 | 27 | 여 | 서울특별시 은평구 | 서울특별시 강남구 | – |
| B | 경찰 | 27 | 남 | 경상남도 거제 | 서울특별시 중구 | 2년 |
| C | 의료 종사자 | 28 | 남 | 경상남도 거제 | 서울특별시 구로구 | 4년 |
| D | 대학원생 | 28 | 여 | 강원도 횡성 | 서울특별시 강서구 | 3년 |
| E | 회사원 | 28 | 여 | 전라남도 화순 | 서울특별시 광진구 | 6년 |
| F | 회사원 | 33 | 남 | 경기도 구리 | 서울특별시 광진구 | 5년 |
| G | 회사원 | 29 | 남 | 경상남도 함안 | 서울특별시 강서구 | 2년 |

# 연남동을 활보하는 청년들



진행 과정에서 연구의 목적에 도움을 줄 수 있는 사람들을 만나고 대화하면서 이 연구의 지향점을 보다 구체적이고 명료하게 설정할 수 있었다. 이를 위해 우리는 연남동을 수차례 방문했고, 이 과정에서 해당 공간의 환경과 분위기에 친숙한 청년들과 조우할 수 있었다. 이를테면, 20대에 지방에서 상경해 첫 자취를 홍대에서 시작했던 참여자 F, 현재 지인이 연남동에 거주하고 있어 자주 이곳을 방문한다는 참여자 D를 만났고, 그들의 진솔한 이야기를 통해 연구의 주제와 목적을 구체화할 수 있었다. 가령, 참여자 F는 당시 홍대 근처에서 자취하며 방문했던 연남동에 관한 느낌, 자신이 경험한 연남동의 경관을 생생하고 소상하게 전달해 주었다. 그는 자신의 경험을 중심으로 당시 연남동의 분위기를 다음과 같이 설명하였다.

> (…) 본점을 거쳐 '본사로 가겠다'라는 목표를 잡고 나서 홍대에서 자취를 시작한 거죠. 홍대에서 자취하면서 연남동을 알게 됐고요. (중략) 친구 중에 바텐더 하는 친구가 있었는데, 편한 바(bar)가 있다 해서 그때 연남동을 처음 가봤고, 당시에는 되게 신기했어요. (당시 연남동의) 느낌은 연트럴파크 길이 있었고, 그때 코로나 이전이었으니까 잔디밭에도 사람들

이 돗자리 깔고 앉아 있을 수 있었거든요. 그래서 그런 분위기가 신기하고 좋아서 그 이후로도 몇 번 갔던 것 같아요. 또, 친구 생일 파티도 그냥 거리 양쪽에 있는 이곳저곳의 상점에서 치킨 같은 걸 포장해서 돗자리 깔고 다 같이 먹고 그랬어요. (참여자 F)

참여자 F의 진술을 통해 알 수 있듯, 연남동은 문화와 자연이 공존하는 일상의 휴식과 편안함, 그리고 아늑함을 느낄 수 있는 공간이자, 친구들과의 유대를 강화할 수 있는 공간임을 유추할 수 있다. 특히, 시선을 압도하는 고층빌딩이 아닌, 공원에 설치된 은은한 조명과 잔디에 앉을 수 있는 이 공간의 구성은 방문객에게 정서적 안정감 혹은 안온함을 선사한다. 즉, 연남동은 고된 일상에서 잠시 벗어나 휴식을 취하고 위안을 얻을 수 있는 이른바 '감성 공간'이라 명명되는 곳이라 할 수 있다. 강한 자극이나 흥미보다는 조용하고 톤다운(tone down)된 감성이 최근 문화산업의 중요한 키워드로 떠오르면서 '감성문화(感性文化)'가 빠르게 청년세대의 주류 문화로 부상하게 되었다.

역설적으로 빠르게 변화하는 디지털 시대의 소비자들이 독창적 경험과 아날로그적 감성을 추구하는 경향이 부상하면서 이들은 상품과 함께 창의적 이야기를 갈망한다. 따라서 기업을 포함한 문화산업의 생산자들은 상품에 지위, 소속, 모험, 나아가 생활방식에 대한 매력적인 이야기를 가미해 소비자의 감성에 소구하려 한다. 이러한 맥락에서 오늘날 문화산업에서 '미적 감수성'이 필수적인 요소가 되면서 이것은 연남동뿐 아니라, 성수동, 익선동, 해방촌, 공릉동 등의 공간에서도 유사하게 활용되고 있다. 이처럼 유사한 '감성문화'가 사회적으로 자연스럽게 통용될 만큼 특정한 형식과 스타일을 중시하는 트렌드는 취향의 획일화와 표준화를 강화한다. 가령, 평범한 지하나 창고를 개조한 공간, 조도가 낮은 조명, 레이스 원단의 커튼, 세련된 팝송, 테이블 간격이 기존의 카페나 음식점에 비해 넓은 구조 등이 이른바 핫 플레이스(hot place)의 공식처럼 자리 잡았다.

이처럼 꾸미지 않은 듯 자연스럽고 '힘을 뺀' 외형적 요소와 분위기의 공간에서 방문객의 만족감은 상승한다. 이와 같은 현상은 문화상품을 소비하는 대중들의 심리를 통해 설명될 수 있다. 이는 사람들이 너무 새로운 것에는 낯설거나 생경한 감정을 느끼지만, 익숙한 것과 그에 기반한 약간의 변화에는 친숙함을 느낀다고 언급한 아도르노의 지적과 궤를 같이한다. 그동안 감성문화를 활용한 대다수의 상점들은 유사한 인테리어, 스타일, 구조, 메뉴를 앞세워 대중들에 소구해 왔다. 이렇게 기획된 공간과 관련해, 일부 참여자는 연남동이라는 공간이 가지고 있는 고유한 장소성을 상실하고, 점점 규격화되어 가는 감성과 경관에 대해 우려를 표출하거나 반감을 표했다(참여자 D, E, F). 반면, 또 다른 참여자들은 이곳이 '데이트하기 좋은 곳' 또는 '타지에서 온 친구에게 소개시켜 주기 적합한 곳'이라 언급하며 긍정적 견해를 피력했다(참여자 B, C, G).



> 저는 완전 홍대랑 다른 느낌이라서. (중략) 그냥 산책하고 간단하게 주변에서 맥주 한잔하는 그런 느낌이었어요. 그래서 좀 뭔가 서울 같지 않은 느낌? 그러니까 좀 프리(free)하고 여유로운 느낌이라서 좋았습니다. (참여자 B)

> 진짜 '연남동' 하면 딱히 떠오르는게 없어요. 옛날에는 이렇게 막 연트럴파크 그런게 떠올랐는데, 이제는 막 … (참여자 D)

> 요새 잘 안 가거든요. 그 이유를 생각해보면, 물가도 너무 올랐고, (중략) 그 반지하에 되게 많잖아요. 상점 같은 게. 근데 이제 아기자기하게 뭔가 잘 꾸며 놓은 것이 아니라 대충 어느 정도 조명 좀 해놓고 엄청 비싸게 받는 느낌밖에 안 들어요. (참여자 E)

> 처음에는 홍대의 자취하는 공간부터 연남동을 포함한 그 주변은 갈 곳

이 많은 곳이었거든요. 그런데 진짜 다 똑같아지니까. 주말이든 갈 데가 없는 거야. 따릉이를 타고 약간 뭘 해야 되지, 어디를 가야 되지 하면서 그러고 있는 나 자신이 너무 서글펐다고 해야 되나? 좀 과하게 얘기하면 정서적으로 그랬었어. (참여자 F)

근데, 사실 나는 누구랑 같이 가느냐에 따라서 다르다고 생각하는데, 연인들끼리는 약간 분위기 있고 조용한 그런 곳을 원한다면, 남자들끼리는 조금 시끌벅적 한곳. 바로 옆이 홍대니까, 그쪽으로 빠지는 경우가 많지. (참여자 G)

그들의 진술을 통해 유추해 볼 수 있는 또 다른 점은, 도시의 공간이 일종의 문화적 퍼포먼스 또는 대형 전시관의 형태로 기능하고 있다는 점이다. 이러한 특징은 공동체의 문화적 기억이나 소속감, 나아가 새로운 질서의 생성에 관여한다는 감각이 도시 공간에 대한 사회적 기억으로 재생산(주현식, 2017, 207쪽)되는 것과 관계가 있다. 즉, 이러한 공간에 관한 경험의 시작은 그곳에 배치된 각각의 건축물들을 매개로 도시라는 공간에서 차이를 만들며 의미를 구성한다. 이 지점에서 주목할 것은 참여자들이 연남동 공간에 대한 다양하고 상빈된 의견을 가지고 있음에도 불구하고, 그들이 공통적으로 추구하고 있는 공간이 분위기 좋은 곳, 조용한 곳이라는 점을 알 수 있다.

과거에 비해 교육, 문화, 환경, 건강, 복지 등 생활의 질과 관련된 가치들에 대한 기대가 상승함으로써 사회적 다원성의 진전, 그리고 구성원들이 지식과 예술을 자유롭고 활발하게 경험할 수 있게 된 것은 자명하다. 동시에, 이는 여전히 도덕적 규범과 이성적 가치에 대한 관심(이무용, 2005, 204쪽)이 부족한 현실을 극복하고 대체할 수 있는 공간이 필요해진 것을 방증한다. 가령, 사회는 공간적으로 생산되고, 공간은 사회적으로 생산된다는 하비(Harvey)의 진단과 같이 한국의 압축 근대화는 사회 구성원들의 생활세계(life world)를 급속하게 재편하였다. 이 과정에서 '한강의 기적'이란 구호로 상징되는 빠른 경제 성장과 물질만능주의를 다른 가치들의 희생 위에 구축했던 국가의 개발독재와 이에 조응한 사회 분위기는 자본 축적과 권력 유지의 메커니즘, 그에 상응하는 사회적 상상을 강고하게 하는데 일조했다.

그 어느 사회보다도 빠른 시간 내에 이례적으로 괄목할 만한 경제 성장을 이루었음에도, 오늘날 한국 사회는 일정한 주기로 일어나는 대형 재난과 사건 사고들, 정치 경제적 불안정, 청년과 노년의 삶이 공히 힘겨운 사회 구조 등으로 인해 세계에서 가장 낮은 출산율과 가장 높은 자살률을 기록한 국가가 되었다. 이러한 현상은 청년들을 비롯한 많은 사회 구성원들이 각박하고 치열한 현실로부터 한시적인 위안을 체험하고, 정서적 안정감과 내면의 평화를 증진시켜줄 공간, 조용하고 정갈하면서도 세련된 공간을 선호하게 된 것과 무관하다고 보기 어렵다. 오히려 이는 상술한 한국 근대화의 이면에 길게 드리운 역사적, 문화적, 사회 심리적 그늘의 대자적 혹은 반작용적 발현으로 해석할 수 있다.

한편, 참여자 F는 과거와 현재의 연남동을 비교하며 변화된 자신의 생각을 말하였다. 그러나 한편으로 그의 이야기는 이전의 연남동의 공간과 유사한 분위기의 공간을 추구하고 있는 것을 알 수 있다. 이를테면, "연남에서 더 들어가요. 이제 가좌 쪽으로 가거든요"라는 참여자 F의 발화뿐 아니라, 참여자 D 역시 "주말에 (연남동에) 가면 진짜 다 싫어 보이고. 근데 평일에 가면 그래도 다 없을 때 산책하기는 좋은것 같아요."라는 견해를 밝힌다. 이러한 문맥에서 많은 사람들이 작위적이지 않고, 편안하고, 조용한 감성을 추구하는 현상은 한때 공감과 치유, 위로를 모토로 했던 '힐링 문화'와 유사한 특징을 지닌다.

이와 같은 시대적 조류는 개인이 하고 싶은 일보다 해야 할 의무나 책임이 더 많은 힘겹고 무미건조한 일상으로부터 벗어나 조금이나마 삶의 여유를 찾고자 하는 욕망과 연계된다. 주지하듯, 신자유주의 체제는 무한 경쟁과 개인의 책임을 강조하고, 노동에 대한 자본의 지배, 사적 소유, 이윤을 최고의 덕목으로 하는 사회를 추종하게 한다(Harvey, 2005/2009, 204쪽). 따라서 과거 국가의 의무였던 사회적 보호나 안전망이 오롯이 개인의 책임으로 대체됨에 따라 일상적으로 분투하며 소진을 체험하는 개인들과 그들의 사회는 경쟁이 편재하고 만성화한 피로가 만연한 시대로 귀결되었다.

특히, 1990년대 말 이른바 IMF체제 이후 본격화된 한국 사회의 급속한 신자유주의화로 인해 평생직장은 사라지고 구조조정, 명예퇴직, 정리해고 등 개인의 삶을 불안정하게 하는 사회적 변화가 일상화되었으며, 비정규직의 확대와 청년실업은 급증하였다. 이러한 체제와 시스템은 직장과 학교에서 개인들의 생존 경쟁을 심화시키면서 제어되지 않는 무한경쟁의 구조적 조건이 되면서 대중들에게 끊임없는 성과와 실적, 자기계발을 권면하였다. 즉, 촘촘하게 계량화한 성과의 측정과 비교, 평가를 승진, 고용, 임금 등으로 연결시킨 결과가 바로 성과주의 사회(한병철, 2010/2012, 66쪽)이다. 이는 사회가 개인을 보호하기보다 개인 스스로 보호하면서 각자도생하고, 자신을 더욱 착취하는 환경을 조성해 보다 가시적인 성과를 효과적으로 달성 및 관리하는 방향으로 변화되었음을 보여준다.

'감성 공간', 그리고 참여자들의 발화에서 드러나거나 암시되는 '평온함', '조용함', '행복감', '즐거움', 그리고 '새로움'은 신자유주의 사회에서 생존하기 위한 개인들의 원초적인 문화적 실천이자, 일종의 도피라 할 수 있다(오현주·이미순, 2014, 32쪽). 이와 함께 경험과 쾌락, 즐거움, 행복 등 일상의 만족을 추구하는 문화 형태가 급증함에 따라 문화산업의 상품과 문화들은 더욱 화려하고 다채로운 듯 하면서도 동질적인 스펙터클을 통해 대중들로 하여금 그 대상에 친근하게 접근할 수 있도록 한다. 가령, 포스트모던적 도시 공간과 건물들은 각자 구현하는 표현 양식이 다원적인 듯 보이면서 유사하거나 기시감을 주는 형태로 나타난다. 일련의 기호와 이미지로 가득한 공간은 개방적이고 화려한 방식으로 문화와 예술, 놀이를 결합해 소비, 오락, 여가, 휴식의 표준화한 공식을 제공한다. 이 같은 의미에서 장소, 분위기, 환경을 포함한 모든 공간은 단순히 그 자체로 물리적으로 '주어지는' 것이 아니라, 인간의 실천을 통해 '생산'되고 '재현'된다. 그러므로 인간과 분리된 자연은 그 자체로 가치를 갖지 않으며 항상 인간 생활과의 관계에 의해서만 의미화되고 재생산된다(최병두, 1997, 100쪽).

또한, 참여자들은 개인들이 추구하는 도시 공간의 이미지나 새로운 공간을 추천하는 과정에서 그들의 취향과 공간의 희소성이 상징자본으로 기능할 수 있는 가능성에 관해 언급하였다. 이를테면, 참여자 E는 대학생 시절, 졸업 작품을 촬영하기 위해 연남동을 배회하며 섭외했던 식당을 언급하면서 "조용하고 남들이 잘 모르는 식당이길 바랐단 말이야. 그런데 이젠 없잖아."라고 진술하였다. 특히, 참여자 F는 개인이 추구하는 도시 공간의 모습을 "다른 사람은 모르고 그냥 우리 정도의 사람들만 알았으면 좋은 딱 그 정도"라고 답변하였다. 그리고 이 과정에서 참여자 F는 변화한 자신의 생각을 설명하며 "다른 분들은 느끼는지 모르겠지만 좀 그 연남동이 처음의 그 느낌보다는, 이제 뭔가 그냥 휘황찬란한 거리 같은 느낌이 되어서 그때부터 이제 좀 재미없어지더라고요. 또, 지역에 대한 취향이 없다가 그때부터 마침 제가 취향이 생기면서 숨어 있는 조용한 곳을 찾아다니는 경향으로 바뀌었어요."라고 진술하였다.

지난 삼십여 년 간, 한국 사회에서 빠르게 진행된 탈산업화는 비물질적 생산을 핵심 경제수단으로 전환시켰다. 이후, 첨단기술 산업의 발달과 이를 기반으로 한 정보 경제, 지식기반경제로의 생산과 노동의 변화는 다양한 계층을 생성하였다. 이러한 계층과 집단들은 계급 뿐 아니라 성별, 세대, 인종, 그리고 문화를 기반으로 더욱 세분화되고 있다. 즉, 한 사회의 관계들은 복합적이며, 때론 시대와 환경에 따라 분화되는 가변적인 특성을 지닌다. 또, 각 계층의 집단들은 새로운 문화적 범주를 설정하고, 그 요소들은 사회 구성원의 일상을 중심으로 도시에서의 생활이나 문화적 구성의 측면에서 계층 간의 양극화를 심화시킨다(장세룡 · 공윤경, 2009, 350쪽). 물론 이러한 현상은 예술, 정치, 경제 등 여러 분야에서 집단이나 개인의 결속과 화합을 도모하는 긍정적인 부분도 존재하지만, 다른 한편으로는 계층 간의 갈등, 배제, 소외, 폭력 등을 촉발하는 사회문화적 원인이 되기도 한다.

실제로, 개인의 취향과 관련한 이야기를 하는 과정에서 참여자 G가 쉽게 발화하지 못하거나 해당 주제와 관련된 논의에 불편해하는 모습을 발견할 수 있었다. 인터뷰가 종료된 후, 그는 따로 우리에게 다가와 "서울 구석구석 돌아다녀야겠다. 다음에 더 자신감 있게 말 할 수 있게."라는 소감을 전했다. 참여자 G의 견해는 다양한 문화의 영역에서 개인의 고유한 취향이 평등하게 용인되는 오늘날 문화 민주주의의 지향점과는 일견 모순되어 보이는 지점이다. 이러한 점에서, 비가시적인 문화산업의 논리들이 압축적으로 재현된 도시 공간과 상품들은 스스로 의식하지 못하는 사이, 취향을 결정하고 틀 짓는, 조직적으로 작동하는 일종의 구조적 공간이라 할 수 있다. 동시에 참여자 G의 언급은 독창적이고 창조적인 삶과 문화의 주체로서 깨닫는 과정을 통해 기존의 정형화된 규칙들을 거부하고 저항하며 진정한 자유로움을 실현할 수 있는 가능성에 맞닿아 있다. 즉, 폐쇄적인 공동체 문화와 규범적 틀을 해체해 동질화되었거나 자족적인 취향으로부터 벗어나는 노력이 요구된다.

앞서 논의한 바와 같이, 상품화된 공간과 이러한 일상에서의 정신과 육체는 진실된 자유나 행복이 환상이자 허구라는 사실을 은폐한다. 그럼에도, 참여자 G의 발화 속에서 발견되는 부정성은 문화산업의 논리가 손쉽게 혹은 늘 성공적으로 개인의 삶을 조종하거나 순치할 수 없다는 사실을 암시한다. 가령, 최근 사회와 청년세대의 문화는 '개인화', '파편화', '다양화', '취향의 확장', '즉흥성' 등과 같은 성향이나 삶의 태도로 설명된다. 과거, 이른바 5060세대가 경험했던 민주화의 위기와 독재체제에 대한 저항, 2002년 월드컵 기간 동안 도심 곳곳에서 볼 수 있었던 구성원들의 카니발리즘, 그리고 주요 대선을 포함한 정치적 국면에서 보여준 청년세대의 참여와 위력이 공동체의 연대와 화합에 실질적으로 공헌(이동연, 2004, 135쪽)한 것과 비교해, 오늘날 청년들의 이러한 성향을 퇴행으로 진단하는 기성세대도 존재한다.

그러나 청년들은 자신의 삶을 통해 체득한 가치들이 헛되지 않도록 선택적 경험을 통해 현실에 대한 가능성을 조심스럽게 제시하고 이에 진지하게 참여한다. 이때의 선택적 경험은 극도로 개인주의적 성향을 띠는 듯하지만, 이는 또 다른 형태의 사회적인 것을 실험하고 도모하는 일종의 가능태로서 선별된 경험과 실천의 산물이라 할 수 있다. 자신들만의 방식으로 공간을 활용하고 이에 대한 문화를 향유하는 실천은 참여자 G의 경우처럼, 거대 담론이나 다수의 구성원들이 공유하는 이데올로기가 아니라 개인의 구체적 삶과 연결된다. 즉, 터치 몇 번으로 결제가 완료되는 '편리한' 키오스크(kiosk) 대신 일부러 주인이나 점원을 불러 대화를 나눈 후 주문하고, 불편하고 세련되지 않은 노포를 애용하거나, 일과 생활의 균형을 지향하는 작고 창발적인 일탈들을 들 수 있다.

이상의 논의들을 종합해 보면, 대부분의 참여자들은 연남동이란 공간이 타 지역에 비해 접근성이 좋고 친밀한 느낌을 주면서도, 많은 사람들이 방문하는 스펙터클한 공간이라는 점에 공감을 표했다. 특히, 이 공간이 휴식과 즐거움을 제공한다는 점에서 긍정적인 입장을 보이는 참여자들이 있었다. 반면, 미적 감성을 획일화하고 독특한 개성을 상실해 다른 지역과 차별화하기 어려운 동질화와 표준화에 대해 전자와는 사뭇 다른 의견을 제시하는 참여자들도 있었다. 또, 과거 물질의 소유를 통해 가능했던 정체성의 구분이나 표현이 개인의 취향의 문제로 대체되고 있다고 진술한 참여자도 있었다.

개인과 집단이 공간 안에서 문화를 향유하고 소비하는 행위는 상품이 생산되고, 이것이 수용되는 과정에서 매번 재창조되고 재해석되는 의미화의 과정이다. 때문에 그 실천은 지속적인 사회 구성원들의 만남과 교류, 긴장과 변용을 통해 비로소 특정 집단의 생활양식과 그 총화로 발현된다. 이러한 문맥에서 연남동 또한 피상적이고 불안정하며 가벼운 것들로 변질되고 획일화되었을 뿐 아니라, 지역의 역사와 전통, 장소성을 반영해 외부에서 유입된 새로운 것들과의 충돌과 화학적 결합을 통해 생성되고 현실에 착근하지 못한 공간이다. 이는 '연트럴파크'나 '○○동 디즈니랜드'란 조어에서 확인할 수 있듯, 현실에 존재하지 않는, 혹은 안정되게 뿌리내리지 못한 '비공간'일 개연성이 크다.

# 연남동 공간의 문화적 함의





청년세대에게 도시 공간과 관련된 경험은 늘 낭만적인 것으로만 채색되지 않는다. 이는 도시의 공간들이 종종 기만적으로 기능한다는 것을 의미한다. 즉, 도시 공간도 인간의 정체성이나 한 사회의 문화와 유사하게 고정된 장소성을 지닌 것이 아니며 늘 변화에 열려 있다. 또한, 도시 공간은 그 공간에 정주하거나 수시로 탐방하는 사람들의 정체성과 성정(性情)을 형성하고, 그곳에서 사람들 간의 관계가 형성되거나 상실되기도 한다. 더불어 현대사회의 소비자들은 유희적 성격을 지닌 문화산업에서 오는 웃음과 즐거움이 오롯이 개인의 선택과 그 결과인 행복으로부터 비롯된 것이라는 일종의 착각이나 환상에 빠지게 된다.

이는 아도르노가 지적했듯, 문화산업이 기획한 '웃음'이 권력의 구조를 공고히 하고, 그 질서를 유지하는 한 방식임을 알 수 있다. 이와 같은 문맥에서, 연남동의 공간은 일종의 폭력성이라는 요소로 웃음을 유발하는 이데올로기의 장(場)으로서 기능한다. 가령, 이 공간에서의 문화상품은 독특한 분위기의 각종 상점과 함께 다양한 볼거리를 제공하고, 이는 연남동의 공간 전체가 마치 놀이동산의 퍼레이드, 애니멀쇼 등과 유사한 시각적인 스펙터클을 구현함을 보여준다. 그런데 이러한 카니발, 마술쇼, 불꽃놀이 등의 구경거리들은 단순히 즉흥적이고 일회적으로 소비되는 것이 아니다. 그 상품들은 일련의 이야기와 이 상품들이 전달하고자 하는 메시지를 담고 있다.

또한, 연남동은 자족적인 공간으로 설명할 수 있다. 이 공간은 테마파크, 백화점, 쇼핑몰 등 내부를 가진 공간이 아님에도 불구하고 외부에 장시간 대중들을 잡아둘 수 있는 물적 기반을 갖추고 있다. 뿐만 아니라, 이 공간은 그곳에 있음으로써 방문객들이 특정한 공동체에 포함된 느낌을 주거나 그 집단의 (유사) 정체성을 갖도록 하는 곳이라 할 수 있다. 이러한 경향은 대도시의 새롭게 형성된 공간 속에서 종종 나타나는데 가령, 성별을 불문하고 누구든지 출입이 가능한 곳이자, 주변을 지나는 사람들을 최대한 많이 불러들이기 위한 다양한 전략들이 구현된다. 나아가, 연남동은 큰 소비시장이며 다양한 문화를 경험할 수 있는 공간으로 많은 사람들과 계층을 아우르는 곳이다. 실제로 3번 출구를 기점으로 공원이 조성되어 있는 중앙 거리에는 평상시에도 많은 인파로 붐비고 있어, 이곳을 지날 때 행인들과 부딪히는 경우가 빈번하다. 이 거리의 뒤편에 위치한 골목의 상황 역시 이와 유사하다. 특히, 그곳에 위치한 카페, 음식점, 공방, 디자이너샵, 편집샵 등은 연남동을 방문한 사람들이 자연스럽게 드나드는 곳들이다.

그런데 역설적으로 이 공간은 누구나 편하게 출입하기 어려우며 이는 보이지 않는 어떤 힘이나 분위기에 의해 그렇게 만들어진다. 이는 이곳이 선택과 배제가 교묘하게 실현되고 있음을 암시한다. 독점자본이나 문화산업이 지배하는 이 공간에는 강압적 금지나 금기가 누군가의 출입을 물리적으로 막지 않음에도, 이곳에 방문하기 어려운 유형의 사람들 또한 존재한다. 예컨대, 이전에는 지하철역, 재래시장을 부유하는 걸인, 껌팔이, 노숙인 등이 포함되었지만, 최근에는 이들 외에 장년층과 노년층, 그리고 공간과 어울리지 않는 스타일의 옷을 착장한 개인과 집단을 포함한다. 이를테면, 사람들의 표준화된 옷과 신발, 장신구, 그리고 청년세대가 압도적으로 포진해 있는 풍경은 특정한 공간이 사람들에게 함부로 진입할 수 없는, 혹은 그렇게 함으로써 다수를 불편하게 하는 '금지된 공간'임을 보여준다. 이와 관련해,

일부 참여자는 연남동에서 조우하는 사람들의 특징을 다음과 같이 설명한다.

> 연남동 20대, 특히 20대 초반에 엄청 많이 갔었고, 그리고 작년? 재작년부터 안 가게 된 것 같아요. 나이 먹고 합정에서 많이 놀았던 것 같아요. 연남은 진짜 사람 구경하러 가는 느낌? (중략) 그리고 어렸을 때 많이 갔다 했잖아요. 거기 귀여운 게 많은데 어렸을 때 한창 그런 거 좋아해서. (참여자 A)

> 연애하고 이제 데이트하러 가거나 친구랑도 많이 술 마시러 가고 했는데, 딱 홍대역에서부터 그게 보이는 것 같아요. 홍대 메인 출구로 나갈 사람들이랑 연남동으로 나갈 사람들의 스타일이 딱 보이잖아. 굳이 따지자면 나도 홍대 메인 출구로 나갈 그런 느낌이 아니니까. (참여자 E)

참여자 A와 E의 진술을 통해 연남동 출입이 '부드러운' 방식으로 제한되고 있음을 알 수 있었다. 비록 많은 사람들이 이 공간에 방문하는 것이 가능하지만, 엄밀하게 말해 이는 모든 이들에게 동등하게 허용되지 않거나, 굳이 그럴 필요를 느끼지 못하는 사람들을 만들어 내기도 한다. 즉, 누구나 이곳에 '자유로이' 출입할 수 있지만, 동시에 방문객을 정상과 비정상으로 나누는 기준들이 은밀하게 작동하고, 곧 그 기준들은 새로운 '구별 짓기'의 기제가 된다. 이러한 흐름은 공간의 내부에 진입한 모든 사람들을 잠재적 소비자로 간주함과 동시에, 그중에서 이곳의 기준에 부합하는 '진정한' 소비자들을 추출해 낸다. 이 같은 환경은 누구에게나 개방된, 공정하고 평등한 공간과 조건 속에서 새로운 차별과 불평등, 새로운 부족주의로 연결되는 신자유주의의 경쟁과 차별, 배제가 발현되고 활발하게 작동하고 있는 곳이라 할 수 있다.

한 예로, 연남동에 위치하고 있는 상점들은 일반적으로 내부가 막혀 있기보다 그 안을 훤히 들여다볼 수 있는, 사면이 유리로 설계된 방식으로 구성되어 있다. 이러한 구조는 내부의 사람들이 상점에서 어떤 옷을 입고, 어떤 음식을 먹으며, 어떤 상품에 관심을 갖는지 등에 대한 관찰이 가능하다. 또한, 내부에서도 거리에 있는 개인과 집단들이 어떠한 행동을 하고, 어떠한 상품의 스타일을 착용했는지를 주시할 수 있다. 이처럼 개인들의 사적인 행위를 타인에게 보여준다는 것은 일종의 자기효능감을 구현하는 수단으로 활용될 수 있다. 또, 서로를 관찰할 수 있는 통유리로 된 구조는 내부에 있는 사람들에게 과시적 소비를 하도록 유도할 수도 있다. 이러한 문맥에서, 최근 이와 유사한 구조와 형식을 갖춘 상점들이 증가하고 있는 환경과 해당 건축들은 단순히 내부와 외부를 물리적으로 분리하는 의미만을 가지지 않는다. 유리로 된 구조물은 타인을 관찰하고, 자신을 보여주며, 소비를 촉진하는 구조라는 상징성을 지닌다.

또한, 참여자들의 발화에서 공통적으로 발견되는 지점은 이곳이 고정된 공간이 아니라 사람들의 경계 짓기의 전략에 의해 형성된 사회적 공간이라는 사실이다. 즉, 공간 내에서의 관계와 실천, 소비는 특정한 세대와 계층을 상징하는 연남동의 이미지를 생성하고, 이는 그 공간을 경험하고 전유하는 주체들과 문화산업이 결합된 공간이라는 것을 보여준다. 오늘날 이른바 힙플레이스라고 불리는 성수동, 신당동, 해방촌, 문래 등은 그 지역이 가지고 있는 문화적 특성을 선호하는 창의적 인재들과 예술가들이 집적되면서 기존의 문화적 요소들이 더욱 깊이 있는 장소성을 획득하였고, 독특한 거리와 장소라는 차별화된 공간의 이미지를 형성하였다. 연남동 또한 창의적이고 예술성이 풍부한 사람들, 특히 청년들이 유입되면서 거리와 공간 전체가 독특한 정체성을 형성하였다(김태경 외, 2018, 3쪽).

오늘날 연남동 공간의 이미지는 '세련됨', '개성', '독특함', '자유로움', '개방성' 등의 언어로 설명되고 있다. 그리고 이러한 언표들을 통해 연남동이 청년세대의 개성을 추구하고 표현할 수 있는 대표적인 공간이 되었음을 유추할 수 있다. 그러나 "어렸을 때 많이 갔다 했잖아요."라는 참여자 A의 진술은 청년세대의 문화 취향을 기반으로 한 경계 짓기의 양상이 두드러지게 드러나고 있는 것을 가늠케 한다. 보다 거시적인 맥락에서 이 같은 현상은 세대를 구별 짓는 모습으로 해석할 수 있다. 가령, 청년세대는 문화 취향의 형성과 공유를 통해 세대 내에서도 지속적으로 구별 짓기를 수행하는데(윤명희, 2010, 13쪽), 오늘날 이러한 흐름은 핫플레이스로 호명되는 공간 자체를 청년세대의 공간으로 규정하고 있다.

여기서 주지해야 할 점은 연남동 공간에 스며든 문화산업의 논리가 상술한 언표들의 활용 및 물신화를 통해 구별 짓기의 기능을 확대시키고 있다는 점이다. 이 같은 특징은 공간의 상징적 측면에서 재현되고 재생산되고, 연남동을 포함한 많은 공간들은 문화 다양성을 매개로 청년세대의 차별화된 정체성을 표현한다. 이 과정에서 청년세대의 공간은 문화자본을 가진 새로운 중간계급에 의해 '창조적 공간'으로 전환되며, 이러한 변화는 문화적 편의시설들에 의해 형성 및 강화된다(고명지, 2020, 240쪽). 이처럼 도시 공간에 내재한 문화산업은 '개성'이나 '새로움' 등으로 청년세대에 소구하며, 공간에서의 경험을 마케팅으로 활용한다.

한편, "그때 한번 무신사 스탠다드 테라스가 처음 열려서 갔던 기억이 있어요(참여자 B)"와 "연남동 가면 일부러 맛집이나 유명한 카페 찾아서 일부러 찾아가요(참여자 C)". 그리고 "연남동의 로컬틱한 것들은 외국인들이 줄을 서 있는데, 홍대하고 연남동을 묶어서 패키지 상품으로 제공되고 있더라고요(참여자 D)"와 "일반 자영업자라더라도 프랜차이즈를 경영하는 자영업자가 오고, 아니면 대기업 자본이 입점하고 그러니까 이제 거리가 재미가 없죠(참여자 F)"란 진술들을 통해 알 수 있는 것은 누군가는 이 공간에서 개인이 새로운 경험을 하고, 이것을 찾아가는 행위를 통해 만족감을 느끼는 활동에 노력과 투자를 아끼지 않고 있다는 점이다.

반면, 누군가는 거대 자본이 집중된 연남동 공간이 자본이 자신의 이미지를 생산하고 상품화해 관광객들에게 제공되고 있다는 점을 인지하고 있었다. 이는 참여자들마다 동일한 공간과 대상에 대해 각기 다른 생각과 정서, 의견과 관점을 취한다는 사실에서 드러난다. 대화 과정에서 일부 청년들은 획일화된 연남동의 정경에 대한 저항이자 주체적 수용, 혹은 대안적 미적 경험으로 다른 종류의 만족과 즐거움을 느낄 수 있는 제3의 공간을 탐색하려 함을 알 수 있었다. 이처럼 참여자들의 상이한 의견에도 불구하고, 그들의 진술에서 신자유주의의 심화, 그리고 이의 파생물이나 잔여물로 수반되는 도시 공간의 생성과 변화가 정치 경제는 물론 사회 문화적 문제들과 조밀하게 연동하고 있다는 사실을 알 수 있었다. 이를테면, 대다수의 청년세대는 학생이거나 취준생(취업준비생), 혹은 사회에 갓 진입한 직장 초년생의 생활을 몇 년간 지속하며 공부와 자기계발을 통해 미래를 착실하게 준비해 나가야 한다. 동시에 이들 중 대다수가 부동산, 주식, 코인, 재테크 등에 투자하거나 위험하고 불안정한 투기 경험을 가지고 있다.

학창시절에는 입시, 청년이 되어서는 취업을 위한 치열한 경쟁, 근래에는 불안정한 주거와 경제적 일상 등까지 어려운 상황이 지속되면서 청년 문제는 오늘날 중요한 사회적 의제가 되었다. 무엇보다 이 상황은 청년들에게 실질적으로 도움을 줄 수 있는 정부와 지자체의 재정적 지원 및 관련 정책의 부재에 기인하고, 이는 국가와 사회에 대한 청년들의 불신과 분노, 정치적 무관심과 냉소를 상승시키는 원인이 되었다. 그런데 이러한 상황에서 현재진행형인 '세대' 문제가 정치적 도구로 활용되어 왔는데, 특히, 정치인들과 기업가들은 세대 게임을 고안함으로써 사회문제를 불명확하고 단순한 세대의 기호로 변환시켰다(전상진, 2015, 141쪽). 즉, 장기적이며 신중하게 다루어져야 할 시대적·사회적 문제들이 청년세대를 상징하는 이미지나 부호로 등치되고 편의적으로 소비되면서 복잡다단한 사안들이 세대의 문제로 치환되었다.

바로 이 공간에 문화산업이 은밀한 방식으로 틈입하고 매개하는 상품, 소비, 스타일, 취향, 공간, 문화 등은 오늘날 창의적이고 능동적으로 보이나, 또 다른 형태의 동일성과 표준화, 기획된 삶을 추구하는 정동과 사회적 관계 속에서 개인들로 하여금, 안락하면서 순응적인 사고, 태도, 실천 등을 지향하도록 한다. 즉, 복잡하거나 곤란한 상황에 직면해 정면승부하기보다, 이를 단순화하고, 우회하거나 회피하며, 다른 것들로 대체하려는 마음의 정치경제학은 일상에서의 불평등과 불공정, 이외의 복잡다기한 사회문제에 대한 감각을 무디게 하며, 이는 곧 더 큰 소외와 차별을 야기할 가능성에 맞닿아 있다.

# 맺는말

이 장은 최근 청년세대에게 '핫 플레이스'로 떠오른 '연남동'을 통해, 이곳이 성수, 한남, 신당, 가로수 길 등 다른 도시 공간들과 유사하게 문화산업이 주도하는 스펙터클과 소비가 활발하게 발현되는 공간이자, 주체의 능동적 참여와 실천이 매개되는 공간이라는 점에서 이 도시 공간이 지니는 의미들을 다면적으로 살펴보고자 하였다. 특히, 연남동은 인근 신촌과 홍대의 젠트리피케이션 현상으로 인해 그곳으로 거처를 옮긴 상인들이 정착하면서 기존의 소비층을 유입하고 견조하게 하였다. 이후, 연남동 공간에서는 다양하고 창의적인 실험이 시도되는 장(場)이 형성되었고, 한 예로 연트럴파크의 완공은 소비층의 외연을 확장하였다. 이러한 변화는 연남동 공간이 생존을 위한 스펙터클로 가득한 곳이면서 동시에, 새로운 개인적·사회적 경험들을 체험할 수 있는 공간으로의 전환을 촉진하였다.

이 장에서는 특히, 이러한 공간을 매개로 청년세대가 경험하는 자본주의적 욕망과 상상, 더불어 이에 대한 간파와 성찰 등이 복잡하게 교직하는 문화의 정경을 중층적이며 탐색적으로 논의하고자 하였다. 이를 위해 연남동을 방문하고 경험한 청년들을 대상으로 심층 인터뷰와 FGI(focus group interview)를 혼용해 진행하였다. 또한, 문화산업론과 포스트모던 공간이론의 시각을 접합 및 활용해 연남동이라는 구체적 공간에서 개인의 정체성과 관계가 형성, 변형 혹은 굴절되고, 이 과정에서 또 다른 개인적, 사회문화적 의미를 창출하고 차이를 생성하는지에 관해 비판적으로 살펴보고자 하였다.

현장 지향적 연구를 통해 이 공간에서 청년들은 대체로 고된 일상으로부터의 해방감을 느끼고 있음을 알 수 있었다. 특히, 최근 청년세대의 치열한 삶과 극심한 생존주의의 이데올로기에서 역설적으로 문화산업이 매개하는 경험, 감성, 이야기를 소비하는 경향과 '미적 감수성'이 필수적인 요소가 되었음을 알 수 있었다. 이 과정에서 표준화한 '감성문화'는 취향의 획일화나 평준화를 강화하는 일면을 노출했다. 이러한 특징은 FGI를 진행하면서 참여자들이 공통적으로 '분위기 좋은 곳', '조용한 곳'을 추구하고 있음을 통해 확인할 수 있었다. 즉, 안온함과 힐링, 평화의 정서가 주는 일상의 작은 행복과 즐거움의 선호는 신자유주의 시대에 적응하기 위한 일종의 개인화한 생존 전략이자, 일시적인 도피나 해방의 공간으로 기능하고 있었다. 이러한 포스트모던한 스펙터클과 이를 견인하는 문화산업의 논리가 활발하게 작동하는 도시 공간들은 문화와 예술을 결합해 소비, 놀이, 오락, 여가, 휴식 등의 형식으로 제공하고 있었다.[6]

궁극적으로 오늘날 도시 공간은 이윤 창출을 추구하는 산업으로 기능하면서, 이의 지속가능성을 위해 구성원으로 하여금 문화산업이 생성한 이데올로기에 순응하게 하는 도구로 활용되고 있다. 예컨대 문화산업이 제작한 상품, 양식, 문화, 공간 등이 획일화와 표준화의 과정을 거치며 대량생산 체제를 구축하고 대중들의 소비를 촉진한다. 이는 아도르노와 호르크하이머가 지적한 바와 같이, 문화산업이 줄거리나 겉포장이 제공하는 즐거움을 바꾸는 듯하지만, 실제로는 동일한 상품을 끊임없이 대중에게 제공(Adorno & Horkheimer, 1944/2001, 212쪽)하는 속성을 보여준다. 그리고 대중은 스스로 자신의 취향을 선택할 수 있는 자유의 담지자라는 착각에 빠지게 된다. 기실 그 자유는 무수히 진열되어 있는 유사한 상품들 사이에서 언제나 동일한 것을 선택할 수 있는 자유에 지나지 않는다(김대현, 2022, 190쪽). 이처럼 문화산업의 체계가 내장되어 있는 도시 공간의 표준화, 획일화, 동일성의 논리는 대중의 취향과 정체성, 일상을 촘촘하게 통제하거나 그와 조밀하게 연계되어 작동하고 있다.

이러한 문화산업의 힘은 자유, 새로움, 참신함, 독특함이라는 개념과 정서를 기반으로 이루어지고 있고, 바로 그 이유에서 사회 내에서의 사람들의 취향, 기호, 의미, 성정 등은 우발적으로 생성되는 것이 아니다. 실제로 이것들은 누군가에 의해 형성 및 조직되며, 모방과 공감을 통해 빠르게 확산된다. 그 결과, 인종, 계층, 세대 등 개인이 속한 집단과 환경에서 타인이나 외집단과의 구별을 통해, 개인의 정체성과 소속된 집단의 사회적 위치가 결정된다. 이러한 흐름은 세대를 거치며 재생산되며 사회의 관습적인 질서에 정당성을 부여한다. 이처럼 계몽이 진행될수록 오히려 현대사회는 새로운 종류의 야만에 빠져든다는 아도르노와 호르크하이머의 암울한 진단은 종종 다원화한 민주주의나 문화적 다양성의 가치와 격렬하게 충돌하는 것처럼 보인다. 그러나 바로 이 지점이 문화라는 부드러운 모습으로 또, 합리성이나 보편성이라는 이름으로 우리의 신체를 조종하고 통제하며, 정신을 조작하고 길들이는 오늘날 후기 자본주의 사회의 부드러운 통치술, 그리고 주체의 일상과 삶의 단면들을 놀라우리만치 예리하게 응시하게 해준다.

사회 구성원들의 사유와 자아의 성장, 공동체 간 연대와 협력은 일상과 삶 속 다양한 문화공간의 매개와 경험을 통해서만 가능하다. 이는 문화공간의 생성과 변화를 둘러싼 다양한 정책적 기획과 고려 속에서 진행되어야 한다. 무엇보다, 이 기획은 경제적, 정치적 의도를 반영하면서도 때로 이의 초극과 지양, 창발 속에서 사회 구성원의 삶에 밀착하고 이와 선순환할 수 있는 문화공간을 전제로 한다. 이를 통해, 획일화·정형화·물신화한 삶으로부터 해방된 보다 자유롭고 창의적인 새로운 삶의 공간을 축조할 수 있으며, 나아가 사람과 공간의 상호작용을 통해 현실의 모순과 문제들을 진지하게 사유하고 극복할 수 있는 진취적인 대안 또한 마련할 수 있을 것이다.

이는 도시 및 지역 문화의 독립성과 자율성, 잠재력을 창출하고 극대화함을 통해, 국가와 사회의 문화 또한 진보할 수 있는 동인이 될 것이다.

## 주

1 현대사회의 구성원들은 일반적으로 도시의 주인이 아니라 도시가 만들어 낸 거대한 상품을 소비하는 소비자이거나, 지대(地代)를 지급하는 임차인으로 살아가고 있다. 이것은 윤리적이지 않을뿐더러 자본주의가 목소리 높여 내세우는 '기회의 평등'이나 '공정함'과도 거리가 멀다. 몇 해 전 가수 싸이 소유의 건물로 유명해진 카페 '테이크아웃 드로잉' 사건으로 인해 한국 사회에서 '젠트리피케이션(gentrification)'이라는 단어가 더 널리 알려지게 되었다. 이 용어는 일반적으로 낙후되거나 경제학의 용어를 빌리자면 생산성이 낮은 지역에 가난한 예술가와 소자본의 상인들이 들어가 그들의 창조적 활동이 지역을 활성화하게 되면, 시간이 경과와 더불어 점차 지대가 상승해 결국 그들이 그곳에서 쫓겨나는 현상을 말한다. 사람의 노동이 공간의 생산성을 높인 것이지, 건물주나 자본은 아무것도 한 것이 없다. 그럼에도 이익은 자본이 취하고 노동은 퇴출당해야 하는 상황은 자본주의가 홍보하는 공정과는 상당한 간극이 있다(고윤수, 2018).

2 이 글의 목적은 연남동이란 특정 공간의 역사적이며 사회문화적 변화를 장기적·거시적 관점에서 탐구하는 것이 아니다. 대신, 우리가 일상적으로 경험하거나 목도할 수 있는 대도시 거리의 풍경과 그곳에서 근접 조우하는 사람들의 모습을 경험적으로 제시하여 현재적 관점에서 해당 공간에 대한 이해를 돕고자 한다.

3 2000년대 초중반까지 청년세대에게 인기 있는 '만남의 장소'로 신촌을 들 수 있다. 신촌은 인근의 연세대와 이화여대, 서강대를 잇는 중심에 있었고 큰 어학원들도 다수 있어 젊은 층이 모이기 좋았다. 무엇보다 그 시절, 이곳은 가장 트렌디한 곳으로 명동, 압구정과 함께 '서울 3대 황금 상권'으로 불렸다. 젊은 층의 소비 패턴을 파악하기 위해 해외 유명 프랜차이즈들이 안테나 숍을 낼 정도였고, 스타벅스·크리스피도넛·콜드스톤 모두 1호점을 신촌과 이화여대 일대에 열었다. CJ의 프랜차이즈 카페 '투썸플레이스'도 2002년 첫 매장을 신촌역 2번 출구 앞에 차렸고, 없는 브랜드가 없던 상권에 대학생들은 미팅·소개팅뿐 아니라 과제와 스터디를 하기 위해 모여들었다. 그러나 20여 년이 지난 지금, 스타벅스 1호점을 제외하곤 모두 문을 닫았다. 신촌이 붕괴된 이유 중 하나로 상권의 노후화를 들 수 있고, 상권 하락과 대비되는 높은 임대료는 또 다른 문제로 지적된다. 비어 있는 곳 대부분이 신촌역에서 연세대로 이어지는 핵심 상권으로 이 일대는 현재 임대료가 가장 비싼 금싸라기 땅이다. 월세가 4000만~8000만 원이나 되다 보니 회사나 법인이 아니면 감당하기 힘든 금액이다. 또, 연남동이나 상수역 인근처럼 아기자기한 매장들이 생기기 힘든 구조이다(이혜운, 2024.2.3).

4 OOTD는 오늘 입은 옷차림, 오늘의 패션을 가리키는 조어로, 유튜브나 인스타그램 등의 SNS에서 자주 쓰인다.

5 이 연구는 자기민속지학을 성형화된 방법론적인 틀로 활용하기보다, 공간을 묘사하는 데 있어 보다 생동감 넘치는 연남동의 정경과 청년세대의 모습을 설명하기 위해 이를 유연하고 상보적인 방식으로 활용하고자 한다.

6 문화와 예술을 결합해 산업적으로 활용하는 사례로 '아트 컬래버' 상품을 들 수 있다. 이는 충분한 자본을 소유하지 않았지만 일상에서 예술을 향유하고자 하는 이들의 관심이 경제적으로 불황인 시기에 예술과 협업한 상품에 대한 매출로 이어지는 현상을 지칭한다. 이는 기업이 작가와 적극적으로 협업해 한정판으로 만든 상품의 차별화된 소비를 추구하는 '아트슈머'(art+consumer. 소비활동으로 문화 예술적 욕구를 충족시키는 사람)를 낳고 그들의 지갑을 열게 하는 동인이 된다(이혜미, 2024.1.30).

### 참고 문헌


강진숙 (2010). 1인 미디어로서의 블로그 이용문화와 기술적 상상. 〈언론과 사회〉, 18권 3호, 2-34.

고명지 (2020). 청년세대 문화와 경계짓기: 청년세대 공간의 이동을 중심으로. 〈문화와 사회〉, 28권 2호, 207-271.

고윤수 (2018). 도시의 공기는 우리를 자유롭게 한다 – 데이비드 하비, 한상연 옮김, 『반란의 도시』(에이도스, 2014). 〈가톨릭 평론〉, 14호, 66-77.

김대현 (2022). 우리는 취향대로 살고 있는가 : 탈근대 문화산업과 대중의 통제. 〈뉴 래디컬 리뷰〉, 2권 1호, 185-200.

김민승 · 류웅재 (2023). 포스트모더니티 공간의 다의성과 사회문화적 함의 : 스타필드 코엑스(COEX) 별마당 도서관을 중심으로. 〈한국언론정보학보〉, 121호, 7-40.

김승현 · 이준복 · 김병욱 (2008). 공간, 미디어 및 권력. 〈커뮤니케이션이론〉, 3권 2호, 82-121.

김태경 · 정천용 · 정지이 (2018). 〈핫플레이스의 생성조건 및 쇠퇴 · 이동에 관한 연구〉. 수원: 경기연구원.

김혜연 (2008). 한국의 테마파크와 아도르노의 문화 산업론. 〈비평과이론〉, 13권 1호, 159-178.

류희선 · 진소연 (2012). 국내 아이돌음악에 대한 청소년 인식 연구: 아도르노의 문화 산업론을 중심으로. 〈방송과 커뮤니케이션〉, 13권 4호, 167-202.

박정희 (2011). 현대미술의 문화산업에 관한 연구 -아도르노의 예술론을 중심으로-. 〈조형미디어학〉, 14권 1호, 107-114.

오현주 · 이미순 (2014). 힐링(Healing) 관광자원 도출에 관한 질적 연구. 〈관광레저연구〉, 26권 5호, 23-40.

윤명희 (2010). 네트워크시대 하위문화의 '애매한' 경계, 그리고 흐름. 〈사이버커뮤니케이션학보〉, 27권 4호, 125-162

이기형 (2007). 홍대앞 "인디음악문화"에 대한 문화연구적인 분석. 〈언론과 사회〉, 15권 1호, 41-85.

이동연 (2004). 특집 : 위기의 청년 세대문화의 구별짓기와 주체형성-세대담론에 대한 비판과 재구성. 〈문화과학〉, 37호, 135-153.

이무용 (2005). 〈공간의 문화정치학〉. 서울: 논형.

장세룡 · 공윤경 (2009). 탈근대 도시성(Postmodern Urbanity)의 탐색. 〈한국민족문화〉, 34호, 335-368.

전상진 (2015). 비참한 청년과 화려한 기성세대? : 청년성과 '세대 게임'. 〈자음과모음〉, 29호, 126-143.

주현식 (2017). 퍼포먼스로서의 도시 연구 시론. 〈드라마연구〉, 53호, 197-228.

최병두 (1997). 데이비드 하비의 정치경제학적 공간이론. 〈국토〉, 194호, 96-100.

최병두 (2015). 탈산업 자본주의의 발전과 도시 공간의 재편. 〈황해문화〉, 86호, 16-42.

한병철 (2012). 〈피로사회〉 (김태환 역). 서울: 문학과지성사.

홍주석 (2022). 로컬 문화, 라이프 스타일 콘텐츠 산업이 되다 : 로컬 비즈니스 플랫폼이 된 연남동과 연희동. 〈국토〉, 통권 489호, 60-67.

Adorno, T, W. & Horkheimer, M. (1944). *Dialektik der Aufklaerung*. 김유동 (역) (2001). 〈계몽의 변증법〉. 서울 : 문학과지성사.

Adorno, T, W. (1951). *Minima Moralia: Reflections from Damaged Life*. 김유동 (역) (2005). 〈미니마 모랄리아〉. 서울 : 길.

Adorno, T, W. (1978). *Philosophie der neuen Musik*. 문병호·김방현 (역) (2012). 〈신음악의 철학〉. 서울 : 세창출판사.

Gilloch, G. (1996). *Myth and Metropolis Walter Benjamin and The City*. 노명우 (역) (2005). 〈발터 벤야민과 메트로폴리스〉. 파주: 효형출판.

Girouard, M. (1987). *Cities & People*. 민유기 (역) (2009). 〈도시와 인간〉. 서울 : 책과함께.

Harvey, D. (1989). *The Condition of Postmodernity: An Enquiry into the Origins of Cultural Change*. 구동회·박영민 (역) (1994). 〈포스트모더니티의 조건〉. 서울: 도서출판 한울.

Harvey, D. (2000). *Space of hope*. 최병두·이상율 (역) (2001). 〈희망의 공간: 세계화, 신체, 유토피아〉. 파주: 도서출판 한울.

Harvey, D. (2005). *A Brief History of Neoliberalism*. 최병두 (역) (2009). 〈신자유주의 간략한 역사〉. 파주: 한울 아카데미.

Jameson, F. (1992). *Postmodernism, or, the cultural logic of late capitalism*. 임경규 (역) (2022). 〈포스트모더니즘, 혹은 후기자본주의 문화 논리〉. 서울: 문학과지성사.

Krueger, R, A. & Casey, M, A. (1988). *Focus Groups: A Practical Guide For Applied Research*. 민병오·조대현 (역) (2014). 〈포커스 그룹 : 응용조사 실행방법〉. 서울 : 명인문화사.

Lunt, P.(1996). Rethinking focus groups in media and communication. *Journal of Communication*, 46(2), 79-98.

기사

이혜미 (2024.1.30). 지갑 못 여는 영 컬렉터 … '스벅 아트 컬래버' 1분 만에 완판시켰다. 〈한국일보〉, URL: https://www.hankookilbo.com/News/Read/A2024012908270002751?did=NA

이혜운 (2024.2.3). 대학생들이 오지 않아요 … 신촌 상권은 왜 붕괴했나. 〈조선일보〉, URL: https://n.news.naver.com/article/023/0003814728?sid=102

정태종 (2024.1.29). 요즘 미술관, 그림 보러 갔다 그림 같은 공간에 빠진다. 〈한국일보〉, URL: https://www.hankookilbo.com/News/Read/A2024012614370004952?did=NA

기타

감성. 국립국어원 표준어대사전. URL : https://stdict.korean.go.kr/search/searchResult.do

# 도시, 공간, 청년

: 상품화한 도시 공간 속 창의적 삶의 정경들

**펴낸날** 2025년 4월 30일 초판 1쇄

**지은이** 류웅재 · 김민승 · 노영은 ● **펴낸이** 이기정

**펴낸곳** 한양대학교출판부 ● **출판등록** 제4-7호(1972.2.29)

**주소** 서울 성동구 왕십리로 222 ● **전화** 02.2220.1432-4 ● **팩스** 02.2220.1435

**홈페이지** press.hanyang.ac.kr ● **이메일** presshy@hanyang.ac.kr

**편집** 김민지 ● **디자인** 안광일 ● **인쇄** 미르P&P



**ISBN** 978.89.7218.840.7 (93330)